Anonymous

Chronologen

Ein periodisches Werk. Vierter Band.

Anonymous

Chronologen
Ein periodisches Werk. Vierter Band.

ISBN/EAN: 9783743698383

Hergestellt in Europa, USA, Kanada, Australien, Japan

Cover: Foto ©ninafisch / pixelio.de

Weitere Bücher finden Sie auf **www.hansebooks.com**

Chronologen.

Ein

periodisches Werk

von

Wekhrlin.

Vierter Band.

Frankfurt und Leipzig,
In der Felseckerischen Buchhandlung.
1 7 7 9.

Chronologen.

Ein

periodisches Werk

von

Wekhrlin.

Vierter Band.

Frankfurt und Leipzig,
In der Felseckerischen Buchhandlung.
1 7 7 9.

Chronologen.

Ein

periodisches Werk

von

Wekhrlin.

Vierter Band.

Frankfurt und Leipzig,
In der Felseckerischen Buchhandlung.
1779.

Das wunderbare Jahr.

So nennt man das heutige. Nicht als ob es in sittlichen Gegenständen, in grossen Erfindungen, in politischen Begebenheiten sich auszeichnete; sondern um der physikalischen Wunder willen, wovon dasselbe voll ist:

In der That, was ist Ungewöhnlicher, als mitten in Deutschland Erdbeeren, Abrikosen und Kirschen im October reifen; Kastanien- und Granatbäume im November blühen, und ein Donnerwetter im December zu sehen? *)

Allein

---

*) Zu Manheim, zu Darmstadt, zu Hamburg, zu München beobachtete man im October reife, vollkommen ausgewachsene Sommerfrüchte, Erdbeeren, Kirschen. Zu Grünstatt, im Leiningischen, kaufte man um diese Zeit die Erdbeeren in ziemlicher Menge um sehr mittelmäßigen Preis.

An vielen Orten in der Pfalz zeigten sich im October an den Zwetschen, Pfirsich und andern Bäumen, nach in erstaunlicher Menge kaum abgelegten reifen Früchten, neue Blüthen. Auch die Weinstöcke brachten

Allein dis ist nicht Alles. Ungewöhnliche Meerstürme; ausgetrettene Flüsse; Erderschütterungen und noch andere Phänomene machen das heutige Jahr

brachten zu gleicher Zeit reife Trauben von der ersten ordentlichen Blüthe, unreife Trauben von einer zwoten Blüthe, und eine dritte Blüthe, die wieder zu Trauben angesezt hatte.

Zu Soldau sah man nicht allein viele, sowohl einheimische als exotische Gewächse zum zweitenmal blühen, sondern auch an einigen wirklich eine zwote reife Frucht. Unter den ersten zeichneten sich vornehmlich die Bierkirschen aus, die gegen das Ende des Weinmonats nicht allein Frucht angesezt, sondern auch zu einer vollkommenen Reife gebracht hatten.

Im Garten des Marquis d'O zu Toulouse brachten die Bergamottenbäume trefliche reife Früchte in ansehnlicher Menge zum zweitenmal.

Zu Hamburg zeigte man an zwey Orten, am Dammthore und auf dem alten Steinweg, im Herbstmonat wilde Kastanienbäume, die reife Früchte trugen, dabey ganz neues junges Laub machten, und in der schönsten Blüte stunden.

Eben allda kamen die sogenannten Erdäpfel (Helianthus tuberosus) nicht allein zu einer ausserordentlichen Höhe von 16 bis 18 Fuß, sondern trugen sogar Blüthe, da sie sonst niemal unter diesem Himmel, sondern am Rhein und in andern wärmern Gegenden Deutschlands, Blüthe tragen.

Zu Königsberg blühte im Garten eines Handschuhmachers ein Apfelbaum zum drittenmal, und brachte zum drittenmal Früchte.

Auf

Jahr in der Geschichte der Natur merkwürdig. *)
Billig hat man also die Frage aufgeworfen: was
die Ursache dieser ausserordentlichen Vegetation sey.
Es

Auf dem adelichen Hofe zu Jersbeck trug ein Abrikosenbaum, der schon im Sommer reichliche Früchte gebracht hatte, im November zum zweitenmal reife Abrikosen. Zu gleicher Zeit blühten ein Paar junge Apfelbäume.

Im botanischen Garten zu Manheim brachten die in freyer Luft und Erde stehenden Granatbäume im October vollkommen reife Früchte. Es wurden von diesen Früchten auf die Tafel des Churfürsten aufgesezt, die man eben so schmackhaft und so gut fand, wie die italiänischen.

Zu Steinau an der Strasse blühte ein in freyer Luft stehender Grasrosenstock, welcher schon im Sommer Blumen getragen hatte, nochmal im November, und prangte mit vier ganz vollkommenen Blumen.

Im Fuldaischen fieng man im December noch eine Menge Krebse mit Eyern.

Am 4 December brach in verschiedenen Ecken Deutschlands ein schwehres Ungewitter aus. Es erstreckte sich aus Sachsen bis in die Pfalz, in Böhmen und ins Österreichische und von dar in Hungarn und Polen.

) Die Operationen der gegeneinander zu Felde liegenden Flotten wurden größtentheils durch die auf der See anhaltenen Stürme gehindert und vernichtet.

Auch

Es gab eine Zeit, wo man sie damit beantwortet haben würde, daß es Wahrzeichen wären, wodurch der Himmel den glaubigen Seelen seine Allmacht zeigen, die Gottlosen aber warnen wolle.

Allein

Auch wurden heur viele Kaufmannsflotten von ungewöhnlichen Stürmen zerstreut.

Der Rhein, die Iser, die Gran ꝛc. ꝛc. schwollen ungewöhnlich über. Zu Trieste stieg das Meer am 24 Nov. so, daß es 5 Schuh hoch in den Gassen stund. Dagegen trockneten die Donau und die Sarrous, und wurden so seicht, daß man an einigen Orten in Schuhen und Strümpfen durchgehen konnte.

Erdbeben ereigneten sich zu Bologna, im Mailändischen, zu Wien, zu Irkuzk in Moskau, zu St. Girons en Courjerans, zu Boulogne, zu Bergen im Hanauischen ꝛc. ꝛc.

Zu den besondern Naturbegebenheiten des heutigen Jahrs gehören folgende.

Am 8 Nov. hatte man zu Hamburg einen ausserordentlichen Nebel. Er war so dick, daß man auf vier Schritt keinen Menschen erkennen konnte. Bauren die zum Thor hinaus wollten, fuhren statt dessen in die Häuser. Wagen die sich entgegen kamen, geriethen mit den Pferden ineinander. In den breiten Gassen konnte man an der einen Seite die Häuser der andern nicht sehen. Kurz es war eine Erscheinung, wovon man kein Beyspiel hat.

In der Gegend Sarmasog im Szolnocker Comitat brannte ein Berg vom 2ten April an bis in December ohnauf

Allein diese Zeiten sind vorbey.   Man ist bescheiden genug worden, die Wirkungen der Natur, ohne Einmischung der Gottheit, zu erklären.

Man ist überzeugt, daß man den Ursprung dieser Dinge in den ewigen Grundsäzen der Natur suchen,

ohnaufhörlich in einem fort. Die Oberfläche des Bergs bekam durch die Gewalt des Feurs, welches vermuthlich im Innern glimmt, hier und da Risse, und auf einer von den äussern Seiten des Bergs, in gleicher Entfernung von dessen Gipfel und Fuß beobachtete man den Abschuß eines Feurbächleins. Stößt man in eine von den vorbemeldeten Oefnungen auf der Oberfläche, etwa 4 bis 5 Fuß tief ein Holz hinunter, so fängt es Feur, und es brechen zugleich Feurfunken herfür. An Orten, wo das Feur heftiger ist, theilte es die Steine in mehrere kleine Stücke, ohne sie zu Kalk oder Glas zu brennen, oder so aufzulösen, daß man sie zerreiben konnte.

Zu Florenz war in der Nacht vom 9ten und besonders in der vom 13 November der ganze Himmel von Nordost von einem sehr hellen purpurfärbigen und gleichsam glühenden Schein überzogen, daß sogar die Erde roth bemahlt schien. Dieser Schein hatte verschiedene Perioden. „Die Nordscheine" sezen die Nachrichten, welche diese Begebenheit erzählen, hinzu „sind Lufterscheinungen, die den Naturkündigern noch immer unerklärbar bleiben. Merkwürdig aber ists, daß sich dieselbe immer weiter von Norden nach Süden, so wie die Erdbeben von Süden nach Norden, ziehen."

Bey dem Erdstosse zu Wien, am 2ten December war des Abends so warme Witterung wie mitten im Junius.

chen müsse, weil die unveränderliche Güte ein Gesez der Gottheit ist.

Wenn man die Natur kennt, so hören alle Wunder auf, Cometen gehen regelmäſ-ſig und Wharton wird enträthselt.

Pope.

Ohne

Junius. Das Gras fieng daben an zu grünen, und einige Bäume trieben Blüthknospen.

Zu Ettal im Hochgebürge ereignete sich am 10 September eines der sonderbarsten Ungewitter. Es war stark, heftig und lang anhaltend. Sobald es vorben war, so entstand ein Frost, der ausserordentlich war. Binnen zwo Stunden schneyte es, und machte zween Tage lang so eifrig fort, daß der Schnee eine Elle hoch lag. Hierauf folgte ein Thauwetter, welches einen so gewaltsamen Wasserstrohm verursachte, daß Bäume ausgerissen und das Land fortgeschwemmt wurde.

Auf der Herrschaft Kuttina in Sclavonien brannte der Erdboden des dortigen Walds über sechs Monat lang ohnaufhörlich, und alle Versuche den Brand zu löschen waren vergeblich. An dem obern Theil der Erde, etwa zwo Spannen hoch, ward man gar kein Feur, sondern einen stinkenden Rauch gewahr, aber von dar erstreckte sich der Brand unterwärts so tief, als eine Mannshöhe beträgt. Stieß man ein Stück Holz hinunter, so entzündete es sich. Diese Feursbrunst wurde in vier verschiedenen abgesonderten Gegenden des Walds bemerkt. In einer derselben ist der Erdboden sammt den Bäumen eingesunken, in ei-

ner

Ohne Zweifel hat die Gottheit, indem sie den Plan zu ihrem Meisterstück entwarf, alle mögliche Ereignisse darein gelegt. Sie sprach zu der aus ihrer bildenden Hand springenden Welt: Sey; und wirke den Gesezen gemäs, die ich dir eingedruckt habe!

Unter diesen Gesezen ist die Kette der Weser das vornehmste. Alles in der Natur ist verbunden Eine ewige Oscillation beherrscht die Sphäre Diese Oscillation ist das Leben der Natur. Vor der grösten bis zur kleinsten theilen die Federn, woraus

ner andern aber war eine sehr tiefe Oefnung, einem Ofen ähnlich. Wann etwas von der brennenden Erde ausgegraben und an die Luft gebracht ward, so verlosch es und hörte auf zu brennen.

* * *

Es sey erlaubt, diesen Thatsachen einen Umstand beyzufügen, der an und für sich zwar ziemlich zweifelhaft, und in den Regeln der Natur gänzlich ungegründet ist, inzwischen aber auf Berichten beruhet, die noch nicht widerlegt sind.

Zu Schátor-Ujhely im Sempliner Komitat ist in dasigem Weingebürge an den Trauben gediegenes Gold und Goldkörner, wie Brosamen, gefunden worden. Dergleichen vergoldete Trauben fanden sich im Weinberge des Komitats-Notarius Anton von Szirmay, wie auch zu Tarjal in den Weinbergen des ErlauerDomkapitels, und zuToleschva. An einer solchenTraube in des bemeldetenHerrnKomitatsnotars

A 5   Wein

woraus der Bau bestehet, einander den Eindruck mit, so sie empfangen. Jeder Eindruck lauft durch eine unermeßliche Reihe von Zufällen und Wirkungen von einem Ende zum andern.

Diß sind sehr bekannte Wahrheiten. Sollten also Diejenigen, welche die ausserordentliche Fruchtbarkeit des heutigen Jahrs einer gewissen im System der Erde vorgefallenen Revolution zuschreiben, Unrecht haben?

Inzwischen, worinn besteht diese Revolution? Man hat hierüber verschiedene Meynungen gefällt.

Anfänglich behauptete man, daß eine aussterbende Sonne im Anzug wäre. Allein diese Meynung war zu lächerlich, um sich zu erhalten. Man verwies

Weinberg fand man neun Goldkörner, und zwo andere Trauben waren ganz mit Gold überzogen. Man brachte das Gold auf die Probe und es ward von allen Kunstrichtern für ächt erklärt. Wir würden erröthen, eine Anecdote von der Art in einer ernsthaften Abhandlung anzuführen, wäre nicht fides publica und — was noch heiliger ist — fides theologica dabey interessirt. Zween Gegenstände, für die wir eine sehr starke persönliche Devotion tragen.

* * *

Man führt hier nur das Nahmenverzeichniß der Zufälle an. Ihre umständlichere Beschreibung, ihre genauern Bestimmungen überläßt man den Meteorologien und Annalen der Naturgeschichte unsers Jahrs.

verwies die Anhängere derſelben auf den Welten-
markt des Fontenelle.

Hierauf fiel man auf die Idee, das Erdbeben
1756 hätte eine Epoche in der Natur gemacht, ſeit
welcher die Ordnung der Jahrszeiten und der Witterung verändert wurde.

Auch dieſe Meynung fand man falſch, weil vermög der bewährteſten Beobachtungen der Aſtrono-
men die Natur ungefähr alle Neun Jahr eine Cri-
ſis hat, worinn ſie ein ſonderbares Jahr erzeugt,
worinn die Ordnung ihrer Witterung geſtöhrt iſt.

Wäre es auch in der Phyſik gegründet, daß eine
Erſchütterung von der Art das Temperament der
Luft verändere; daß die ſchwefelichten und ſalpe-
triſchen Dünſte, denen durch den Ausbruch der Erde Freiheit geſchaft wird, wann ſie ſich in die At-
moſphäre vertheilen, durch ihre Vermiſchung mit
den Elementen derſelben, ſolche erhizen, und ihr
Weſen verändern können: ſo würde der Fall nicht
hier ſeyn, weil, wie man weis, daß der Erdſtoß
zu Lisbon ſeine Richtung nicht einwärts nach Europa, ſondern gegen die afrikaniſchen Küſten nahm:
überhaupt aber ſich gröſtentheils im Meer verlohren hat.

Ueberdiß wann die Witterung in Europa ſeit
dem Erdbeben 1756 wärmer worden ſeyn ſolle, wohin

hin sezen wir die strengen Winter von 1776 und 1779?

Es mus also eine dritte Ursache vorhanden seyn.

Unterdessen ist gewis, daß die Witterung in Europa sich ungefähr seit zwanzig Jahren merklich verändert hat, daß Wärme und Kälte, Fruchtbarkeit und Gesundheit, in Vergleichung älterer Jahre, nicht mehr das Nehmliche sind.

Die gemeine Erfahrung überzeugt uns hievon. Der Kalender ist unbrauchbar worden. Die Jahrszeiten, der Frühling, Sommer, Herbst und Winter scheinen nicht mehr den ordentlichen Wechsel, noch die Proportion zu beobachten, wie sonst.

Wann man das Costum unserer Voraltern in alten Garderobben oder auf Schildereyen betrachtet; oder wann man die Etiquette in den Chroniken der Höfe nachsucht: so erstaunt man, wie weit wir vom Kalender unserer Väter abgekommen sind.

Sie legten die Sommerkleider insgemein am ersten Mai an. Heut zu Tag getrauet man sich kaum zu Ende des Junius sich damit an die Luft zu wagen. Und wann man sie zuweilen aus Respekt für die alte Mode am ersten Maytag trägt: so legt man

man sie doch des andern Tags wieder ab, bis wärmere Zeit kommt.

Im Gegentheil saßen unsere Großmütter mit ihren Spinnrocken gewis im October am Ofen. Die Nympfen unserer Zeit scherzen um Allerheiligen noch unter den englischen Sommerhüten auf den Rasenbänken.

Wäre etwan die Meinung des Seemanns, welcher in England öfentlich behauptet, daß wir der Sonne um 30 Grad näher gekommen wären, gegründeter als die übrigen?

Diß ist eine Hypothese, die wir der Prüfung der Naturkundiger unserer Zeit abtretten, worüber wir ihre Entscheidung erwarten müssen.

Unterdessen, wozu holt man so weit aus? Es gehet in den Speculationen der Wissenschaften öfters wie im gemeinen Leben. Man sucht zuweilen in einer sehr weiten Entfernung was ganz nahe liegt.

Wie? Fängt die Modifikation der Luft in Europa etwan erst von zwanzig Jahren her an? Hat sie ihren Ursprung eigentlich nicht schon bey der Civilisirung dieses Welttheils genommen?

Die Ausrottung der Wälder, die Vertrocknung der Sümpfe, die Pflügung der Erde verjagten die ungeheuren Winter aus Europa. Kurz das Temperaperament ist in gleichem Schritt mit der Kultur gegangen.

Jede Kalenderbeobachtung erfodert dem eingeführten Brauche nach eine Weissagung. Wir unterwerfen uns willig diesem Gesez. Anstatt uns bey überflüssigen, unserm Beruf nicht zukommenden Speculationen über die Physik der Witterung aufzuhalten: so wollen wir die Weissagung eröfnen, die wir aus diesen Umständen ziehen.

Einst wird in Europa eine Zeit kommen — wann die menschliche Industrie sich mit der Wirkung des Temperaments paaren wird — daß man weder von Sommer, noch Herbst, noch Frühling mehr wissen, und daß der Winter nirgends als in barbarischen und unbebauten Ländern noch zu finden seyn wird.

Von den Ekonomisten und dem physiokratischen System.

Wenn man die Frage: was ist der Mensch? den Doktoren vorlegt, so versezen sie gewöhnlich, der Mensch ist ein mit einem sterblichen Leib und einer vernünftigen Seele begabtes Wesen.

Fragt man einen Ekonomisten, so spricht er kurzweg „der Mensch ist ein Thier, das Brod frißt.

Man hat in den Chronologen mehrmal der Ekonomisten gedacht: man spricht von dem System dieser philosophischen Sekte darinn an verschiedenen Stellen mit so viel Wärme, daß es eine Materie ist, welche die Leser zu fodern scheinen, die Historie derselben beyzubringen.

* * *

Nach den Werken der beyden Bacon'e, des Cartesius, des Loke, des Leibniz und eines Bayle; nach den Sammlungen der Akademien zu London, Paris, Berlin, Florenz; nach den Arbeiten der Gelehrten zu Leipzig gieng den Wissenschaften noch

ein

ein wichtiges Denkmal ab, ihren Ruhm zu verewigen.

Ein Buch, worinn alle Wahrheiten und alle Irrthümer, die der menschliche Geist von der Theologie an bis zur Conchyliologie erfunden; worinn alle Werke des menschlichen Wizes von der Stecknadel bis zur Schifsflotte aufbehalten wären; in welchem der Mensch sich in seinem ganzem Bild, nach all seinen Vollkommenheiten und Fehlern überschauen könnte: ein solches Buch fehlte noch.

Unser Jahrhundert rufte — und es erschien. Die Encyclopädie des Diderot's ist ein unsterbliches Monument im Reiche der Wissenschaften. Dieses Werk, welches den Geist der berühmtesten Gelehrten aller Nationen des heutigen Jahrhunderts enthält, macht dem menschlichen Verstand Ehre.

Es erregte so viel Sensation im Publikum, daß man seinen Verfassern eine eigene Schule erbaute, die man die Encyclopädisten nannte.

Von dieser Schule gieng ein Mann aus, mit Nahmen Quesnay. Er war seiner Profession ein Arzt. Anfänglich lebte er für sich, in seiner Provinz. Nachgehends aber wurde er Hofarzt zu Versailles, bey der berühmten Marquise Pompadour.

Dieser Mann hatte, so wie die alten indischen Weltweisen, der in der Encyclopädie enthaltenen

Lehre

Lehre lange Zeit bey stiller Lampe nachgesinnet. Er glaubte darinn den Grundsaz zu finden, daß Nahrung, Freiheit und Sitten nicht nur die vornehmsten Angelegenheiten der Menschen, sondern auch der Grund aller politischen und moralischen Ordnung der Gesellschaft wären.

Hieraus folgerte er verschiedene scharfsinnige Maximen, und insbesondere diese, daß die Steuer vom reinen Ertrag der Erde die natürlichste und nüzlichste unter allen öfentlichen Anlagen sey.

Dieser Lehrsaz nun dehnte sich in ein unermeßliches Feld eben so neuer als wichtiger Begrife aus, die er sämmtlich in einem Buch vereinigte, das er unter dem Titel „Allgemeine Grundsäze, wie die wirthschaftliche Regierung eines ackerbauenden Staats beschaffen seyn müsse *)" im Jahr 1760 ans Licht gab.

Da sein Hauptgrundsaz darinn bestund, daß alle Güter der Natur sich auf das Wohl des Menschen, und auf die Verbesserung seines Zustands beziehen müssen: so gab er seiner Lehre den Nahmen Physiokratie.

Die Physiokratie ist demnach eine neue Lehre, welche sich eigentlich mit der Gesezgebung
über

---
*) Maximes generales du gouvernement économique d'un royaume agricole.

4er Band. B

über die Rechte der Menschlichkeit beschäftigt. Man muß sie die Jurisprudenz der Menschlichkeit nennen.

Ein so neugieriges, in die Spekulationen der Oekonomie und der Politik so verliebtes Jahrhundert, wie das unsrige, konnte es dem Arzt Quesnay unmöglich an Anhängern fehlen lassen.

Ausserdem war sein Evangel im Hauptgrundsaz zu wahr und zu einleuchtend, um nicht den Beyfall des einsichtvollern Theils zu erwerben.

Man umringte den Urheber. Man fetirte ihn. Man errichtete ihm eine Schule. Dieser gab man den Nahmen Ekonomisten. Ihn selbst aber nannte man Meister.

— So wurden ehemals Plato, Pythagoras und Aristotel Stifter berühmter Schulen, welche die Bewunderung der Nachwelt erhielten." —

Die Erfindung des physiokratischen Systems wird einst ein wichtiger Zeitpunkt in der Geschichte der Menschheit werden. Er wird ein Vorzug unseres Jahrhunderts seyn: und alsdenn wird der Nahme seines Stifters neben den Platonen, den Sokraten, den Lykurgen, und allen andern Wohlthätern des menschlichen Geschlechts, unter den Sternen glänzen.

Es

19

Es fehlte nicht, daß diese neue Schule nicht Neider fand, daß die Ekonomisten nicht getadelt, ausgehönt und lächerlich gemacht wurden. Man nannte sie Träumer, Adepten, Schwärmer, und das physiokratische System eine Schimäre.

Die Zungendrescher und Gassenhauer übten ihren Wiz. Jeder Frosch in den Sümpfen und Laken, die Frankreich umgränzen, reckte seinen Kopf hervor, und schrie, wie la Fontaine spricht, sein

Brekeke, Kake, Koax, Koax, Koax.

Unterdessen vermehrte sich die Anzahl ihrer Sektirer zusehends. Man drang im Strohm herbey, sich einweihen zu lassen. Die vornehmsten und gelehrtesten Männer wurden zu ihren Coryphéen. *)

Von nun an trug die ekonomische Schule ihre Lehrsäze öfentlich vor. **) Sie behielt den Nahmen Ekonomisten bey, welchen ihr das Publikum gegeben hatte, weil sich ihr Zweck gröstentheils mit der innerlichen Staatsverwaltung beschäftigte, und weil die Steur vom reinen Ertrag einer ihrer merkwürdigsten Grundsäze war. Aber ihre Lehre nannte sie kurzweg die Wissenschaft.

B 2   Sie

*) Der Marquis Mirabeau, der Generalkontroleur Herr von Turgot, der Abbt Condillac, die Herren von Mercier, von Dupont, von Saint Lambert, die Aebbte Beaubeau, Roubaud, die Encyclopädisten 2c. 2c.

**) Das Tableau économique, welches das Elementarbuch der ekonomischen Schule ist, erschien 1762.

Sie erwälte ein Symbol. Es ist „SALVS PO-
PVLI SVPREMA LEX ESTO."

Diesem Symbol sezte sie zwo Devisen zur Seite.
Die eine „Ex natura jus, ordo et leges" die andere
Ex homine arbitrium, regimen et coercitio.

Auch gab sie Schulbücher *) ans Licht, wel=
che das Publikum von dem Zweck ihrer Lehre un=
terrichteten, und sie in fremde Lande verbreiteten.

Unterdessen gleichwie ihr Entwurf dahin gerich=
tet war, die Dornen auszureissen, womit die fiska=
lische Tirannei) die Bahn der öfentlichen Glückse=
ligkeit besäet hat; die Erkenntnisse des menschlichen
Geists zu vervielfältigen; die Rechte der Mensch=
heit

*) Die vornehmsten darunter sind:
Maximes générales &c. &c.
Le Tableau économique.
La Théorie de l'impôt.
L'Ami des hommes.
L'Ordre naturel et essentiel des sociétés politiques.
Les Ephemerides de Citoyen.
La Gazette d'Agriculture, de commerce, des arts et
des finances.
Les Saisons. Poëme.
Bibliotheque raisonnée de l'histoire, de la morale et
de la Politique.

In Deutschland hat man — wann mich meine Litte=
ratur nicht betrügt — von zween der berühmtesten Po=
lizeygelehrten, Herrn Schlettwein und Herrn Dohm,
in dieser Materie Stof erhalten.

heit herzustellen, und ihre Mitbürger unter das
Panier der Ordnung, der Freiheit und des Fleisses
zu versammlen: so erregte das physiokratische Lehr-
gebäude sehr bald das Mißvergnügen der Politik,
welche bey jedem Schritt, den die Menschlichkeit
vorwärts thut, eifersüchtig und unruhig ist.

Die Feinde der Oekonomisten benuzten diese
Gelegenheit. In dergleichen Fällen sind die Libelle
und die Satiren den Wetterleitern ähnlich, welche
die Blize der Regierung beleben.

Unter dem Siegel des Finanzministers, Herrn
von Laverdy, erschien ein königliches Rescript vom
28 März 1764, welches verboth, in der Materie
der Staatsverwaltung und der Finanz weder das
Mindeste zu schreiben noch zu drucken.

Dieses war das Signal zur Verfolgung der
ekonomischen Sekte. Einige ihrer Apostel musten
sich ausser dem Reich flüchten. Andere wurden ge-
fänglich eingezogen. *)

Wann hat die Ränkesucht und der Partheygeist
berühmte Erfindungen nicht verfolgt? Oder vielmehr,

---

*) Die Aebbte Beaudeau und Roubaud (Ersterer Ver-
fasser der Ephemerid. de Citoyen: der Andere Vorsteher der Gazette d'Agriculture &c.) flüchteten nach
Pohlen. Der Verfasser der Theorie de l'Impôt und
des Ami des hommes (Marquis von Mirabeau) wurde durch ein Lettre de Cachet in die Bastille gesezt.

mehr, welcher grosse, welcher berühmte Zweck zum Wohl der Menschheit ist eingeführt worden, der nicht Widerstand und Verfolgung fand?

Was war das Looß aller Stifter im Reiche der Erkenntnisse vom Prometheus an bis auf Galiläi?

Man kan die Apologie der physiokratischen Schule nicht besser fortsezen, als wenn man die eigenen Worte eines ihrer berühmtesten Schampions, des Abbt Condillac, anführt.

„Die Ekonomisten hängen mit eben soviel Eifer an ihrem System, als einst seine Jünger am Confuzius hiengen. Und warum nicht?"

„Laßt uns immer von Einigen gehaßt, von Andern gespottet werden: diß ist uns gleichgültig. Wir versahen uns dessen zum Voraus. Wo ist die Wissenschaft oder die Meinung, die nicht gleiches Schicksal hatte?"

„Ohne auf die Geschichte längst vergangener Zeiten zurückzugehen, liefert nicht unser eigenes Jahrhundert Beyspiele genug?"

„Sind wir nicht heut zu Tag Newtonianer: unterdessen erinnert man sich allzuwohl der Zeit, daß es eben soviel Heldenmut erfoderte, sich zu den Lehrsäzen Newtons zu bekennen, als es izt erfodert, denselben zu widersprechen."

„Waren

„Waren die Cartesianer im Anfang nicht verachtet, ausgespottet und verfolgt, am Ende aber angebethet?"

„Zu wie viel Spöttereyen gab nicht die Circulation des Bluts Anlaß: und was noch ärger ist, wie viel Ränke, wie viel Verfolgungen erlitten ihre ersten Schüler?"

„Wurde nicht die Metaphysik Aristotel's, bevor sie auf den Lehrstühlen geheiligt ward, verschrien?"

„Welche Bewegungen veranlaßten nicht Galiläi und der Erfinder der Antipoden? Was war das Schicksal derjenigen Gelehrten, die zuerst wagten, uns einzureden, daß wir besser Latein und ein wenig vom Griechischen lernen sollten?"

„Eine jede Meynung, sie sey wahr oder falsch, selbst die gleichgültigste, die geistigste, erweckt nothwendigerweis Unruhe, und ziehet ihren Erfindern und Anhängern Verdruß zu."

„Alles dieß sahen wir zum Voraus ein: wir erfahren's täglich; und wir werden es noch lang erfahren."

„Diese Lehre, die wir bekennen: dieser Meister, dessen Leitung wir folgen: diese Schulbücher, die wir erklären: dieses Symbol, an dem wir hangen:

gen: endlich dieses System — dann so mus man einen Innbegrif kennen, welcher aus zusammenhängenden Grundsäzen, aus einer Reihe ordentlicher Folgen bestehet — ist es wahr oder falsch? Entspricht es dem Wohl der Herrscher und der Staaten, oder dient es ihnen zum Schaden? Diß ists, was die Zeit lehren mus, was unsere Nachkommen entscheiden werden."

So wie alle Dinge ihr Ziel haben: so hörte auch der Neid auf, die Ekonomisten zu verfolgen. So wie die Wahrheit ihre heiligen Rechte behauptet, so drang auch die Lehre der Physiokratie zur Erkenntniß.

Gegenwärtig ist sie das Motto des erleuchtesten Theils der europäischen Staaten.

Nachdem man uns erlaubt hat, einen kurzen Umriß der Geschichte der Physiokratie zu machen: so ist uns noch übrig, den Begrif ihrer Lehrsäze zu berühren.

Die Physiokratie lehret, daß aller wahre Reichthum aus der Erde entstehe. Dem zu folg ist die Erde der wesentlichste, der erste und der einzige Gegenstand der Staatshaushaltung.

Sie ist die Quelle der Nahrung, der Handlung, der Bevölkerung und aller Mittel der Gesellschaft.

Der

Derjenige Staat also, welcher den Feldbau am höchsten treibt, ist der glücklichste, der reichste und mächtigste.

Wenn nun die Erde die Urquelle aller Einkünfte ist: so ist nichts natürlicher und billiger, als daß sie die Steur allein trägt.

Die Steur vom reinen Ertrag der Erde ist demnach die gerechteste, die wohlfeilste, und in der Erhebung die leichteste und bequemste.

Hieraus aber folgt, daß eine gänzliche Freiheit des Gewerbs seyn, daß alle Schranken, welche dem Fleiß, der Handlung und dem Eigenthum entgegenstehen, aufgehoben werden müsten.

Aus diesen simplen Begrifen verbreitet sich ein unermeßliches Feld von Folgen und Grundsäzen, wovon die berühmtesten folgende dreyßig Apophtegme sind, in welchen eigentlich der Katechismus der Physiokratie bestehet.

I. Die oberste Macht mus völlig unumschränkt, und wider alle Eingrife gesichert seyn.

II. Das Volk mus über die beste Ordnung der Gesellschaft, über die Natur der Gesezze, über die Verfassung des Staats, und über seine Pflichten so viel möglich aufgeklärt werden, weil es zur Berathung und Unterstuzung des

Regenten, vermöge des gesellschaftlichen Vertrags, concurriren soll.

III. Weder der Regent noch die Bürgere dörfen niemal vergessen, daß die Erde die Urquelle der Nahrung und des Reichthums ist.

IV. Das Eigenthum der Länder und der beweglichen Güter mus heilig seyn. Dann das Eigenthum ist die Grundsäule der natürlichen Ordnung und der Verbesserung der Erde.

V. Die Steur mus mit dem Vermögen des Volks im Verhältniß stehen. Nie darf sie die Nationaleinkünfte übersteigen. Sie mus immer gleichen Schritt mit der Progression der Reichthümer halten. Sie mus unmittelbar nur auf dem reinen Ertrag der Erde haften.

VI. Der Landmann mus soviel übrig behalten, daß er jährlich Vorschuß in Handen hat, das Feld zu verbessern, um den hoch möglichsten Ertrag zu gewinnen.

VII. Die öfentliche Abgaben müssen jährlich gehau wieder in den allgemeinen Umlauf zurücktretten. Die Kanäle des Umlaufs müssen so geleitet werden, daß das Geld durchs ganze Reich fließt.

VIII. Die Staatsökonomie mus nur für nüzliche Ausgaben bedacht seyn. Die unnüzlichen mus sie sich selbst überlassen.

IX. Ein

IX. Ein Volk, das ein geräumiges Erdreich hat, und das dabey Gelegenheit hat, seine Erzeugnisse leicht und gut anzubringen, mus weniger Geld und Hände auf die Manufacturen und Prachtkünste verwenden, als auf die Vermehrung des Feldbaues. Dann in allem Betracht hat ein Reich zuerst genugsame und wohlhabende Landleute nöthig.

X. Kein Theil der Nationaleinkünfte darf ausserhalb Lands gehen, ohne zu seiner Zeit wieder baar oder in Waaren zurückzukommen.

XI. Man mus der Auswanderung vorbeugen.

XII. Die Kinder reicher Landleute müssen die Handthierung ihrer Väter fortsezen. Man leide nicht, daß sie ihren Stand verändern.

XIII. Jedem Eigenthümer sey eine gänzliche Freiheit vorbehalten, auf seinem Gut zu pflanzen und anzubauen, was seinem Belieben, seinem Gutdünken, seinem Nuzen, seinen Kräften, oder auch der Natur des Bodens, gemäs deucht.

XIV. Man sey auf die Vermehrung des Viehes bedacht.

XV. Die Getraidefelder müssen soviel möglich in einerley Hände zusammgezogen, und reichen Besizern zugeeignet werden.

XVI. Die

XVI. Die freye Getraidausfuhr ist der wesentlichste Grundsaz des Ackerbaues.

XVII. Die Regierung mus die möglichste Erleichterung der Deboucheen, der Strassen, Kanäle, Wege, Flüße und Communicationen zum Transport der rohen Erzeugnisse und Manufacturen mit unermüdetem Eifer veranstalten.

XVIII. Der Getraidepreis mus, wo möglich, innerhalb des Reichs immer gleich bleiben. Die Regierung darf weder zu seiner Erhöhung noch Erniedrigung Gelegenheit geben. Ueberfluß und Werth ist Reichthum. Mangel und Theurung ist Armut.

XIX. Laßt euch nicht bereden, daß der geringe Preis dem gemeinen Volk vorträglich sey.

XX. Sorget für den Wohlstand der niedrigsten Klasse des Volks.

XXI. Haltet die reichen Gutbesizer und einträglichen Künstler von überflüssiger Spahrsamkeit ab.

XXII. Reizet den Prachtaufwand nicht.

XXIII. Vermeidet, daß der Staat im Handel mit auswärtigen die Balanz nicht wider sich erhalte.

XXIV. Laſ-

XXIV. Laſſet euch nicht durch den falſchen Schein eines vortheilhaften Handels mit den Ausländern verblenden.

XXV. Erhaltet eine unumſchränkte Freiheit in Handel und Gewerb. Die beſte, die zuverläßigſte Handlungspolizey iſt die Freiheit der Concurrenz.

XXVI. Die Vermehrung der Bevölkerung verdient weniger Sorgfalt, als die Vermehrung der Staatseinkünfte.

XXVII. Die Staatshaushaltung mus weniger bedacht ſeyn, die Erſpahrnuß zu ſuchen, als nüzliche Operationen für die Vermehrung des Nationalreichthums zu erfinden.

XXVIII. Die Glücksſtreiche der Partikuliers ſind dem Ganzen ſchädlich. Sie hindern den Umlauf der Reichthümer.

XXIX. Wann der Staat in der Noth iſt, ſo mus er ſich auf den Wohlſtand der Bürgere verlaſſen können: nicht auf den Kredit.

XXX. Keine Anlehn, keine Monopole, und keine Leibrenten.

Man kan nicht läugnen, daß unter dieſen Maximen einige von auffallender Zweideutigkeit ſind. Inzwiſchen befielt uns die Vernunftlehre, keinen Begrif anderſt als in ſeinem eigenen Lichte, und

in

in der Verbindung, worinn er mit andern Begrifen steht, zu beurtheilen.

Diese Paradoxie hat vielleicht Ursach zu jenen Anfällen und Spöttereyen gegeben, welche das physiokratische System in Frankreich erleiden muſte. Folgende Anecdote ist ein Beweis.

Um die Zeit, als der Streit wegen den Ekonomisten am lebhaftesten war, und man zu Paris von nichts anders als der neuen Lehre und der Handelsfreiheit sprach, befanden sich eines Tags die Pairs von Frankreich beym verstorbenen Prinzen Conty versammelt. Ein Windspiel lief in Saal und machte seine Nothdurft vor der ganzen erlauchten Versammlung. Hierüber rannten die Lakayen mit Stöcken herbey, um den Hund hinauszupeitschen. — Halt! rief der Prinz Conty: Freiheit! Freiheit! Unumschränkte Freiheit!

Paul Jones.

Daß die Bürgerkriege zuweilen grosse Männer erwecken, davon giebt die Geschichte Beyspiele.

Je wichtiger im Streit fürs Vaterland das Interesse ist; je mehr die vaterländischen Kriege ihrer Natur nach von den gemeinen Unternehmungen der Könige unterschieden sind; einen desto grössern Aufwand von Kräften erfodern sie.

Paul Jones wird vielleicht einst unter die Helden gezählt werden, die dem Bürgerkrieg Ruhm machen. Er ist nicht Agamemnon noch Epaminondas, aber er ist Diomed.

Folgende Anecdote zeichnet seinen Karacter.

Paul Jones führte ein kleines Geschwader an, welches aus amerikanischen und französischen Schiffen bestund. Er segelte am 23 Sept. 1779 nach der nördlichen Küste von Schottland, als er auf der Höhe von Flambrough-Head der aus der Ostsee kommenden englischen Kaufmannsflotte begegnete.

Das Geschwader des Commodore Jones bestund im amerikanischen Schif le bon Homme Richard
von

von 40 Kanonen; der amerikanischen Fregatte Alliance von 36 Kanonen; der französischen Fregatte Monsieur von 36 Kanonen; der französischen Fregatte Pallas von 36 Kanonen; der Brigantine Vengeance von 12 Kanonen; und einem Kutter von 18 Kanonen.

Diese Schife waren aber zwischen Berwik und dem Humber von dem Geschwader abgekommen: und Paul Jones befand sich, als er am 23ten Sept. auf die englische Flotte stieß, mit der einigen Fregatte Alliance ganz allein auf dem bon Homme Richard.

Die englische Flotte war von zwey bewafneten Schifen begleitet: der königlichen Fregatte Serapis von 44 Kanonen, Kapitän Pearson, und der Fregatte Scarborough von 24 Kanonen.

Das Gefecht, welches hierauf vorfiel, ist eines der merkwürdigsten in seiner Art.

Paul Jones focht wie ein Dämon. Die Engländer hatten sein Schif völlig leck geschossen. Von 350 Mann, woraus die Besazung bestand, hatte er 306 Todte. Zwölfmal war auf dem bon Homme Richard während dem Treffen Feuer ausgebrochen: ein Theil der Kartouchen flog dabey in die Luft. Dieser Umstand machte die Kanonen unbrauchbar. Die Engländer enterten.

Ver-

Vergebens verlies er sich auf die Alliance. Diese vermehrte sein Unglück: Aus einem unglückseligen Irrthum schoß sie selbst auf den bon Homme Richard. Sie tödtete ihm eilf der besten Bootsleute.

In dieser entsezlichen Lage zeigte sich Paul Jones als ein wahrer Held. Er verlies den Muth nicht. Eine Kanonkugel vom Serapis zerschmetterte den Mast auf dem bon Homme Richard. „Ergiebst du dich nun?" rief ihm sein Feind zu. „Mich ergeben! schrie Paul Jones entgegen." Eher würde ich mich dem Teufel ergeben!

Nie kan man sich eine schröcklichere Lage denken, als die Lage, worinn sich dieser Seemann befand. Einen ergrimmten und mächtigen Feind vor sich: seinen eigenen Kamraden gegen sich: zwey Elemente, Feur und Wasser, wider sich vereinigt: eine todte Mannschaft: ein hingerichtetes und sinkendes Schif sind Umstände, die die äusserste Probe des Muths erfodern, und die vielleicht den Muth des besten Seemanns überwinden würden.

Die That Paul Jones ist ein wahres Wunder in der Geschichte des Kriegs. Inmittelst er einige Mannschaft an die Pompe gestellt hatte, um dem Feur und Wasser zu widerstehen: so sprang er an der Spize der wenigen, die ihm der Tod übrig gelassen hatte, mit dem Pistol in der einen und dem

Sabel in der andern Hand, ins englische Schif, überwand und eroberte es.

In diesem Augenblick sah er sein eigen Schif, den bon Homme Richard untersinken. Er weihte ihm eine Thräne, und behielt den Serapis nebst der Scarborough.

Am 6 October erschien er im Texel als Sieger mit den eroberten zwey Schifen und der Alliance.

So ruhmvoll diese That ist: so viel Hochachtung die Tapferkeit des Commodore verdient: so fanden sich Leuthe, welche ihn zu verkleinern und anzuschwärzen suchten.

Man verdunkelte seinen persönlichen Karacter. Man beschrieb ihn für einen Barbarn, für einen Unmenschen. Man verkaufte Kupferstiche, worauf er in der Gestalt eines Panduren vorgestellt war.

Dieß gab ihm Gelegenheit, folgenden Brief, welcher seinen Karacter vollkommen abschildert, an einen seiner Freunde in England zu schreiben.

„Ich danke ihnen, werther Freund, daß sie mir die Augen in Absicht auf das Betragen einiger von denen geöfnet haben, die sich ehemals für meine Freunde ausgaben. Ich kan Mitleiden mit der Niederträchtigkeit jener Seelen haben, die fähig sind mein Vertrauen so weit zu misbrauchen,

daß

daß meine Ehre dardurch beschmizt wird, indeſſen daß ich mich an meiner Seite nicht allein völlig auf ſie verlaſſen, ſondern auch vor dem Empfang ihres lezten Briefs mein Glück mit ihnen getheilt hätte, um ihnen aus der groſſen Verlegenheit zu helfen, worinn ſie ſich, wie Sie mir ſchreiben, izt befinden."

„Ich verwundere mich alſo keineswegs, daß viel Leute in England ſich einen beſondern Begrif von mir gemacht haben."

„Wann hingegen die Stimme des Volks, welches immer leichtſinnig zu entſcheiden pflegt, meine Parthey mit Eifer genommen hätte: ſo hätten weiſe Leuthe keinen Beweis darinn gefunden, daß ich meiner Pflicht im Dienſte von Amerika ein Genüge gethan hätte."

„Ob ich gleich izt Englands Feind bin, ſo würde es mir doch ſehr lieb ſeyn, die gute Meynung aller braven Leute in dieſem Reich durch mein Betragen in dem izigen Krieg zu verdienen."

„Es wird, wie ich hoffe, jedermann, und Sie beſonders, ſo lang ich darinn diene, überzeugen, daß ich den Karacter eines Mannes von Ehre und Empfindung zu behaupten ſuche, der Amerika nicht aus Haß oder Rachſucht gegen England dient, noch aus Abſichten eines perſönlichen Intereſſe, ſondern aus dem edelſten aller Grundſäze, aus Dankbar-

keit

keit für nicht verdiente Gunstbezeugungen, die ich in Amerika bereits eher, als die vereinigten Staaten ihre Unabhängigkeit erklärt hatten, und um diese Zeit, empfangen habe."

„Allein da ich mir schmeichle, daß Amerika Ursache hat, mit dem Betragen zufrieden zu seyn, das ich bisher in seinem Dienst beobachtet habe, so ists wahrscheinlich, daß ich, sobald ich zu Haus wieder angekommen bin, um meine Erlassung bitten werde, weil das Kriegshandwerk mir weder überhaupt, noch der Seedienst insbesondere, gefällt."

„Das Verlangen, welches Sie bezeugen, die Vorurtheile zu vertilgen, von welchen die brittische Nation gegen mich eingenommen ist, sehe ich als ein Merkmal der Freundschaft von Ihrer Seite an."

„Meine Meinung von mir selbst ist nicht groß genug, um zu glauben, daß das Publikum aufmerksam auf mich ist, oder sich bey demjenigen, was mich betrift, interessirt: und wie auch die Vorstellung des englischen Volks in Absicht auf mich beschaffen seyn mag, so mus ich mich darüber trösten, in der Hofnung, daß der übrige Theil des menschlichen Geschlechts meinem Karacter mehr Gerechtigkeit wiederfahren lassen, und mich, wann ich nicht mehr seyn werde, in geneigtem Andenken behalten wird. U. s. w.

Ueber den Plagiat der Schauspieler.

Als der Herzog von Enghien, den man den grossen Conde nannte, nach seinen ruhmvollen Feldzügen in den Niederlanden zum erstenmal in der französischen Komödie erschien: so spielte man das bekannte Stück des Crebillon, worinn zwey Verliebte zur Tafel sizen, und der Amant spricht: ich trinke auf die Gesundheit der Venus. Die Schauspielerin desselbigen Abends machte ein Impromtu. Sie sezte die Worte hinzu: und ich — ich trinke auf die Gesundheit des Mars. Hiebey ergrief sie das Glas und wandte sich gegen die Loge des Prinzen.

Dieses Compliment nannte man damals sehr glücklich.

Dreissig Jahre später wurde eben dieser Einfall gegen den siegreichen Marschall von Sachsen in der Komödie zu Paris wiederholt.

Nach Endigung des Kriegs 1762 führte man dem iztlebenden Prinzen Conde zu Ehren das Schauspiel Heureuiement auf, in welchem der Verfasser jene Stelle aus dem Crebillon kopirt hat. Als Mademoiselle Hus, welche diesen Abend die Schauspielerin war, darauf kam: so ermangelte sie nicht, die Worte hinzuzusezen: und ich — ich trinke auf die Gesundheit des Mars; indem sie eine Verbeugung gegen die Loge des Prinzen machte.

Des andern Tags ahmte es die italiänische Komödie auf ihrem Theater gleichfalls nach.

Vor einigen Wochen wurde auf dem französischen Theater der Deserteur gegeben. Als Montauriel den Grand Cousin nöthigte, auf des Königs Gesundheit zu trinken: so sezte der Schauspieler hinzu — und auf die Gesundheit unserer braven Seeleute!

Kapitän Royer, ein Dünkircher Kaper, befand sich in einer der vordersten Logen. Das Publikum sah, daß es auf ihn gezielt war. Man klatschte den Schauspielern Beyfall zu.

Wie oft wird man diese Kinderey noch wiederholen?

Ueber den Herostratismus unserer Litteratur.

Ich würde über den Beyfall eines Franzosen erröthen. "So spricht man wirklich in Deutschland. Vermuthlich ist das Publikum begierig, Diejenigen zu kennen, die diesen Ton einführen.

Ists etwan Herr Lessing und seine Emilia Galotti?

Ists Herr Wieland und seine Musarion?

Oder ists Herr Gesner mit seinen Idyllen?

Nein. Es ist — wer? — Herr * Verfasser eines Schauspiels: Robert von Hohenecken.

Ach! Herr Verfasser des Robert von Hohenecken — und Ich — ich würde verzweifeln, wann ihr Urtheil die Stimme Deutschlands wäre; wann sie ein genugsam wichtiger Mann wären, den Bevollmächtigten der Nation vorzustellen.

Ists möglich, daß wir unsere Umstände so sehr vergessen: daß wir in der Verkleinerung anderer Nationen

tionen einen Ruhm suchen können. Der Fall Griechenlands fieng da an, als die Griechen andere Nationen verachteten, als sie die Egyptier, die Perser, die Römer Barbarn nannten.

Indessen was ist der neueste Ton der Litteratur in Deutschland? Mit Stolz und Verachtung von den Franzosen sprechen, und auf Voltair'n schimpfen.

Unter allen Ursachen, welche sich zusammvereinigen, sagt Bacon, das irrende Urtheil der Menschen zu verblenden und die Seele falsch zu leiten, ist der Hochmuth, das unfehlbare Laster der Thoren, diejenige, welche schwache Köpfe am strengsten beherrscht. Denn was die Natur am Verdienst versagt hat, ersezt sie reichlich mit dürftigem Stolz.

Niemals hat ein Sinnspruch mehr auf das Beyspiel unserer Zeiten gepaßt. Wäre es aus einem Trieb der Vergeltung, daß wir von den Franzosen verächtlich sprechen, weil sie einst so von den Deutschen gesprochen haben sollen: so gieng's noch mit. Eine der menschlichen Natur angebohrne Empfindlichkeit würde es entschuldigen: sie würde vielleicht den Beweggrund verschönern.

Aber so edel ist der Trieb nicht. Es ist Stolz, der dummgrobe Stolz der Scaliger, der Salmasius,

sius, der Laurentius Valla, und aller übrigen Pedanten, Vorgänger der deutschen Litteratur. *)

Vielleicht ist unter allen wirklichen deutschen Schriftstellern keiner mehr berechtigt, sich dieser Sache anzunehmen, wie Ich. Ich habe, wie meine

*) **Gelehrte Noten.**

Scaliger (Julius) wurde von seinem Buchhändler ersucht, ihm einige Anleitung zu geben, weil er sein Bildniß vor seine Werke setzen wollte. Seine Antwort war, wann der Kupferstecher die verschiedenen Grazien des Masanissa, des Xenophon und Plato zusammvereinigen könnte, so wäre er noch wohl fähig, der Welt ein schwaches und unvollkommenes Bild von seiner Person zu geben. Und diesen hochmüthigen Ausspruch ließ er in seiner eigenen Briefsammlung öfentlich drucken.

Pope's Epistel an Dr. Arbuthnot. Anmerk.

Salmasius traf eines Tags in der königlichen Bibliothek zu Paris seine zween Brüder an. In einer eitlen Ueberzeugung ihrer sämmtlichen Wichtigkeit, sagte der älteste zu den beyden Uebrigen: er glaubte, sie drey könnten allen Gelehrten in Europa die Spitze biethen. Hierauf antwortete Salmasius heldenmüthig: Vereinigt euch mit allen Gelehrten auf der Welt, so sollt ihr finden, daß ich Allein euch Allen gewachsen bin.

Ebendaselbst.

Laurentius Valla, nachdem er alle Nahmen von Rang unter den Alten, Aristoteles, Cicero, Longin ꝛc. ꝛc.

ne schwache Versuche zeigen, meinen Geist größtentheils an der Quelle der französischen Pierinnin genährt. Schon sehr früh tränkten sie mich mit ihrer heiligen Milch. Der Muse Gallien's bin ich mein weniges Wissen ganz schuldig.

Nie

durchgangen und verachtet hatte, sagte endlich, daß er sich sogar getraue, es mit Christo aufzunehmen.

Ebendaselbst.

Luther, der Restaurator der Wissenschaften in Deutschland, nannte einen Gewissen unter den Alten einen Erystultus, müssigen Esel, der Geld und Gut und faule Tage genug hatte, einen listigen Dialekten, einen unsaubern elenden Menschen, philosophischen Schwätzer, einen verdammten, hochmüthigen, schalkhaftigen Heiden, einen Engel aus dem Abgrund, Apollyon, einen Verderber und Verwüster der Kirchen — Und dieser Alte — wer ists? — Aristoteles.

Vorbericht zu Quintilians Characteristic ins Deutsche übersetzt.

Nauclerus pflegte zu sagen, daß nur Er und Gott wüßten, was Persius in gewissen Versen sagen wollte.

Balzac Werke III Band.

Der Verfasser des Robert von Hohenecken
spricht in der Vorrede.

„All eure Einwürfe, **ihr guten Leute!** hab'
„ich voraus gesehen. Ich wollte euch aber nur
„nicht willfahren: weil mir nichts leichter gewe-
„sen seyn würde, als euren Geschmack zu befriedi-
„gen, und euch, von Anfang bis zu Ende meines
„Stücks, heulen zu machen, wie gepeitschte
„Kinder.

Nie werde ich die Dankbarkeit vergessen, die sie meinem Herzen eingegraben hat. Ewig werde ich mich der Hochachtung erinnern, die ich dem Nahmen der Männer von Genie schuldig bin, durch deren Hände sie mir den kastalischen Becher reichte.

Ihn sah' ich — den Tempel der gallischen Muse. — Vielleicht trat keiner meiner Zeitverwandten unter den deutschen Schriftstellern so weit hinein.

Ich sah' die unsterblichen Reihen der Denksäulen Deskartes, Corneille, Pascal, Bossuet, Moliere, Fenelon, Voltaire, Crebillon, Gresset, Buffon, Fontenelle

Von einem heiligen Schaur gerührt hob sich mein Herz. In Entzücken hingerissen warf ich mich nieder und rief: Heil euch, ihr finstern Wohnungen des ehrwürdigen Phöbus: itzt erkenne ich die Unsterblichen!

Ich prätendire eben nicht, daß der Herr Verfasser des Robert von Hobenecken eine so hohe Begeisterung in Ansehen der Franzosen fühlen soll, wie ich. Unsere Lage ist sehr verschieden. Aber was Er und seine Clique in Deutschland unternimmt, um den Tempel der gallischen Muse niederzureissen, ist's weniger, als wahrer Herostratismus?

Herostrat zündete Phöben's Tempel, das Meisterstück der Kunst aller griechischen Künstler, an. Man sagt, daß er hierdurch seinen Nahmen verewiget ewigen wollte. Allein ich glaube nicht, daß dieß sein wahrer Beweggrund war. Ich glaube, daß ihn ein niedriges, schadenfrohes Herz, scheeler Neid, nebst einem thörichten Dunst eingebildeter Verdienste beseelte.

Leget diese Eigenschaften neben den Vorsaz der deutschen Clique, welche den Tempel des französischen Talents anzünden will, und sprecht, ob es nicht Pflicht eines ehrlichen Mannes, ob es nicht wirkliches Verdienst um die Rechte der Wahrheit und der Wissenschaften wäre, den Mordbrennern die Fackel aus der Faust zu reissen.

Ich will mir nicht schmeicheln, daß ich der Mann dazu bin. Meine Einbildung von mir selbst hat mich nie betrogen. Ich bin entzükt, daß mir Einer auf dieser Bahn vorangegangen ist, der mit allem Recht der Ruhm Deutschlands ist, und der alle Vorzüge der Musen und der Grazien vereinigt, um sein Urtheil gültig zu machen. *)

Ich will mich demnach blos auf einige vorbeygehende Anmerkungen einschränken.

Wisset eure Geschichte, Verächtere der Franzosen! Eure Väter waren einst so dumm und so pedantisch, als ihr izt stolz und vielwissend seyd.

Die

*) Herrn Wielands deutscher Merkur.

Die französische Nation hatte längst ihre Corneille's, ihre Arnaud's und ihre Bossuets, als jene noch Thesen, Concordanzen, Commentare und Systeme schrieben. Deutschland war die längste Zeit das Reich der Schulfüchse, der Sylbenrichter und der Mückentödter.

Ein Mann, der wahren Anspruch auf die Hochachtung seines Vaterlands hat, dem ihr aber mit Undank begegnetet, entstund. Er suchte euch von eurem schwärmerischen Hang an die Schulgelehrsamkeit abwendig und auf die Werke der Neuern aufmerksam zu machen.

Mit unermüdeter Faust lieferte er euch Uebersezungen von den berühmtesten Schriftstellern aus dem schimmernden Jahrhundert Ludwigs XIV.

Ihr fielet wie die Kinder darauf. Kein Fleck, keine Scartecke war zu elend, daß ihr sie nicht durch die Uebersezerfabriken, die ihr in Menge anlegtet, ins Deutsche bringen liesset. Die Begierde womit ihr Alles, was aus Frankreich kam, verschlunget, bewies die Armut eures Geists und den Hunger eurer Seele.

Man hatte in Frankreich bereits die Briefe des Paskal, die Oden des Rousseau, die Lustspiele des Moliere, den Geist der Geseze, als ihr noch an den Romanen des Urfe, an der tausend und einen Nacht und den Mährchen des Marivaux hienget.

Endlich

Endlich fienget ihr an, nachzunahmen. Eure erste Arbeit war Romanen. Zuerst hattet ihr nicht sonderlich Glück, weil sich euer schulgerechter Verstand noch nicht über die Schranken der Logik und der Dialektik zu erheben getraute.

Kaum wart ihr glücklicher — diß war ungefähr um die Periode der Caniz, der Hagedorn, der Cronegk — so zeigte sich eure Unterwerfung unter den französischen Genie sichtbarlich. Alles was ihr dachtet und schriebet hatte einen französischen Schimmer. Euer sclavischer Gang auf dem Wege der Franzosen bezeugte, daß ihr sie für eure Meister erkennet.

— Dann ist nichts gewisser, als daß Deutschland noch niemals einen Originalgang in den Arbeiten der Musen hatte. —

Unterdessen nahm man mitten unter diesen Bestrebungen eure Stümperey wahr. So sehr ihr eure Werke mit französischem Flitter verbrämtet: so verriethen sie den Karacter ängstlicher Nachahmungen. Das deutsche Grotesk hinkte überall unter ihnen her.

Ihr glichet dem Junker Hans, welcher nach dem neuesten Geschmack in einem mit Lyonergallonen verbrämten Kleid aus Paris nach Hause kam, und bey dessen Anblick die Jungen im Dorfe riefen:

fen: das ist Junker Hans, dann er kreuzet noch mit dem Fuße.

Diese Periode der Knechtschaft dauerte bis zum Alter der Litteraturbriefe, der Lessing, der Klopstock, der Bodmer, der Wieland ꝛc.

Hier bildete sich eine Art von Nationalgeistsform. Noch ist sie nicht original. Sie ist ein Zusammsaz von französischem, englischem und griechischem Geschmack. Und sie ist sogar schon wieder ihrem Untergang nahe.

Während dem ganzen Zirkel dieses Zeitraums brachtet ihr nicht eine einige eigene Erfindung herfür. Die besten Werke, die Deutschland Ehre, und auf die Nachwelt Anspruch machen, sind aus den Ideen der Franzosen und anderer fremden Nationen entstanden.

Die Idyllen eines Gesners, welche unstreitig das originellste Werk sind, so auf deutschem Boden entstund; welche das erste Stück im Rang unter den deutschen Schriften sind, und das Einige unter allen, so eine Ausnahme verdienen würde, ist an der Quelle der Griechen geschöpft.

Wieland's Musarion, das Meisterstück der deutschen Grazien, trägt ein Gewand halb aus griechischem halb aus gallischem Stof.

Hage-

Hageborn und Gellert, die Väter der deutschen Fabel, gestanden öfentlich, daß sie den Geist la Fontaine's suchten.

Mosheim, Cramer, Spalding, zogen ihre Beredsamkeit von den Mustern der Fenelon und Bourdaleau ab.

Kurz alle heutigen Früchte des deutschen Parnasses sind vom französischen Boden überpflanzt. Das halb weinerliche Schauspiel, der empfindsame Roman, welche aus den Heroiden des Arnaud entstunden, sind von französischer Erfindung.

Die Berliner Litteraturbriefe, welche mit soviel Geräusch in Deutschland herrschten und welche eine Art von Epoche in der Geschichte des deutschen Genies machten, sind eine Nachahmung des Année literaire, oder vielmehr der Lettres sur quelques écrits de ce tems des Freron.

Die Iris und der deutsche Merkur, wovon das erstere das Journal de Dames der Frau von Maisonneuve, und das zweite den Mercure de France zum Muster hatte, sind, so wie das ganze Geschlecht der Journale, der Bibliotheken und der gelehrten Zeitungen, von französischem Blut.

Der Musenallmanach, der eine neue Epoche in Deutschland machte, ist ein Nachbild des Almanac des Muses, der im Jahr 1766 in Frankreich zum erstenmal erschien.

Die

Die Encyclopädien, die politische Romanen, die ganze Modelecture Deutschlands, bis auf die Vignetten und die grünen und rothen Schmuztitel, sind aus Frankreich gebürtig.

So wahr ists, daß wann die Franzosen von der deutschen Muse Alles wieder zurücknehmen sollten, was sie von ihnen geborgt hat: so würde diese da stehen, wie die Krähe des Esop.

Und ihr wollt die Franzosen erniedrigen! — Ihr wollt eine Nation verachten, der ihr Alles schuldig seyd!

Ihr? die ihr noch nicht einmal eine Nationalsprache habt. *)

Die

---

*) Möser sagt: Wie soll man ohne Hauptstadt ein Nationaltheater, ohne Nationalgeist einen Originalton in der Kunst erlangen? Wir kommen nicht einmal zu einem rechten Nationalfluch. Jede Provinz flucht und schimpft anders, oder verbindet mit seinem Ausdruck andere Begrife. In Frankreich, in England, ist ein Fluch von einem Ende des Reichs zum andern verständlich. Die Pariserstraßen, Brücken, Zuchthäuser, Galgen sind so bekannt wie der Fuchs in der Fabel. Jede Allegorie, jede Allusion auf Grubstreet, Tyburn oder Bedlam ist völlig sinnlich. Wir können höchstens einen Provinzialnarren aufs Theater bringen, und so wenig Wien, als Berlin oder Leipzig haben ihren Ton zum Nationalton erheben können. I Band. Seite 306.

Die ihr die Miseren eines Guibert übersezt, und neue Auflagen vom Till Eulenspiegel, Robinson Crusoe und Doktor Faust ankündigt, Ihr erkühnt euch, die Bildsäule Voltaire's anzutasten?

Wann es wahr ist, daß die Franzosen einst von den Deutschen gering sprachen: so hatten sie vielleicht Recht. Schauet eure Geschichte an, die ich euch vor die Augen gelegt habe. Aber wenn ihr zur Wiedervergeltung die Franzosen verachten wollt: könnt ihr euch rühmen, eben so viel Recht zu haben?

Wo sind die grossen Männer, die ihr den Corneille's, den Racine's, den Dagesseau's, den Rousseau's, den Bossuet's, Buffons, Montesquieu's und Voltaire's an die Seite stellen darfst?

Wo sind die Werke, die ihr mit den Zairen, mit den Henriaden, mit dem Geist der Gesezze in Vergleichung sezen darfst?

Man darf ohne Scheu behaupten, daß Deutschland keinen einigen berühmten Mann, in irgend einem Fache der Werke des Genies hat, neben welchen die französische Nation nicht einen Aehnlichen stellen kan: und daß im Gegentheil Frankreich mehr

als

als Einen besizt, gegen den Deutschland nicht Seinesgleichen aufbringen kan.

Für einen Leibniz weist man uns einen Cartesius.

Für einen Kopernikus einen Condamine, la Lande und Messier.

Für einen Haller einen Buffon und einen Fontenelle.

Für einen Jerusalem einen Fenelon.

So ins Unendliche. Aber wer sind die deutschen Männer, die wir den Franzosen in der Geschichte, in der Politik, in der Beredsamkeit, in der Naturkunde, in der Dichtkunst, in den schönen Wissenschaften entgegen stellen können?

Unglückliches Geschlecht, welches seinen Ruhm auf die Verachtung eines andern gründet, und gleichwol so wenig befugt ist! Ists nicht ein Kennzeichen des Mangels eigener Verdienste, so ists die lächerlichste Eitelkeit.

Wer erinnert sich nicht der Zeiten, wo es der Stolz der Nation war, wann irgend ein deutscher Schriftsteller in Frankreich übersezt wurde: wo das Glück in die französische Sprache übersezt zu werden einem Buche das Siegel des Werths bey uns aufdrücken muste: wo man die Wenigen, denen diese Ehre widerfuhr, in allen deutschen Zeitungen auspofaunte. — Und izt erröthen wir über den Beyfall eines Franzosen?

Es ist, wie ich wiederhole, in den Kontroversen der Wissenschaften niemals nöthig, den Nahmen des Verfassers einzumischen. Der Nahme eines Mannes ist nicht sein Laster. Man erlaube mir also fortzufahren, bey der Benennung des Verfassers des Robert von Hohenecken zu bleiben. Vielleicht würde es ihm zu viel schmeichlen, seinen kleinen Nahmen an der Spitze eines interessanten Streits zu sehen.

In der That niemand weniger, als der Verfasser des Robert von Hohenecken scheint den Auftrag zu haben, dem französischen Genie im Nahmen der deutschen Nation Hohn zu sprechen.

Er ist der Urheber einiger Schauspiele, die niemals bekannt, oder doch wenigstens bald vergessen wurden. *) Er ist einer der Schampions von jenem Geschlecht der dramatischen Muse, welches wirklich in Deutschland so beliebt ist, das ist jener
Art

---

*) Karl von Adelheim. Der Aufruhr von Pisa. Robert von Hohenecken.

Art weinerlicher Lustspiele, welche, wie Pope sagt,

halb Heidegger und halb Eule sind.
Dunciad.

Jedoch, man erlaube, daß ich mich von diesem Punkt entferne. Ich fürchte auf die Satire zu fallen: und durch Gegenverläumdung widerlegt man nicht.

Die Vergleichung zwischen der französischen und deutschen Muse ist ein Gegenstand von interessanterer Folge und von wichtigerer Betrachtung, der einen geraumern und merkwürdigern Plaz erfodert, als in einem flüchtigen Journal.

Nichts ist gewisser, als daß die Franzosen die gerechteste Ansprüche im Reiche des Geists auf die Hochachtung aller Nationen zu machen haben. Alter, Verdienste, Menge an Schriftstellern und Werken berechtigen sie dazu.

Die Nachwelt, welche der unerbittliche Richter in allen Dingen ist, und die unser Betragen nach untrüglichen Urkunden beurtheilen wird, wird kaum glauben, daß es eine Zeit in Deutschland gab, wo man die Verachtung der Franzosen zur Nationalangelegenheit zu machen suchte.

Sie

Sie, die mit geläutertern Augen den Schatten Voltaire's, von der Glorie der Unsterblichkeit umstrahlt, über dem Erdball schweben sehen wird, wird über die Begegnung, die wir ihm erweisen, erröthen.

Immer bemühet euch, das Verdienst zu beneiden, und die Talente zu verkleinern. Tadelt den Genie eines Bako und das Feur eines Milton. Begnüget euch, daß jeder Ausfluß des Geists, der von ihnen auf die Erde stralt, daß jede Tugend, die sie beseelen, jede Kunst, die sie erwecken, jede Reizung, die sie erschaffen, gegeben sey, damit ihr sie hasset. Aber lernet, ihr Dunse! euren Gott nicht lästern.

Irrland.

Die Bewegungen in Irrland verdienen nicht, daß man sich wegen dem Schicksal dieses Reichs die mindeste Sorge macht. Aber sie bestättigen eine wichtige Moral in der Staatskunst. Es ist diese: daß es gefährlich ist, dem Pöbel auch nur den mindesten Einfluß in die Regierung zu lassen.

Wovon ist die Frage? Von der Handlungsfreiheit.

Die Freiheit des Handels, welche an sich selbst eine solide und nothwendige Maxime ist, hat gleichwohl ihre Schranken. Dann der Handel gleicht einem kleinen Vogel in der Hand eines Mannes: drücket man sie zu fest zu, so mus der Vogel sterben. Oefnet man sie aber zu weit und läßt ihm zu viel Willen: so fliegt er davon.

Daß ein Handel einzelnen Bürgern vortheilhaft, und der Nation, oder auch dem Staat, im Ganzen schädlich seyn könne, ist eine Wahrheit, die eben so deutlich, als sie vom Beyspiel aller Nationen bekräftigt ist.

Diesen Grundsaz hat man in England, wo unstreitig die Handlung am meisten raffinirt, und die Spekulationen darüber am weitesten getrieben worden sind, empfunden. Daher rührt nun die englische Einrichtung, welche das weiseste Handlungssystem ist, so die Politik jemals erfunden hat.

Zufolg dieses Systems bestehet die Freiheit des Handels darinn, daß Jedermann, er sey einheimisch oder fremd, berechtigt ist, zu handlen mit was für Waaren er immer will. Dieser glückliche Grundsaz herrscht völlig in England.

Jeder brittische Unterthan kan nach Belieben im Grossen und im Kleinen mit Allem was die Natur in den vier Welttheilen herfürbringt, ungehindert handlen. Nur mus er sich den aufgestellten Handlungsgesezen unterwerfen.

Diese Geseze sind sehr billig vorhanden. Dann bringt etwan die Handlungsfreiheit die Macht mit sich, daß jeder Kaufmann thun kan, was er will?

Welche Verwirrung, welches Verderben würde hieraus entstehen! Das Looß der menschlichen Natur ist, daß der Mensch insgemein selbst nicht verstehen soll, was sein Interesse erfodert, was ihm nüzlich ist.

So ist auf die Ausfuhr oder Einfuhr gewisser Artikel weislich ein grosser Zoll gesezt. So sind
gewisse

gewisse Waaren dem Stempel unterworfen. Kurz der Bürger eines handlenden und nach den besten Handlungsgesezen organisirten Staats kan für seinen persönlichen Antheil an der Freiheit des Handels mehr nicht fordern, als daß er nicht von Monopolien und Schleichhändlern gedrückt werde.

Man wende diese Reflexionen auf den Zustand von Irrland an.

Das Königreich Irrland ist seiner natürlichen Lage nach so beschaffen, daß es zum Handel, und besonders zum Küstenhandel mit Frankreich, ausersehen ist. Seinem physischen und politischen Karacter nach kan es sich nicht ohne den Beystand einer mächtigern Potenz erhalten.

Innerlich arm, dem Anfall seiner Nachbarn von allen Seiten ausgesezt, ohne Fabriken, blos an die rohen Erzeugnisse der Erde gebunden, mus es gleichsam einen Vormund haben, der das Reich im Falle der Noth beschüzt, es mit den Bedürfnissen des Lebens versiehet, und ihm seine Produkten abnimmt.

Diß ist die wahre Situation dieser Insel.

Unter den natürlichen Produkten derselben ist die Wolle der beträchtlichste und wesentlichste Zweig. Nun ist es einer der geheiligtsten Grundsäze des Handlungscodex — und wie könnte er in England miskannt seyn? — daß die Ausfuhr unverarbei-

D 5   teter

....e Erzeugniſſe thöricht und dem Nationalhandel ſchädlich ſey: daß man hingegen ſolche im Lande verarbeiten müſſe: indem kein Gewinn ſicherer iſt, als die eigene Verarbeitung ſeiner Materialien.

Vermög dieſes Grundſazes iſt die Ausfuhr der rohen Wolle im ganzen brittiſchen Reiche aufs ſchärffſte verbothen.

Ein Verboth, das in Irrland mit ſo viel mehr Befugniß eingeſchärft wurde, je mehr dieſe Inſel dem Schleichhandel mit Frankreich, dem unermüdeten und gefährlichen Nebenbuhler der engliſchen Handlung, ausgeſezt iſt.

Frankreich erzeugt bekanntermaſſen nicht nur wenig, ſondern ſchlechte Wolle. Unterdeſſen unterhält es doch ohnzählige Fabriken in dieſem Stof. Es verarbeitet eine unermeßliche Menge Wollenzeuge. Und es verſieht noch Deutſchland, die Türkey und andere Länder damit.

Da die franzöſiſche Landswolle noch um ein Drittel theurer, als die engliſche ſelbſt in England von gleicher Sorte; die ſpaniſche aber noch dreymal theurer als die engliſche iſt: ſo müſſen die Franzoſen ſo viel möglich ſuchen, die engliſche Wolle auf irgend eine Art ſich zu verſchaffen.

Hiezu

Hiezu nun ist der Schleichhandel ein übliches Mittel. Der Irrländer, welcher arm und eben nicht sonderlich gewissenhaft ist, ist leicht zu bestechen. Die zuverlässigsten Berechnungen lehren, daß jährlich der dritte Theil Wolle aus Irrland heimlich nach Frankreich geht. Einer der überzeugendsten Beweise, daß die englischen Handlungsgeseze eben nicht so streng in Irrland ausgeübt werden, wie man vorgiebt.

Das Beyspiel von der Wolle dient zum Muster, wie es sich mit allen übrigen Artikeln der irrländischen Handlung verhält.

Man sagt, daß wann Irrland gehörig unterhalten würde: so könnte es zur reichsten Juwele in dem brittischen Diadem werden. Dieses mus man an seinen Plaz gestellt seyn lassen. Ohne Zweifel kan man jedes Land nüzlich machen. Karl III zwang die Felsen zu Sierra Morena, ihm Produkte zu liefern.

Aber wenn man die Aufhebung der Handlungsgeseze zu den Mitteln Irrland blühend zu machen rechnet: so irrt man sich. Die Ausschweifung der Handlungsfreiheit hat niemals einen Staat glücklich gemacht: sie hat dem Handel niemal genuzt.

In der That ist dieses auch im mindesten nicht der Grund, woraus man die gegenwärtigen Unruhen den in Irrland herfolgern mus. Wer in der Sache hell sehen will, mus sich in ein ganz anderes Licht stellen.

Er mus sich blos an die Konstitution der englischen Regierung, und vielmehr an die Fehler derselben, halten. Wann man die Anrede des Königs bey der Eröfnung des Parlaments, und die Kaltblütigkeit, womit über den Artikel von Irrland darinn weggegangen ist, mit Ueberlegung betrachtet, so hat man den Aufschluß in Kurzem.

Die wütende Passion des brittischen Bluts zur geliebten Debattenfreiheit; auf der einen Seite die Maxime sich durch Opposition, durch Verfolgung der Ministere, durch Deklamation, durch den Nahmen eines unruhigen Geists empor zu bringen, und eine Bedienung oder Pension bey Hof zu erwerben, welche Maxime in England von alten Zeiten hergebracht und durchgängig im Brauch ist; auf der andern Seite die Beyspiele, welche die Erfahrung von übelgesinnten Menschen hat, die aus dem Elend ihres Vaterlands Nuzen zu ziehen, die den Geist der Aufruhr zu erwecken, und von der Lage des Staats Mißbrauch zu machen suchen; sind Betrachtungen, die den Hof zu gleicher Zeit schröcken und beruhigen musten.

In Betref des ersten Punkts war ihm der Karacter des Pöbels bekannt. Er wuste, daß der Pöbel ein unbesonnenes und leichtsinniges Thier ist, welches sich nur nach den Eindrücken richtet, die es von gewissen Anführern empfängt. Noch mehr, er wuste, daß dieses Thier am leichtesten zu besänftigen ist, wann es am heftigsten tobt. Die Bewilligung einiger vorbeygehenden und scheinbaren Vortheile war dem Ministerium, auf allen Fall, ein sicherer Bürge für die Wiederherstellung der Ruhe.

In Ansehn des andern Punkts ist sich der Hof seiner Ueberlegenheit im Parlament zu sehr bewust: er kennt die Stärke des Anhangs im Nationalsenat, die ihm Bestechung und Verrätherey erworben haben, zu gut, um sich über den Ausschlag einer Berathschlagung zu beunruhigen.

Aber was sollte ihn in Absicht auf den dritten Punkt beruhigen? Die Anstiftung ist gefährlich, und sie schleicht gemeiniglich nur im Finstern.

In der That wäre das unglückliche Schicksal der Amerikaner nicht so augenscheinlich: wäre ein schon in die acht Jahre geführter vergeblicher und unglücklicher Krieg, Verheerung, Armut und Verfolgung, ein im Blute seiner Bürger schwimmendes Land, nicht ein zu sichtbares Beyspiel, andere

Na-

Nationen abzuhalten, in dieses Spiel zu sezen: so könnte England nicht genug eilen, den Irrländern alle mögliche Wünsche einzugestehen.

Allein die terrible Lection, welche Amerika allen Nationen giebt, wird die Staaten lange Zeit vor aufrührischen Unternehmungen sichern.

Die ernsthafteste unter den Folgen, die bey dem Vorfalle in Irrland in Betrachtung gezogen zu werden verdienen, ist der Misbrauch der demokratischen Freiheit, und das Unglück so hieraus hätte entstehen können.

Hätte sich der Generalprokurator, Herr Scott, nicht zu rechter Zeit entfernt, so wäre er vom Pöbel ermordet worden. Eine der vornehmsten Magistratspersonen des Königreichs wäre von diesen elenden Händen untergegangen.

Die Geschichte dieses Vorfalls verdient wiederholt zu werden. Sie ist kurz und grausam.

Am Gedächtnißtag der Geburt König Wilhelm III und der Pulververschwörung, welcher im ganzen brittischen Reiche gefeyrt wird, versammelte
sich

63

sich der Pöbel zu Dublin bey der Bildsäule Wil-
h..... , und machte im Viereck eine Parade mit
fliegenden Fahnen und Trommeln. Die Bildsäule
war hiezu besonders ausgeschmückt. An der west-
lichen Seite stand mit grossen Buchstaben: die
glorreiche Revolution. An der östlichen: die
Freiwilligen von Irrland. Quinquaginta millia
juncti parati pro patria mori. Auf der südlichen
Seite: Abhelfung der Beschwerden Irrlands.
Auf der mitternächtigen Seite: Eine Subsidien-
bill von kurzer Dauer. Freye Handlung ---
Sonst!

Bis hieher ist die Sache blos lächerlich. Es
ist nichts als eine Pantalonade.

Allein am andern Tag zog der schwärmerische
Pöbel im Haufen zum Hause des Generalprokurator, welcher nach dem Geseze der ordentliche Agent
des Königs in den Versammlungen des Parlaments
ist, und foderte seinen Kopf.

Die Gemahlin des Herrn Scott, die hoch-
schwanger ist, erschien und warf sich vor dem aus-
gelassenen Pöbel auf die Knie, mit Bitte das Leben ihres Mannes zu verschonen.

Das

Das Volk begnügte sich, die Fenster einzuschlagen, und zog vor den Parlamentspallast, wo der Generalprokurator gleich plaidirte. Hier verlangte es von Neuem, daß man ihm diese Obrigkeitsperson ausliefern sollte.

Man lies Herrn Scott das Mittel, sich durch ein Fenster zu entfernen. Dafür wurden die Häuser derjenigen Parlamentsglieder, die man im Verdacht hatte, daß sie hiebey geholfen, eingeschlagen und geplündert.

Jeder denkende Hausvater, jeder unbefangene Bürger, der seine Ruhe oder sein Vaterland liebt, jeder Nachbar, der Freunde, Kinder und Verbindungen hat, die ihm lieb sind, antworte nun, ob er dergleichen Ausbrüche der Freiheit für eine Wohlthat der Geseze hält? Welcher mus nicht zittern, daß es ihm eben so gehen möchte? Muß nicht bey dem Gedanken erschrecken, daß er alle Augenblicke in Gefahr ist, mitten im Schooß seiner Nebenbürgere auf den geringsten Anlaß ein Opfer ihrer Ausgelassenheit zu werden?

Der Meuchelmord eines vornehmen Mannes, und die Verbrechen eines unbändigen Pöbels: diß sind also die zween Siegel, welche man auf die Freiheit der irrländischen Handlung drucken wollte.

So

So gefährlich ists, dem Pöbel auch nur den mindesten Einfluß in die Regierung zu laßen.

Man kan nicht läugnen, daß diese schlimmen Scenen zuweilen Folgen von der falschen Rhetorik der Nationalredner, der sogenannten Patrioten und Demagogen, sind. Einer der gewöhnlichsten Gemeinsprüche in ihren Vorstellungen ist der: die Nation sey in Bestürzung; sie stehe am Rand des Verderbens; das Uebel wäre aufs äusserste gekommen; das Vaterland schwimme in Thränen. ꝛc. ꝛc.

Wie unzeitig diese Blumen zuweilen angebracht sind, davon hat man eine besonders lustige Anecdote.

Bey dem Lit de Justice, welches Ludwig XVI, den 12 März 1776 zu Versailles hielt, um die Meisterschaften und andere Handwerksmißbräuche aufzuheben, paradirte der erste Präsident vom Parlament, Herr von Seguier, mit einer Rede, welche aus ähnlichen Gemeinsprüchen im fadesten Vortrag bestund. Er beschrieb die Verzweiflung des Publikums über die Aufhebung der Zünfte, welche der König vorhatte. Paris trauert, sprach er: es drückt seinen Kummer mit stummen Thränen aus.

Noch desselben Abends fuhr der König durch die Vorstädte von Paris spaziren. In allen Schenken war Musik. Es wimmelte von Handwerkern, die über die Abschaffung der Meisterschaften jauchzten. Man trank, man sang, man tanzte, man rief: es lebe der König!

Der König fragte diejenigen, so bei ihm in der Karosse saßen, was dieses bedeute. Sire, sagte der Chevalier Bouflers: sie machen Satiren auf die Rede des Herrn von Seguier.

Die ausbezalten Alterthumsforscher.
Eine Anecdote.

Bey dem Abräumen des Plazes um die Gegend Montmartre zu Paris, welche von der Polizey im gegenwärtigen Jahre veranstaltet wurde, entdeckte man einen Stein mit einer Innschrift aus lateinischen Buchstaben.

Sie ist diese.

      I. C.
      I.
      L.
      E.
    C. H.
    E. M.
    I. N.
    D. E.
S. A. N. E. S.

Man überlieferte dieses Denkmal der königlichen Akademie der Innschriften und schönen Künste, als einen ihr gehörigen Tribut.

Die Akademie verordnete sogleich Kommissare aus ihrem Mittel, den Sinn dieses merkwürdigen Alterthumsstücks aufzusuchen und zu entziffern. Es

erfolg-

erfolgten eine Menge Sizungen. Verlohren waren die Talente der berühmtesten Alterthumsforscher in Frankreich. Die Innschrift blieb ohnauflöslich.

Der Ruf, den dieser Fund in der Gegend machte, bewog unter andern den Schulzen zu Montmartre zur Neugierd, nach der Akademie zu gehen, und diesen wunderbaren Stein zu schauen.

Kaum hatte er die Brille aufgesezt, und den Stein genau betrachtet, so erkannte er ihn augenblicklich. Er gab der Akademie ohne Schwürigkeit die Erklärung.

Der Stein stund ehemals an der Ecke eines Hauses zu Montmartre, wo der Weg zu den Steinbrüchen vorbey gieng, woraus man die Quader zum Pflaster der Stadt Paris zu holen pflegt. Als das Haus vor einigen Jahren abgebrochen wurde, so versank er in dem Schutt unter die Erde.

Es geht ein doppelter Weg in die Steinbrüche zu Montmartre. Der eine ist für die Karren, und der andere für die Esel, die man zum Herbeytragen der Steine gebraucht.

Die Innschrift besagt also:
ICI LE CHEMIN DES ANES.
Zu Deutsch.
Hier ist der Weg für die Esel.

Auf
die von der Academia di Otiosi zu Siena
aufgeworfene
Frage:
Sind die weltlichen Souverains berechtigt, in ihren Ländern, ohne Erlaubnis des apostolischen Stuhls, Feyrtäge eigenmächtig aufzuheben?

Eine Wettschrift
vom Abbt. Maccaroni.

Die Frage, meine Herren, welche sie der gelehrten Welt vorlegen, ist ein Beweis ihrer erleuchteten Neugierd. Erlauben sie, daß ich meine Meinung hievon mit jener Aufrichtigkeit gebe, wozu ein Kind der heiligen katholischen Kirche verbunden; und die in den Kriegen um die Rechte der Wahrheit einer der vornehmsten Karacter ist.

Sollte die Einführung der Feyrtäge ein Werk des christlichen Glaubens seyn? In allen Dingen, deren Nuzen oder Misbrauch man untersuchen will, muß man auf den Ursprung der Sache zurückgehen.

Man hat von der Genealogie der Feyrtäge in der christlichen Kirche verschiedene Meinungen.

Einige behaupten, daß sie eine Erfindung der Pfaffen seyen, um den Glanz ihres Reichs zu vermehren, ihren Pracht auszubreiten, und ihre Partisans auf Kosten der Leichtgläubigkeit des Publikums zu belohnen. Allein sie fühlen, meine Herren, daß dieses die Meynung freygeisterischer Köpfe, jener Philosophen ist, welche zum Unglück der Welt in unserm Jahrhundert nur allzuhäufig werden.

Andere, die bescheidener zu seyn sich anstellen, im Grund aber von der Secte der ersten nicht weit abgehen, sagen, daß die Aufstellung der Heiligen und Verehrung ihrer Feyrtäge auf einen jener gewöhnlichen metaphysischen Kunstgrife der Kirche abzielten, wodurch sie ihr Ansehen erheben will.

Die dritte Klasse giebt vor, daß die Feyrtäge im Christenthum die Folge einer politischen Nothwendigkeit waren, indem die ersten Stifter sich nicht entbrechen konnten, ohne ihren Anhang zu vermindern und dem Christenthum den Geschmack zu benehmen, den Pröselyten die Gewohnheit der Feyrtäge, an welche sie in der römischen Kirche im Ueberflusse gewöhnt waren, zu lassen. Eine Meynung die in der That mehr Aufmerksamkeit zu verdienen scheint als die vorigen.

Endlich

Endlich glauben Einige — und biß ist wo nicht die gründlichste doch die billigste Parthey — die Einführung der Feyrtäge hätte ihren Grund in einem christlichen Mitleiden. Sie wäre zu Erleichterung der Sclaven erfunden worden, welche Klasse in den ersten Zeiten der Kirche sehr zahlreich war.

Sie berufen sich hiebey auf das Zeugniß der Geschichte, daß die meisten Feyrtäge im zehnten und eilften Jahrhundert, das ist zur Zeit als die normännische Leibeigenschaftsverfassung im Occident eingerissen, entstanden wären.

Gleichwol läßt sich dieser Meynung entgegen sezen, daß die meisten Leibeigenen der im Wachsthum ihrer Reichthümer begrifenen Kirche selbst angehörig waren, und daß es nie, weder in ältern noch neuen Zeiten, die Schwachheit der Geistlichkeit war, in Ansehn ihres Selbstnuzens blöd zu seyn. Wie dann noch gegenwärtig die Unterthanen der Bistümer, Commenthureyen und Klöster, in Vergleichung gegen die weltlichen Unterthanen, immer geplägter, freudenloser und ärmer sind.

Man wende sich auf die eine oder die andere Seite: so ists gewis, daß der Gebrauch der Feyrtäge keine Sazung des Evangels ist. Und wir wissen zuverläßig, daß er zu den Zeiten Christus und seiner Apostel unbekannt war.

Unterdessen ist die Kirche kraft der ihr übertragenen Gewalt, und kraft der unabläßigen Beiwohnung des heiligen Geists, der ihre Handlungen leitet, befugt, was in vorigen Zeiten nicht vorhanden war, und was sie entweder zufolge der Traditionen oder vermög ihrer eigenen täglichen Begeisterung, zum Besten der christlichen Republik nöthig findet, nachzubringen.

Mit diesem Lehrsaz mus man obigen Einwurf, daß die Fehrtäge zur Zeit Christi nicht vorhanden gewesen wären, beantworten.

So richtig inzwischen dieses Raisonement ist: so mus man doch zugeben, daß es ein in der Reihe der Wahrheiten unumstößlicher Saz ist: eine Sache könne zu gewissen Zeiten gut, und zu andern Zeiten schädlich seyn.

Das Leibeigenschaftssystem hatte einen gewissen Karacter, der einen besonderen Vorzug der Menschlichkeit verräth, und der, wofern man in Versuchung fallen wollte, über die heutige bürgerliche Verfassung mit dem Zustand der ehemaligen Leibeigenen eine kritische Vergleichung anzustellen, uns sehr in Verlegenheit sezen würde. Zufolg der Leibeigenschaftsrechte war ein Gutsherr verbunden, seine Leibeignen in gesunden und kranken Tagen auf seine Kosten zu ernähren, sie zu kleiden, mit Arzneyen

nenen zu verforgen, sie zu verheyrathen, und ihre
Kinder zu erhalten.

Bey einer Verfassung von der Art war die Vervielfältigung der Feyrtäge eine wahre Wohlthat
fürs geringe Volk.

Auf der andern Seite hatte die christliche Kirche
in den Zeiten der Finsterniß, wo sie von Tirannen,
von Kezern, von Spaltungen beunruhigt wurde,
mehr Mittel nöthig, die sichtbaren Kennzeichen des
Glaubens zu vermehren; die Gemüther des Pöbels einzunehmen, und die Illusion zu stärken.

Gestehen wir, alle diese Ursachen sind vorbey.

Der glückliche Umschwung in unserer Staatsverfassung, das eingeführte Eigenthum, die Freiheit des gemeinen Mannes machen der Gesellschaft
gegenwärtig zur Last, was ehmals eine Wohlthat
für sie war. Und die Verfeinerung unserer Religion,
die politische Ruhe der Kirche macht fremde Hilfsmittel überflüssig.

Geben sie mir zu, meine Herren, wann die Toleranz einst ein allgemeiner Grundsaz in Europa,
wann sie zum Kanon werden wird: so wird die Religion diese Oberflächen meistens entbehren können.
Dann die äusserlichen Religionsgebräuche sind
nichts als Markpfosten, um zuzeigen, wohin der
gepflasterte Weg geht.

E 5 Nach

Nach diesen Voraussezungen über die Historie der Feyrtäge erlauben sie mir, auf die Sache selbst zu gehen.

Die Religion ist, wie wir unter uns wissen, an und für sich selbst nichts als ein gesellschaftliches Gesez, ein Ressort der Politik. Sie ist ihrer Natur nach, der Staatsregierung unterworfen, weil jedes Gesez, das das Heil einer Gesellschaft machen will, sich nach dem Karacter derselben bequemen, und ihr so viel möglich anzupassen suchen mus.

Unstreitig hat demnach ein jeder Souverain das Recht, eine Einführung abzuschaffen, welche auf das Staatsinteresse und auf das weltliche Haushaltungswohl der Gesellschaft einen so unmittelbaren, genauen und natürlichen Einfluß hat; eine Einführung, die übrigens mit dem substantiellen Theil der Religion in keiner Verbindung stehet, und deren Ursprung, wie wir sehen, so zweifelhaft ist.

Er der das System des Staats am meisten übersiehet, der die Combination, worinn die Geseze desselben untereinander stehen, ihre Menge, ihre Verhältnisse, ihre Absicht allein einsiehet, mus am
besten

besten wissen, welches dem Wohl der Menschlichkeit — das doch der höchste Zweck einer göttlichen Religion seyn kan — zuträglich ist, oder nicht.

So, meine Herren, dünkt mich, verbindet uns der wahre Geist der Religion, die Pflicht rechtschaffener und friedliebender Bürgere, und die Liebe zur Menschlichkeit zu denken.

Ueberlassen wir den Souverainen ihr Recht, in ihrer Haushaltung zu thun, was ihnen beliebt, und folgen wir hierinn dem Beyspiel Christus, welcher dem weltlichen Arm der Herrscher in allen Fällen seine Ehrfurcht bezeugte.

Eine Frage von ganz anderer Natur, die weit mehr Betrachtung verdient, als die erste, ist folgende.

Ists dem Staat nüzlich, ists der besten Politik gemäß, die Feyrtäge aufzuheben?

Man erlaube uns einen Blick darauf zu werfen.

Die Einführung der Feyrtäge ist unstreitig eine Erfindung der Menschen, dann in der Natur ist kein Feyrtag. Aber werden sie durch die Abschaffung derselben glücklicher werden?

Die

Die Gegner der Geistlichkeit sagen, daß die Erfindung der Feyrtäge nichts als ein prahlerisches Geschenk sey, womit die Päbste das Volk amusirt hätten: aber ist die Abschaffung derselben etwas anders als eine schimmerndes Präsent, womit es Souveraine amusiren wollen?

Nicht ohne Grund hat man die Frage aufgeworfen, ob es besser sey, daß man dem Landmann die Arbeit vermehrt, statt sie ihm zu erleichtern. Sollte die Vermehrung der Arbeitstäge im Grunde nicht eine neue Auflage seyn?

Eine kühnere Feder als die unserige mag die Beantwortung übernehmen. Unterdessen liefert uns die Geschichte Data, welche die Frage, ob die Feyrtäge nützlich seyen, in ein wichtiges Problem verwandlen.

Unstreitig ist die Polizey der Römer die weiseste und berühmteste, so es jemals auf der Erde gab. Niemand verstand die Kunst die Menschen zu führen besser wie sie. Auch sah man niemals ein wohlhabenderes, froheres und glücklicheres Volk als das zu Rom zu den Zeiten der Auguste, der Tibere und ihrer Nachfolger.

Inzwischen ist die Menge der Feyrtäge, die die Römer hatten, unermeßlich.

Erlauben sie mir, meine Herren, zur Curiosität ein kurzes Verzeichniß hievon anzuführen.

Jen-

Jenner.

Am 1 Fest der Juno. Kirchweih Jupiters und Esculaps.
— 8 Opfer des Janus.
— 9 Agonalia.
— 10 Carmentalia.
— 11 Juthurnä Kirchweih.
— 12 Campitalia, oder das Fest für die Hausgötter.
— 13 Festtag Jovis Statoris.
— 15 Festtag Porrima und Postverta.
— 16 Fest Concordiä im Tempel des Furius Camillus.
— 20 Jahrmarkt zu Rom.
— 24 Sementia Ferid.
— 27 Fest Castor und Pollux.
— 28 Eqviria in Campo Martio.
— 30 Fest Pacis.
— 31 Festtag für die Götter des Vaterlands.

Hornung.

Am 1 Calendä, oder die Opfer der Juno Februalis. Item Fest Jovis und Vestä, die sogenannten Lucaria. Item Fest Sospitä. Item Geburtstag Herkulis.
— 4 Ludi gothici.
— 5 Ludi gothici zum zweitenmal.
— 6 Ludi gothici zum drittenmal.
— 7 Ludi gothici zum viertenmal.
— 8 Ludi gothici zum fünftenmal.
— 9 Ludi gothici zum letztenmal.

Am 11 Ludi genialici.
— 13 Faunalia. Item Parentalia.
— 14 Bacchanalia.
— 15 Lupercolia,
— 16 Lupercalia fortgesetzt,
— 17 Quirinalia,
— 18 Feralia, oder aller Seelen Tag. Item Fornacalia.
— 19 Charistia, ein Fest wo die Freunde einander besuchten, um bey einem Abendmal die Freundschaft zu erneuren.
— 20 Terminalia,
— 21 Infernalia, oder die Gräberbesuchung.
— 22 Charistia zum zweitenmal, für die Blutsfreunde.
— 23 Fest Minervens.
— 24 Regifugium, ein prächtiges Fest zum Gedächtniß der Vertreibung Tarquins.
— 25 Numä.
— 26 Equiria oder das Wettrennen mit Pferden.
— 27 Ludi Apollinares,
— 28 Ludi Potipi.

März.

Am 1 Fest Martis. Matronalia. Ancilia. Opfer der Anna Perenna. Das Feur auf dem Altar Vestä neuangezündet.
— 2 Quinquatria,
— 3 Quinquatria zum zweitenmal.
— 4 Quinquatria zum drittenmal.
— 5 Vestalia. Prozession der Jungfern zu Apoll's Tempel.

Am

Am 7 Junonalia. Item Ludi Martiales.
— 9 Saliaria. Item Prozession mit den ancilischen Schilden.
— 11 Ceresfest.
— 13 Equiria. Fest Jupiter Cultor's im Kapitol.
— 14 Mamuralia, eine Art Kriegsspiele.
— 15 Parricidium, oder die Exequien für den Julius Cäsar. Aemterersezung zu Rom. Am Abend der Schmaus Anna Perenna genannt.
— 17 Liberalia, woran die Jünglinge den Rock anlegen. Item Agonalia Bacchi.
— 19 Quinquatria des März.
— 20 Quinquatria des März zum zweitenmal.
— 21 Quinquatria des März zum drittenmal.
— 22 Hilaria, oder das Fest der Mutter aller Götter.
— 23 Tubilustrium, das Fest der Musikanten.
— 26 Ludi Lustrales Martii.
— 27 Ludi Megalenses.
— 28 Fest Janis und Concordia.
— 29 Fest Pacis. Fest Salutis. Fest Jani.
— 31 Fest der Luna Diana auf dem aventinischen Berg.

April.

Am 1 Veneralia, woran alle Häuser mit Myrthenzweigen geschmükt wurden. Item Fest Fortunä Virilis
— 2 Geburtstag des Romulus.
— 3 Megalesia.
— 5 Geburtstag Dianens. Fest der Isis. Megalesische Spiele fortgesezt.

Am 6 Fest der Fortuna publica auf dem Quirinal, oder allgemeines Fest für's öffentliche Wohl.
— 7 Apoll's Fest.
— 8 Cerealia, herrliche Spiele.
— 11 Ludi Verii.
— 13 Fest Jupiters des Siegers. Item das Fest der Freiheit.
— 15 Fordicia, ein Buß- und Bettag zu Abwendung der Viehseuch.
— 18 Equiria im grossen Circus. Heut wurden die Füchse verbrennt.
— 19 Ludi Cereales.
— 20 Agonalia Bacchi. Item Parilia, oder das Fest für die Gebährerinnen.
— 22 Vinalia, der Tag wo man die Weine kostet. Item Opfer Jovis und Veneris.
— 23 Das Fest der Huren.
— 27 Feria Latina auf dem heiligen Berg.
— 28 Floralia, ein Beth- und Festtag für das glückliche Gedeihen der Blüthe.
— 30 Opfer Phöbi und Vestä.

Mai.

Am 1 Fest Bona Dea. Fest der Hausgötter, die man Prästites nennt. Tempelweih auf dem aventinischen Berg.
— 2 Compitalia Maji. Die Octav der floralischen Spiele fängt an.
— 3 Der zweite Tag der Octav der floralischen Spiele.
— 4 Der dritte Tag dieser Octav.

Am

Am 5 Der vierte Tag dieser Octav.
— 6 Der fünfte Tag derselben.
— 7 Das Ende der Octav.
— 9 Lemuria, oder das Fest der Gespenster.
— 12 Fest Martis Ultoris. Ludi Martiales Maji.
— 13 Ostensionales, das Jägerspiel.
— 14 Ludi persici.
— 15 Einweihung des Tempels Merkurs. Mercurialia, oder das Fest der Kaufleute und der Kramer.
— 20 Janusfest.
— 21 Agonalia Jani.
— 22 Vulkans Fest.
— 28 Fest Fortunä Primogeniä Maji.
— 30 Nuptiales.

Brachmonat.

Am 1 Fest Junonis Monetä. Fest Martis. Fest Tempestatis.
— 2 Die Feste Junonis Monetä, und Martis wiederholt.
— 4 Grosses Fest der Bellona im Circus. Item allgemeine Andacht zum Tempel Herculis. Spiele in Numicia.
— 5 Fest Fidii.
— 7 Fest Mentis im Kapitol. Die Fischerspiele in der Tiber neben dem Campus Martius.
— 8 Fest Jovis Victoris. Heut wurden die Esel gekrönt.
— 9 Fest der Göttin Vestä. Heut führte man gekrönte Esel durch die Stadt.
— 10 Fest Concordiä. Item Fest Fortunä auf dem Ochsenmarkt.

Am 11 Matralia, ein hohes Fest.
— 12 Saturnalia.
— 13 Quinquatria minora. Item das Musenfest. Item das Fest Jovis Invicti.
— 14 Fest der Ackersleute.
— 15 Pallas Fest auf dem aventinischen Berg.
— 19 Ludi Sumani.
— 20 Minervens Fest auf dem aventinischen Berg.
— 21 Ludi Neptunales.
— 24 Fest der Krönung der Schife, und Mahlzeiten auf der Tiber.
— 25 Fest Herculis Populi fugia, ein, besonders vom Pöbel, in Ehren gehaltenes Fest.

Heumonat.

Am 4 Anfang der Octav der Ludi Apollinares Julii.
— 5 Zweiter Tag der Ludi Apollinares.
— 6 Dritter Tag.
— 7 Caprotina, oder das Fest der Dienstmägde im Tempel Junons. Vierter Tag der Apollinaren.
— 8 Fest der Göttin Vituld. Fünfter Tag der Apollinaren.
— 9 Sechster Tag der Apollinaren.
— 10 Siebenter Tag der Apollinaren.
— 12 Grosses Fest der Geburtstag Julius Cäsars: Prächtige Spiele im Campus Martius zu Ehren dieses Fests.
— 14 Fest der Fortuna Muliebris.

Am

Am 15 ⎫
— 16 ⎪
— 17 ⎬ Ludi Francici.
— 18 ⎭
— 19 Lucaria.
— 20 Spiele zu Ehren der Siege des Cäsar.
— 21 Neptunalia Julii.
— 25 Furinalia.
— 27 Neptunalia Julii wiederholt.
— 29 Fest der Göttin Clementia.

August.

Am 1 Fest Spes auf dem Krautmarkt.
— 2 Fest der Waldgöttin Feronia.
— 5 Kirchweih auf dem Quirinal.
— 8 Fest Solis Indigetis.
— 10 Fest Opis und Cereris. Circenses.
— 12 Lipnapsia.
— 13 Fest der Dienstknechte. Item Dianens Opfer. Item Ludi Circenses wiederholt.
— 14 Augusts Geburtsfest.
— 16 Portunnalia, bey der Brücke Aemilii gefeyrt.
— 17 Tiberinalia; oder das Tiberfest.
— 18 Consualia; der Jahrstag des sabinischen Jungfern raubs.
— 19 Vinalia; wird dem Jupiter der erste Most geopfert.
— 20 Mysteria Magna.
— 21 Ludi Antoniani.
— 22 Das Gärtnerfest.

Am 23 Vulcanalia, im Circus Flamininius.
— 24 Ludi Trajani.
— 25 Das Fest Opiconsivä im Kapitol.
— 26 Das Jägerfest.
— 27 Vulturnalia.
— 28 Fest Opis und Cereris im Vico Ungario.

Herbstmonat.

Am 1 Neptuns Fest.
— 2 Neptuns Fest zum andernmal.
— 4 Ludi Romani zum erstenmal.
— 12 Ludi Romani wiederholt.
— 14 Equilustrium, oder die Pferdebesichtigung, ein Ritterfest.
— 15 Ludi Romani das drittemal.
— 18 ⎫
— 19 ⎬ Ludi Solares.
— 20 ⎪
— 21 ⎭
— 22 Ludi Circenses.
— 25 Veneralia Septembris.
— 29 Ludi Fatales.
— 30 Fest Mebritind.

Weinmonat.

Am 1 Pharsalische Spiele.
— 5 Ludi Allemanici acht Tag lang.
— 6 Ludi Allemanici.
— 7 Ludi Allemanici.

Am 8 Das Kinderfest. Ludi Allemanici.
— 9 Ludi Allemanici.
— 10 Ludi Allemanici.
— 11 Meditrinalia.
— 12 Augustalia.
— 13 Fontinalia, das Brunnenfest. Heute warf man Blumen in die Brunnen und krönte sie mit Kränzen.
— 15 Das Roßopfer. (Zu Ehren der Mutter aller Götter wird im Campus Martius für die Danksagung wegen der Früchte der Erde ein Roß geschlachtet, und der Kopf mit Brod gekrönt.) Ein grosser Tag.
— 19 Die Waffenmusterung zu Rom.
— 26 Ludi Victorici.
— 28 Ludi Isiaci.
— 29 Opfer des Bacchus und Vertumnus.
— 30 Die Sarmatischen Spiele.

Wintermonat.

Am 2 Ternsvena.
— 3 Die Winterhilaria.
— 12 Mysteria Minora.
— 13 Ludi Plebeji.
— 15 Ludi Plebeji zum zweitenmal.
— 16 Ludi Plebeji zum drittenmal.
— 17 Ludi Sigillares.
— 18 Ludi Jancionici.
— 19 Zweiter Jahrmark zu Rom.

— 20 Munus Candidati, ein Fechterspiel.
— 22 Munus Arcadicum.
— 24 Brumalia, ein hohes Fest zur Ehre Bacchus.

Christmonat.

Am 1 Fest Fortunä Muliebris zum andernmal. Die Sarmatischen Spiele wiederholt.
— 2 Initium Muneris. Heut fangen die Uebungen auf dem Fechtboden an.
— 4 Ludi Arcadici.
— 5 Faunalia, das Bauernfest.
— 10 Munus Candidati zum andernmal.
— 11 Agonalia Bacchi zu Ehren der Tochter Acoli Hahcyonis.
— 12 Septimontia, das Fest der Stadt Rom.
— 13 Ludi Lancionici.
— 15 Ludi Septimiani.
— 19 Opalia, die römische Fastnacht.
— 20 Zweiter Fastnachttag.
— 21 Feria Angeronia
— 22 Die Wintercompitalia.
— 23 Laurentialia. Item das grosse Fest Jovis.
— 24 ⎫
— 25 ⎪
— 26 ⎪
— 27 ⎫ ⎬ Jovialia, acht Tage lang.
— 28 ⎪ Ludi Palatini ⎪
— 29 ⎬ fünf Tage. ⎪
— 30 ⎪ ⎭
— 31 ⎭

Vergeben sie mir, meine Herren, daß ich ihre Aufmerksamkeit überspannet habe; allein sie empfinden, wie ich hoffe, die Absicht, die ich bey diesem weitläufigen Verzeichniß der Feyrtäge der Römer führe.

Sie ist diese, um einem Einwurfe, den man machen möchte, als ob die Festtäge der Römer nur für den Adel, für die Reichen und für die Bürgere da gewest wären, die arbeitende Klasse aber, das geringe Volk und die Sclaven keinen Genuß daran gehabt hätten.

Aus dem angeführten Kalender erhellet hingegen, daß der größte Theil der Feste, welche Rom feyrte, der öfentlichen Andacht gewidmet waren. Nun ist nicht wahrscheinlich, daß sich das Volk in irgend einem Lande auf der Erde gutwillig vom Gottesdienst ausschliessen läßt. Es ist nicht wahrscheinlich, daß der römische, einer der bigotesten Pöbel der Welt, es gelitten habe. Es ist nicht wahrscheinlich, daß weder die Grossen noch die Kaisere selbst, deren beyderseitige Gewonheit beständig war, dem Pöbel, dessen Kühnheit sie fürchteten, und dessen

Gunst

Gunst sie nöthig hatten, zu schmeichlen; daß sie in einem so wichtigen Punkt das Volk disgoustirt hätten.

Der übrige geringere Theil der römischen Feste bestund in Spielen und Schmäusen, wobey man vermuthlich die Aerme der Sclaven nicht entbehren konnte. Dann man beharre auch so fest auf den übertriebenen Berechnungen der Geschichtschreiber von der Bevölkerung Roms, als man wolle: so ists unmöglich, daß Schaupläze von so unermeßlichem Umfang, wie die Amphitheater der Auguste, des Titus, wie der Circus und andere Gegenden waren, in dem Grad von Menschen ausgefüllt werden konnten, als die Geschichtschreiber sagen, ohne daß der geringe Pöbel zugelassen wurde. Die Zahl der Bürgere, der Dames und der Ritter zu Rom war nicht gros genug dazu.

Bey allen Heiligen! Wie kommts nun, daß in der römischen Verfassung, troz der Menge Feyrtäge, die Bürgere reicher, das Volk vergnügter und die Republik blühender war, als in unsern organisirten Staaten?

Diß

Diß ist ein Paradox, welches ich ihrer erleuchten Entwicklung, meine Herren, anheim stelle. Die Natur ist eine freigebige und gütige Mutter. Sie arbeitet für sich selbst, und sie fodert nur geringen Beistand von den Händen der Menschen.

Sie, die immer lacht, will, daß die Menschen gleichfalls lachen sollen. Sie erleichtert ihnen die Arbeit: sie ermuntert sie zur Erholung; dann sie verabscheuet selbst die Freude, wann sie von den Händen der Tiraney kommt.

Zum Batteux.
Ein Beytrag.

Man führt in der Schönheitslehre bekanntermaßen zum berühmten Beyspiel eines falschen Gedanken jenen Einfall eines Alten an:

Die Göttin Diana konnte bey dem Brand ihres Tempels zu Ephesus nicht zu Hilf kommen, weil sie der Olympia in der Geburt Alexanders beystehen mußte.

Hier ist der Pendant dazu.

Aus Paris schreibt man, der Doktor Franklin hat mitten unter den politischen Geschäften, womit er beladen ist, sich Zeit gewonnen, eine Electrisirmaschine auszuarbeiten, welche ihre Wirkung von Paris bis London erstreckt.

Der Achſelbänderkrieg,

Eine Epiſode
aus der Geſchichte des heutigen Kriegs.

Jede groſſe Begebenheit hat ihre Epiſoden. Diß iſt eine Regel, die ſchon Vater Homer erfand.

Die Epiſode, welche wir izt erzählen, iſt eben nicht ſo wichtig, wie jene, die ſich im Olymp zutrug: allein ſie betrift nicht das Schickſal von Troja. Sie betrift nur das Recht Achſelbänder zu führen.

Sag mir, Muſe! was mag die Urſache ſeyn, daß junge Krieger die alten hudlen? Eröfne mir, was den Zwiſt zwiſchen den Seeoffiziren zu Breſt betrift.

Die franzöſiſche Marine hat ſeit dreiſſig Jahren eine Regel, daß kein Offizir, der nicht bey der kö́niglichen — das iſt bey der eigentlichen Kriegsflotte — von unten auf grabweis gedient hat, zum Dienſt mit den königlichen Offiziren fähig ſey.

Dieſe Regel heißt man Eſprit de Corps. Zufolg derſelben nennt man alle Diejenigen, die von der Haublungsflotte herkommen, oder die ſonſt,

ohne

ohne die Grade zu durchgehen, bey der königlichen Marine angestellt werden, ohne Gnad intrus (die Eingeflickten.)

Kein Verdienst, keine Geburt, kein Talent ist fähig genug, diesen Fleck abzuwischen. Alle Intrus sind ohne Unterschied verhaßt.

Als der Herzog von Chartres Lust bekam, eine Flotte zu commandiren, so unterwarf sich Seine königliche Hoheit diesem Gesez. Der Herzog diente erst als Gardemarine, und legte die Uniform derselben an. Alsdenn wurde er Fähndrich, Lieutenant, Schifskapitän, Chef d'Eskadre. So stieg er gradweis zum Generallieutenant.

Aller Ruhm, alle Verdienste, die sich der Graf d'Estaing erworben, löschen bey dem Marinecorps das Andenken nicht aus, daß er ein Intru ist. Die Antipathie dieses Corps äusserte sich bey der leztern Abreise des Grafen von Brest auf eine so sichtbare Art, daß kein einiger Offizir, ausser dem Ritter Borda, seinem Generalmajor, zugegen war.

Ungeachtet der Graf d'Estaing ehemals Commandant zu Brest war; ungeachtet er mit Lorbeern überladen aus Indien zurückkam; ungeachtet er die schimmernsten Kennzeichen der Gnade des Königs an sich trug: so ließ sich der Esprit de Corps nicht beugen, ihm die gewöhnlichen Höflichkeitsbezeugungen zu leisten.

Hieraus

Hieraus läst sich beurtheilen, um wie viel weniger der Neid der Marine gegen die Subalternoffizire, die als Intrus qualifizirt sind, zu besänftigen ist.

In der That sind die Folgen desselben so lebhaft, daß ein Offizir der königlichen Flotte im Stand ist, sich zu weigern, mit einem Intru Dienste zu thun.

Bey der zwoten Campagne des Duc de Chartres ereignete sichs, daß zwey Kriegsschiffe, der Solitaire und die Terpsichore, aus Unvorsichtigkeit so hart aneinander stießen, daß beyde Schife in den Hafen zu Cadix sich zurückziehen musten, um sich wieder auszubessern. Ein Zufall, wovon der wahre Grund in der Eifersucht zwischen den beyden Kapitäns, die den Solitaire, worauf sich der Duc von Chartres befand, liegt, dem Herrn de la Mothe Piquet, Capitaine de Pavillon und dem Herrn von Bougainville, Adjutanten des Duc, der ein Intru ist.

Vergebens haben verschiedene Minister des Seewesens, ein Choiseul, ein Boynes und Herr von Sartine selbst, sich bemühet, diesem Unwesen, welches dem Dienst des Königs offenbar nachtheilig ist, abzuhelfen. Vergebens hat man gesucht, die Offizire, welche von der ostindischen Flotte vorhanden waren — Männer von Muth, Verdiensten

sten und Erfahrung im Seewesen — der königlichen Marine einzuverleiben.

Alles was man ausrichten konnte, ist, daß man Einige davon unter dem fremden Nahmen Auxiliaroffizir auf der königlichen Flotte anstellen durfte: ein Nahme, der durch den Unterschied, den er bezeichnet, schon kränkend ist.

Dieses Temperament aber hinderte nicht, daß nicht das Marinecorp den Auxiliaroffiziren den Einfluß in die Vorzüge des Corps und den Antheil an der allgemeinen Ehre absprach.

— Jst, Muse! Erzähl' den wichtigen Streit, der sich zwischen den Achselbändern zu Brest zutrug, wodurch das aquitanische Meer und der Ocean in Schrecken gesezt wurde.

Zuerst sag mir, wer waren die vornehmsten Helden in diesem Krieg?

Der Marquis von Vaudreil, ein Offizir von Ansehn bey der königlichen Marine, machte den Anfang. Er lud seine Kamraden zu einer Consultation auf Carlier's Coffeehaus ein. Zu dem schlugen sich, der Herr von Tronjoly, ein verdienstvoller Krieger, der Graf von Amblimont, der Herr von Fleurieu, der Ritter von Rosilly, der Ritter von Asnieres, lauter junge, feurige Offizire, die vom Esprit de Corps entflammt sind.

Anfängs

Anfänglich prätendirte man, daß die Auxilia-
ken eine Uniform von anderer Farb tragen sollten.
Endlich beschloß man, daß es ihnen nicht erlaubt
seyn solle, Achselbänder wie die übrigen Offizire
zu führen.

Hierüber brach im Hafen zu Brest, wo die königliche Flotte gegenwärtig vor Anker liegt, eine
heftige Flamme aus. Man schritt zu Thaten. Man
schlug sich: Man machte Partheyen.

Beynahe so stritten einst die Unsterblichen im
lichten Olymp um die Ehre Troja zu überwinden.
Die Eifersucht fieng unter den Göttinen über den
gestickten Pantoffel der Thetis an: *) aber im
Grund war kein geringerer Zweck, als wer unter
den Göttern den Vorzug haben sollte, die berühmte
Eroberung zu verrichten.

Noch

---

*) Ilias II Ges.
Drauf erwiderte seine Gemahlinn, die mächtige Juno:
Strenger Sohn des Saturns, was sind das für ei-
    ferne Worte;
Niemals hab' ich mit eitlem Vorwiz dich gefragt.
Aber ich mus doch fürchten; daß dich des Oceans
    Tochter,
Die mit den silbernen Füssen, zu etwas Schlimmem
    beredt hat.
Früh sas sie bey dir, und faßte dir schmeichelnd die
    Knie.

Noch gelang es dem Minister, die Sache beyzulegen. Es wurde entschieden, daß die Achselbänder der Auxiliaroffizire künftig nur aus Seide und drey bis vier goldenen Faden bestehen sollten.

Beglückte Auskunft! Ohne dich hätte das Feur der Zwietracht eines der tapfersten Corps Kriegere erzehrt: ohne dich hätte die Welt vielleicht eine der berühmtesten Unternehmungen verlohren.

Welch feindseliger Dämon mischt sich, Frankreich, in dein Glück! Warum beobachtet die französische Marine nicht das Beyspiel der Engländer ihrer Feinde, oder der Spanier ihrer Gehilfen? Sowol bey der einen als der andern dieser Nationen rouliren die Offizire von der Handlung ohne Bedenken mit den Kriegsoffizieren.

Sollte man widersprechen, daß diese unseelige Spaltung bey der französischen Flotte, dieser übel placirte Esprit de Corps, nicht schon wesentliche nachtheilige Folgen erzeugt hat?

Im Jahr 1759 übergab ein Offizir von der Handlungsflotte, ein geschickter und offener Kopf, Nahmens Kapitän Marchis, dem damaligen Minister, Herrn von Massiat, einen Plan, wie die von

Ma-

Madras zurückkommende reiche englische Flotte bey der Insel St. Helene zu überraschen, und sich ihrer zu bemächtigen wäre. Ihre Ladung wurde auf 25 Millionen geschäzt.

Zum Beding dieses Plans machte er aber, daß Er der Befehlshaber bey dieser Ausführung seyn sollte.

Herr von Massiat lies ihm anfänglich hiezu Hofnung. Endlich aber eröfnete er ihm, daß es nicht seyn könne. Es ist unmöglich, sprach er, ihnen diese Stelle zu übergeben, ohne Andere misvergnügt zu machen. Begnügen sie sich, daß sie die Seele und der Rathgeber bey dem Herrn von Marmire, dem man dieses Commando bestimmt hat, sind. Zu seiner Beruhigung bot er dem Kapitän Marchis das Patent auf eine künftige Fregattenkapitänstelle bey der königlichen Marine an.

Was erfolgte? Die Offizire, denen die Ausführung übergeben war, vom Verdruß, daß der Urheber ein Handlungsoffizir war, eingenommen, erfanden eine Menge Schwürigkeiten, Verzögerungen, um das Werk zu schikaniren. Kurz, man säumte so lang mit der Rüstung, bis die englische Flotte sicher zu Haus angelangt war.

Vielleicht ist nicht ein einiger aufgeklärter Patriot in Frankreich, der nicht heimlich über diese Umstände seufzt. Der sogenannte Esprit de Corps führt so weit, daß er nicht nur die Offizire von der Handlung betrift, sondern die königliche Marine schließt sogar alle Kapitäne der Fregatten, Brander, Bombardiergaliotten, die Kaper und Offizire der Transportschife, desgleichen die in den Hafen auf Commando angestellte Offizire, von sich aus.

In Ansehn der Intrus bey der königlichen Marine ist's an dem, wann einem dergleichen Offizir eine Ordre zu hinterbringen ist: so wird der Gardemarine oder Kadet, deren Geschäft es ist, sie ihm allemal mit einer schnippischen, mit einer unhöflichen und beleidigenden Manier übergeben.

Der

Die vergoldete Lanze.

Eine Episode
aus der Geschichte des heutigen Kriegs.

Wie süß ists, von seinem Feinde sich weder in der Tapferkeit noch in den Fehlern übertroffen zu sehen! Diß soll uns gegenwärtige Episode erzählen.

Sie verdient mit allem Recht der vorigen zur Seite zu stehen. In ihrem Ursprung eben so leichtsinnig, in ihrem Gang eben so schwärmerisch und in ihren Folgen eben so gefährlich, wie jene, ist sie ihr vollkommenster Pendant.

Das Bürgerrecht von London — in einer Schachtel von Mahoganyholz — stark mit Goldblech überzogen — welch reizender Preis!

Muse! Beginn deine Erzählung. Sag, wie muß man diese Schachtel verdienen. Es ist billig, einer Nation Gerechtigkeit zu leisten, es ist billig, zu zeigen, daß man in England nicht weniger thöricht seyn, nicht weniger politische Fehler begehen kan, als in Frankreich.

Der Ehrgeiz einen unterscheidenden Vorzug vor seinen Mitbürgern zu suchen, welcher ein natürlicher Karacter der menschlichen Schwäche ist, schuf im Olymp die Giganten, und in England Whigs und Toryes. So wie dort der Himmel seine grösten Feinde in seinem eigenen Busen trug: so entsteht alles Unheil in England von der Faktion.

Da die Bahn zum Glück schmal, der Wettlauf nach demselben aber allgemein ist: so verfolgen die, denen es mißlingt, jene so glücklicher sind. Sie schimpfen, schreyen, poltern über die Fehler der andern so lang, bis endlich ihre eigenen Wünsche erfüllt sind, und sie selbst an die Reihe kommen. Alsdenn sind sie wiederum der Gegenstand der Verläumbung wie die vorigen.

Diß ist das System der berufenen englischen Opposition.

Alle Bestrebungen derselben zielen nur auf die Emporbringung seiner Selbst, auf persönliche Absichten und Vortheile. Das Mittel hiebey ist, den immer ungerechten und immer unbesonnenen Vorurtheilen des Volks zu schmeicheln.

Niemals ist die Opposition, oder die Volksparthey, rasender gewesen: niemals hat mehr Wuth, Niederträchtigkeit und Unklugheit in ihrem
Zir-

Zirkel geherrscht, als seit den leztern zehn Jahren her.

Vergebens rechtfertigt der Hof seine Maaßregeln durch die glücklichsten Wirkungen: vergebens hebt sich der Muth und der Stolz der Nation mit der Gefahr: vergebens sucht sich der Geist der Eintracht und der Anstrengung — jener brittische Eifer — durchs ganze Reich zu verbreiten: die Opposition verachtet Würde und Ehre der Nation.

Der unstreitige Vorzug, welcher in den Vorrechten des Volks bey der Verwaltung des Staats liegt, der schöne Nahme Patriot, hat öfters würdige Männer geblendet, sich zu dieser Parthey zu schlagen.

Anfangs von dem edlen Trieb, die Rechte des Vaterlands zu vertheidigen, beseelt; alsdenn von den Schmeicheleyen des Volks angefesselt; und endlich von eigener Leidenschaft überwältigt, haben sie sich auf die Bahne der Opposition so weit eingelassen, daß sie, ohne ihre Grundsäze zu beschimpfen, nimmer zurückkehren konnten. Sie sahen sich von der schwärmerischen Gunst des Pöbels, wider ihren Willen, im Sturm fortgetrieben.

Unter diese Männer gehört der Admiral Keppel.

Oft hat man die Geschichte des Prozesses zwischen ihm und dem Viceadmiral Palliser in den Zeitungen

tungen gelesen, ohne zu überlegen, daß sie eine der
gehässigsten und lächerlichsten Komödien des Par-
theygeists war.

Red' nun Muse! Erklär' offenherzig, wie ist
die Wahrheit dieser Geschichte beschaffen?

Eine Nation, die gewohnt ist, auf ihre Siege
so stolz zu seyn, wie die englische, konnte ohn-
möglich mit einem so zweideutigen Treffen, wie
das bey Ouessant war, zufrieden seyn. Jene todte
Stille, welche eine Art von Tadel ist, der empfindsame Seelen mehr kränkt, als das öfentliche Geschrey, bewies dem Abnriral bey seiner Zurückkunft,
daß die mißvergnügte Nation eine Rechtfertigung
von ihm erwarte.

Er war zu sehr in der Gunst des Volks bekannt,
als daß es ihm erlaubt gewesen wäre, hinter dieser Wolke versteckt zu bleiben. Die heimliche
Stimme der Faction rief ihn hervor. Der Versuch dem Hof durch die Zufälle des General
Bourgoyne und Ritter Howe eine Kleze anzuhän-
gen, war fehlgeschlagen. Man suchte also einen
neuen auf.

Einige Offizire von seinem Gefolg wurden ver-
leitet, gewisse Angaben zum Nachtheil des Viceadmiral Pallisers zu verbreiten. Viceadmiral Palliser ist ein Mitglied der Admiralität und einer der
eifrigsten Anhänger des Ministeriums. In einer
solchen

solchen Person konnte man indirecte den Hof selbst anzwacken.

Beyde Admirals dienten demnach zu den geschicktesten Werkzeugen der Opposition, um ihre Absichten zu befördern.

Viceadmiral Palliser hat ein lebhaftes Temperament. Seine besitzende Verdienste verblendeten ihn. Die Ambition machte ihn unvorsichtig. Er fiel unglücklicherweis in die ihm gelegte Schlinge. Aus dem Angeklagten wurde er der Ankläger, und diß war, was die Parthey wünschte.

Es war genug, um die Vorurtheile des Volks gegen den Hof zu bewafnen, und dem Publikum einzuräumen, daß der Hof mit dem Anschlag, den Untergang des Admiral Keppels zu suchen, einverstanden sey: weil Viceadmiral Palliser einer der vornehmsten Günstlinge derer am Ruder ist.

Wäre die Opposition auf einen andern Generaloffizir von der Flotte des Admiral Keppels verfallen als auf den Viceadmiral Palliser; oder hätte der Viceadmiral sich gemäßigt, blos bey einer Untersuchung der wider ihn vorgebrachten Anklage zu beharren: so wäre vielleicht ihr Plan völlig zu Wasser worden.

Allein das Glück wollte ihr. Die beyden Admirale waren nunmehr zum Kampf gegeneinander gestellt.

gestellt. Man erwartete, welches der Zweck der Partheisucht ist, viel Unheil von diesem Vorfall.

Die Opposition zog das alte ewige Geläute an, die Ohren des Pöbels zu rühren, daß das Ministerium Theil habe, daß man einen ehrlichen, verdienten Mann verfolge, weil ihn das Volk liebe. Beyde Parlamentshäuser ertönten von Ausrufungen über Rache und unterdrückte Unschuld. Kurz, jene liebenswürdige aber so oft misbrauchte Tugend — das Mitleiden — wurde in den Herzen der Unwissenden, der Blöden und Leichtgläubigen empört.

Das du diese Prozeßgeschichte vielleicht mit so viel Wärme und Ernsthaftigkeit gelesen hast, Ausland! wie erröthest du, folgendes zu erfahren.

Die Bestechung und Verführung der Zeugen, die Standreden welche verschiedene Offizire im Verhör hielten, die Aufwieglung der Secoffiziers, die Paraden beyder Beklagten waren so offenbar partheische und lächerliche Züge bey dieser Begebenheit, welche sie einer der natürlichsten Komödien ähnlich machten.

Der Versuch aber, Meuterey unter dem Seevolk anzustiften; das Herumstreifen auf den Gassen um den Pöbel anzuhezen; der Lärm wodurch die Verhandlung des Kriegsgerichts mehrmalen geführt und unterbrochen wurde; waren eben so nie-
der-

verträchtige als verdächtige und bedenkliche Kunstgriffe des Partheigeists.

Um dem sinkenden Gewicht der Faction im Kriegsrathe beyzuspringen, suchte man einen Aufruhr unter den Seeleuthen zu erregen. Man spendete den Saamen der Anhezung mit verschwenderischer Hand zu Portsmouth aus. Die Offizire wurden auf ihren schwächsten Seiten angegriffen, der Geizige durch Versprechungen, der Stolze durch Schmeicheleyen, der Schwache durch Scheingründe.

Immittelst erhielt der Admiral Keppel eine völlige Loßsprache, wie er sie verdient hatte.

Dieser Erfolg trieb den Triumpf der Opposition aufs höchste. Der elende Sieg, den sie über einen Mann erhalten hatte, der durch seine Hize sich verführen lies, wurde mit einer Zügellosigkeit verfolgt, welche bey Knaben unanständig ist. Daß Männer aus den ersten Familien sich als gemeine Leute verkleideten, um sich unter den Pöbel zu mischen, welcher die Fenster einschmiß, eine Beleuchtung zu erzwingen, bleibt für die Zeiten sowol als für die Parthey eine Schande.

In der That konnten Leute von Verstand, die in der Sache gänzlich unpartheisch waren, keinen hinlänglichen Grund für diesen zweideutigen und pöbelhaften Triumpf finden. Hatte gleich Viceadmiral Palliser seine Anklage gegen den Oberbefehlsfehlshaber nicht gesezmässig erwiesen: so hatte sich doch dieser nicht zur möglichsten Beruhigung des Publici gerechtfertigt. Es ist wahr, es wurden zwar keine Trophäen bey Ouessant eingebüßt, aber auch keine Lorbeern erfochten. Ein Sieg, der sieben Monat lang im Dunkeln lag, und endlich nur zufälligerweis ans Licht zu kommen schien, verdiente ihrem Erachten nach nicht die Verschwendung vieler Kerzen.

Unterdessen beschäftigte sich die Oppositionsparthey, der Stirne des Admiral Keppels einen Kranz zu winden und die Lanze so er in diesem Streit zerbrochen hatte, zu vergolden. Die Komödie endigte damit, daß ihm das Bürgerrecht zu London in einer kostbaren Schachtel verehrt wurde.

Ein goldenes Achselband in Frankreich: in England eine übergoldete Schachtel: sehet Staaten, von was euer Schicksal abhängt!

Wann durch die Antipathie bey der französischen Marine eine der wichtigsten Unternehmungen für den Staat verlohren gieng: so ists nicht minder schröcklich, daß das Mißverständniß zwischen zween Admiralen in England zu einer Schrift an den König, die von zwölf berühmten Seeoffizirs unterzeichnet war, Anlaß gab, worinn sie erklärten, daß sie dem Vaterland ihre Dienste entziehen würden, wofern nicht das Ministerium und das Departement der Admiralität in jene Hände übergeben würde, die ihnen anständig wären.

Ame-

Amerika.

Ein kleines Büchelgen, so von Neu York sich schreibt, liefert eine Berechnung, was der unternommene Krieg den amerikanischen Kolonien kostet. Diese Berechnung ist merkwürdig: und warum sollte sie es nicht seyn? Wie glücklich wären vielleicht die Monarchen, wann ihnen dergleichen Memento vor dem Anfang ihrer Unternehmungen vorgelegt würden. Wie mancher Krieg würde vielleicht dadurch erspahrt werden.

Rechnung.

Was Amerika seit dem Ausbruche des Kriegs 1775 verlohren und Unkosten gehabt hat.

1) Im September 1775 ward durch einen Befehl des Kongresses alle Ausfuhr aus den 13 vereinigten Provinzen verboten. Dieses Verbot ist ein natürlicher Verlust für Amerika. Nun beträgt die Ausfuhr im Jahr 1769 aus den 13 vereinigten Provinzen 17227388 Rthlr. und diese Ausfuhr nahm von Jahr zu Jahr zu.   Rthlr.

Unterdessen nehmen wir an, daß sie Rthlr.
gedachte Summe nicht überstiegen
hätte: so macht der Verlust in 3 Jahren und 8 Monaten (bis in den Monat Junius 1779 wo der Verfasser
seine Bilanz zog). . 63,533,873

NB. Man wird einwenden, daß wofern die Provinzialen ihre Produkte nicht ausführen: so können
sie sie doch im Lande absezen. Fer-
ner, daß grosse Versendungen
nach Westindien und Frankreich
gemacht worden seyen. Hierauf
antworte ich: durch das Verboth der Ausfuhr ist der Werth
der Waaren merklich vermindert
worden, dergestalten daß man sie
entweder behalten, oder für das
Kongreßgeld, welches beynahe
keinen Werth hat, hingeben muß.
Und was die vorgebliche Versen-
dung nach Westindien und Frankreich betrift: so war dieselbe in
der That sehr gering. Auch kam
dafür weder Geld noch andere
häusliche Handlungsartikel zurück: sondern diese Versendungen
wurden mit Munition, Kanonen
und andern Kriegsbedürfnissen,
die 63,533,873

| | Rthlr. |

die dem Publikum nichts nüzten, und dem Land nichts einbrachten, bezahlt.

Die wenigen brauchbaren Artikel, so seit dem Kriege eingeführt worden sind, stiegen auf einen ungeheuren Preiß, von 500 bis 5000 Procent: so daß das Publikum vielmehr Schaden als Nuzen davon zog.

2) Man ist hinlänglich unterrichtet, daß der Kongreß der Krone Frankreich eine Schuldverschreibung von 25 Millionen Thalern ausgestellt, und die Staaten von Amerika dafür verpfändet hat. Thut . 25,000,000

3) Seitdem der Kongreß das Pappiergeld in Umlauf gebracht hat: so ist, seinem eigenen Geständnis gemäs, an Pappiergeld fabricirt worden 200 Millionen Dollars (270,000,000 Rthlr.) Da nun das amerikanische Pappiergeld ausserhalb lediglich keinen Werth hat, und den Provinzialen selbst zur Last bleibt: so kommt solcher Betrag billig hier in Verlustrechnung. . . 270,000,000

4) Von
───────
295,000,000

4) Von dem Anfang dieses schädli- Rthlr.
chen Kriegs bis izt zählt man, daß
in den Provinzen Massachusets-Bay,
Neu-York, Neu-Yersey, Pensylva-
nien und Virginien 3500 Häuser ver-
tilgt worden sind. Ein Haus ins
andere auf 1000 Rthlr. geschäzt, thut 3,500,000
NB. Hiezu kommt noch der Punkt,
daß ausser dieser Anzahl der 3500
noch 1600 durch die Provinzialen
zu Neu-York, Long-Eyland,
Norfolk und in Virginien verbrennt wurden: wozu noch die
Häuser auf den Gränzen kommen,
die durch die Indianer angezündet
worden sind.

5) Pferde, Mastviehe, Wildbrät, Ge-
traid und Eßwaaren, so weggenom-
men, verderbt, verlohren, zerstöhrt
worden und ohne Ersaz geblieben,
mus auf nicht weniger berechnet werden, als . . 12,000,000

6) Der an Ländereyen, Umzäunungen
und Wäldern zugefügte Schaden
beträgt wenigstens . . 10,000,000

7) Für Negres die getödet worden oder
entlauffen sind. Der gewöhnliche
Preiß eines Negers ist in Amerika
300 Rthlr. Die Anzahl der durch
den _____
15,500,000

den Krieg verlohrnen Negres nun
schäzt man auf 5000. Thut in Geld 1,500,000
8) Die Einwohnere von Amerika, so
durch Schwerd, Hunger, Krankheiten und Elend aufgegangen, oder
aber emigrirt sind, item die auf der
See, in Gefängnissen, oder auf
dem Schavot umgekommen sind, machen einen reinen Verlust an Menschen, von 70,000. Nun sezte man
in politischen Berechnungen bereits
vor ungefähr 100 Jahren den Werth
eines Menschen in Amerika auf 250
Rthlr. Mann, Weib, Kind, Eins ins
Andere gerechnet. Da nun der
Werth des Gelds selbiger Zeit viel
höher war, als izt: so müßte man
eigentlich diesen Anschlag vermehren.
Man will aber, um allen Schein der
Uebertreibung zu vermeiden, bey jener Taxe verbleiben. Siebenzigtau-
send verlohrne Menschen demnach
äquivaliren genau . 17,500,000
9) Die Bevölkerung von Amerika wird
mit Recht der grossen Anzahl Emigranten zugeschrieben, die sich aus
Europa eingefunden haben. Man
berechnete die Anzahl derselben in den
lezten 20 Jahren, von 1759 her, ein
Jahr ins Andere, auf 4000. Da

nun 19,000,000

nun diese Wanderungen seit vier Jahren, da der Aufstand sich erhub, gänzlich stockend worden: so leiden die Kolonien einen Abgang von 16000 Menschen. Jeder Kolon wird auf 120 Rthlr. taxirt. Sechszehntausend abgehende Kolons zu Geld berechnet, machen einen baaren Verlust   1,920,000

10) An Zinnsen für fremde Summen, verlohrnen Schifen und Gütern, Versaumniß der Einwohnere durch ihren Kriegsdienst, Verminderung des Werths der Ländereyen, Vernachlässigung des Anbaues oder Plätze, rechnet man nur mässig   50,000,000

11) Für den Sold der Truppen und andern Kriegsaufwand will man nichts ansezen, da dieses, wie man spricht, mit des Landes Geld bestritten wird. — Indessen bleibt es immer ein wichtiger Artikel in der Verlustrechnung der Kolonien.

                           51,920,000

Summa des Ganzen.
Vierhundert fünfzig vier Millionen, neunmalhundert drey und fünfzigtausend achthundert und drey und siebenzig Reichsthaler.

Die glückselige Insel.

Die Blume, die im Feld sich unbemerkt verliert
Wird durch des Gärtners Fleiß zum schönsten Kind der
Floren.
Musarion.

Brüste dich, Stolze! Du hast mächtige Ursache dich zu erheben. — So sprach einst eine Grasnelke, welche hinter der Hecke saß, die einen Ziergarten umfieng, zu einer Anemone, die auf dem Blumenbeet in demselben blühte. — Du bist ein Werkzeug in der Hand des Sclaven, der dich wartet. Und sobald es dem Tirannen des Gartens, in welchem du eingekerkert bist, gefällt: so bricht man dich ab, um an dem wollüstigen Busen seiner Buhlerin zu verwelken. Ich hingegen bin ein Kind der Freiheit. Hier auf meinem väterlichen Beete, wo ich gebohren bin, werde ich auch sterben, und ich werde es Kindern hinterlassen, die meinen Saamen darauf fortpflanzen werden.

„Schweig, Thörichte!" rief ihr eine Dryade zu, welche sich in der Anemone aufhielt." Sieh, wer glücklicher ist: wann ich einst abgebrochen werde, so werde ich im Kranze Floren's prangen: und du — du wirst die Stirne eines Ochsen zieren."

Dieser Apolog — wann es einer ist — soll mir zur Einleitung auf die Betrachtung über den Werth von Herrschaft und Freiheit, oder, was gleichviel ist, über die neueste Geographie von Corsika, dienen.

Nachdem sich die Menschheit vereinigte; nachdem sie die Gesellschaften schloß: so konnte sie kein grösseres Opfer thun, aber auch keinen weisern Entschluß ergreifen, als daß sie ihre Freiheit dem Zepter unterwarf. Ich weis nicht, wo es noch im Brauch ist, am Pfingsttag die Kühe mit Blumen zu krönen: aber ich bin gewis, daß dieses Bild genau auf die wilde Natur der Ehre paßt, welche das Fantom Freiheit geneußt.

Von jener Reflexion waren die Menschen so stark überzeugt, daß sie die ersten Stiftere der Gesellschaft, einen Jupiter, einen Orpheus, einen Bacchus vergötterten.

In der That, man mus nicht glauben, daß diese Leute von ihren Nebenmenschen um deswillen zum Rang der Götter erhoben wurden, weil sie Anführer grosser Nationen waren. Daß sie die Künste und Gesezze einführten; daß sie den Dienst, den man Gott schuldig ist, lehrten; daß sie die Menschen

schen zahm und gesellig machten; daß sie selbige in den Künsten des Friedens unterrichteten: diß ists, was ihnen die Hochachtung der Welt erwarb.

Amphion that vielleicht gerade, was der Graf Marboeuf in unsern Tagen thut. Sollte die Verwandlung Böotiens denkwürdiger seyn, als die von Corsika?

Dieses Eiland stund seit Jahrhunderten, wie eine wilde Pflanze, in der Mitte des gesitteten Europa. Mehr durch die Sitten der Einwohner und den Mangel der Regierung arm, als durch die Natur, schien es von allen Nationen verachtet zu seyn.

Die Phönizier, die Hetrusker, die Karthaginenser, Römer, Gothen, Gallier, der Pabst, die Saracenen, die Pisaner, der Herzog von Mailand, die Republik Genua waren nach und nach Herren davon. Corsika war einem Ball im Spiel der Riesen ähnlich, der von einer Hand der andern zugeworfen wurde.

Nichts ist in der That trauriger, als der Zustand, worinn sich die Insel hiebey befand. Die Barbarn, welche Corsika wechselsweis beherrschten, und welche es gleichsam nur so lang besaßen, um hindurch zu gehen, ließen die Fußstapfen ihrer verschiedenen Wildart zurück.

Der Feldbau war verlohren. Armut und Faulheit herrschten. Weder Häuser noch Wege. Das Eiland bestund in einem Chaos von Felsen und Abgründen, welche Mörder und Straffenräuber ausspien.

Vergebens grünten ewige Wälder von Mandelbäumen, von Lorbeer- Myrthen- Pomeranzen-und Cypressenbäumen. Der Corse begnügte sich mit Kastanien, Käs und Milch. Umsonst trug der Erdboten Honig und Oel und einen vortreflichen Wein im Ueberfluß.

Man kan kaum ein abscheulicheres Bild finden, als die Römer, wenn sie nach Corsika verbannt wurden, von diesem Aufenthalt machen. Es ist wahr, wann man verbannt ist: so verliert jeder Ort, wär es auch ein Freskati, seine Reize. Inzwischen sind ihre Schilderungen so naif, so rührend, daß sie bis zur Wahrheit einnehmen.

Wie sollte sich der Zustand dieser Provinz seitdem beffern? Die Genueser, welche ihre lezten Herren waren, verhinderten, aus einem Mißtrauen, das der Tyranney immer zur Seite gehet, alle Erleuchtung der Nation. Sie liessen den Corsen weder Waffen noch Künste zu.

Sie suchten sie mit Fleiß bey ihrer alten Barbarey zu erhalten. — Und dieß ists vielleicht, was diesem unglücklichen Volk die übelgegründete Idee von

von einer Nationalfreiheit einflößte: dann unter den thörichten Vorurtheilen der Freiheit ist, wie man weis, eines, wann man die Sitten der Vorältern unverändert erhält.

In Wahrheit die Sitten der Corsen waren äusserst wild. Die unaufhörlichen Kriege, welche sie mit ihren Tirannen führten, verhärteten ihr Blut, und machten die Rache zur Nationalleidenschaft.

Sobald der Karacter der Nation in diesen Trieb ausgeschlagen war; sobald die Rache zur Angelegenheit des Publikums wurde: so verlies man alle übrige Geschäfte, um diesem nachzuhängen. Der Corse arbeitete nichts mehr: er suchte seinen Feind auf. Eine Revolution folgte auf die andere. Der gewöhnliche Lebenslauf eines Korsen war der, von der Sclaverey zur Freiheit, und von der Freiheit zum Galgen.

Bey diesen Umständen fiel das Land immer tiefer in Wildniß. Das Feld blieb öde. Die reissenden Thiere und das Wild nahmen überhand: dann man schäzte das Pulver für nützlicher, seinem Feind aufzulauren, als es gegen das Wild zu brauchen. Der Staat war ohne Gesezze, ohne Polizey und ohne Sicherheit. Die Weiber pflügten das Feld mit einer Flinte auf dem Rücken. Und wann die Priester die Messe lasen: so hatten sie ein Paar Pistolen im Gürtel stecken.

Der scheußlichste Aberglaube, welcher die größte unter den Strafen ist, womit der Himmel verworfene Länder belegt, war in Corsika obherrschend. Dagegen war der Geist der Einwohner völlig arm.

Die Sitten waren höchsteinfältig. Der Lux eines corsikanischen Frauenzimmers bestund darinn. Sie suchte einen Fluß auf. In diesem wusch sie sich, und er diente ihr zugleich zum Spiegel. Wann sie gewaschen war: so folgte die Schminke; das ist, sie schmierte die Haare dicht mit Oel ein, und sezte eine Müze von ungegerbtem Rehfell darüber.

So war der Zustand dieses Eilands beschaffen, als es im Jahre 1769. die Krone Frankreich zum Besizer erhielt.

O, Freiheit, Freiheit! Prächtige Schimäre! An wie viel Irrthümern bist du Schuld? Geheiligtes Erbtheil der Schwärmer und der Bettler! Wie theuer verkauffst du deine Täuschungen?

Gewis, wollte man glauben, die Armuth und Barbarey der Corsen sey eine Folge des Klima: so würde man sich irren. Niemals ist ein Land von einer milderen und fruchtbarern Sonne angelacht worden.

Der ewige Aufruhr, in welchem sie gegen ihre Tirannen begriffen waren, flößte den Corsen die

Einbil-

Einbildung von einer Nationalfreiheit ein. Da die Freiheit ihrer Natur nach kriegerisch und eine Feindin fremder Sitten ist: so verachteten sie den Fleis und den Umgang mit andern Nationen. Diß nun ist die gewisseste Quelle der Armuth und der Unwissenheit.

Wenn man den heutigen Zustand der Insel Corsika mit ihrem vorigen vergleicht: so glaubt man, daß ein Gott auf die Erde hernieder gestiegen sey, und eine Beschwöhrung verrichtet habe.

Das Land ist mit immer blühenden Fluren von Ackerfeldern, Oelgärten und Weingärten bedeckt. Palläste und Häuser sind aus der Erde hervorgestiegen. Die Flüsse und Seehäfen wimmlen von den Flaggen der Nation. Die Handlung ist eröfnet. Die Landstrassen sind eingerichtet und geebnet.

Kunstfleiß und Manufakturen leben durch die ganze Insel auf. Die Sicherheit ist durch Einrichtung einer Polizey und durch neue Gesezze hergestellt. Die Bestien und die Strassenräuber sind ausgerottet.

An die Stelle des allerabscheulichsten Aberglaubens hat sich eine aufgeklärte Religion gestellt. Die Wissenschaften sind durch Errichtung von Akademieen herbeygerufen worden. Die Nation ist mit einem vernünftigen und nüzlichen Prachtaufwand bekannt, und an Schauspiele gewöhnt worden.

Für den Instinkt zur Privatrache ist die Liebe zu den Gesezzen und zur Regierung beynahe zum corsischen Nationalkaracter worden. Das wilde und umschweifende Leben der Einwohner hat sich in ein denkendes und häusliches Wesen verwandelt.

Mit einem Wort, der Siz der Wildniß und der Verzweiflung ist in den Siz der Ruhe und der Ordnung, der zwey wichtigsten Güter der menschlichen Gesellschaft, verwandelt.

Will man mehr, um die Wunderkraft eines Gottes zu glauben?

Inmittelst ist es ein Werk der Sterblichen — ein Werk unserer Zeiten. Diese merkwürdige Metamorphose ist man der Staatsklugheit und der Monarchie schuldig. Die wahre Gottheit der Corsen ist der gelinde und erleuchtete Staatskaracter der französischen Regierung.

Nichts ist gewisser, als daß ein einiger kluger und hellsichtiger Mann hinlänglich ist, die wichtigste Revolution in der moralischen Welt zu verrichten; und daß derjenige, der Genie hat, unternehmen kan, was er will. Die Bildsäule des Grafen Marböuf wird von der corsischen Nachwelt vielleicht einst neben die Bildsäule des Quintius Flaminius gestellt werden.

So wie dieser Römer genießt der Graf Marbœuf jenes reinste und erhabenste Vergnügen, dessen die menschliche Seele fähig ist: das Bewußtseyn, daß er durch seine Klugheit und Tugend einer Nation die wahrhaftigste Glückseligkeit geschenkt hat, die ihr abgieng.

Es ist schwehr, den Tritten eines grossen Mannes nachzuspähen: unterdessen sind einige Handlungen bekannt worden, die zu merkwürdigen Zügen in der Verfahrungsart dieses Befehlshabers dienen.

Als der Graf die Insel Corsika, so wie sie in ihrer Barbarey lag, im Nahmen seines Königs übernahm: so machte er sich selbst zum Grundgesez, die Corsen blos durch Güte und Freundlichkeit zu führen, ohne das mindeste Zwangsmittel zu gebrauchen.

In dem Augenblick, da er die Insel in Empfang nahm, lies er seine Soldaten die Waffen niederlegen und die Hacke dafür ergreifen. Er baute im Angesicht der Corsen das Feld mit seinen Soldaten. Er pflanzte. Er lies Strassen machen. Er führte Lustgebäude auf.

Auf diese Art suchte er zuerst ihre Aufmerksamkeit zu heften, und alsdenn, durch die Muster, die er ihnen gab, ihre Nachahmung zu reizen. Der Corse sah einige Zeit, mit der Flinte auf der Achsel und den Dolch im Gürtel, in der Entfernung zu. Endlich näherte er sich seinen friedfertigen Ueberwindern, und half ihnen.

Indem der Graf auf der einen Seite dem Kriegsmuth der Corsen durch Einrichtung einer Nationalmiliz schmeichelte: so führte er auf der andern Seite durch Gesellschaften und Schaubühnen, unvermerkt die zu Civilisirung einer Nation so nöthigen Prachtwaaren und Moden ein.

So gieng er von Stufe zu Stufe. Er gewann erstlich das Frauenzimmer, diese zähmten so fort die Männer. In kurzer Zeit hatte sich die Umbildung, vermittelst einer der glücklichsten Progressionen, von einem Ende des Reichs bis zum andern verbreitet.

Solche Vorzüge hat die Herrschaft vor der Freiheit, wann sie mit Klugheit und Gerechtigkeit gepaart gehet. Es ist kein Corse, der sich heut zu Tag nicht für glücklich hält, unter französischem Zepter zu stehen; der nicht seinen Blick mit Verachtung von dem vorigen Verhältniß der Sachen zurückziehet.

Jeder

Jeder Corse kan nun sprechen, daß er ein freyer Bürger ist; daß er ein Vaterland habe. Dann wie will derjenige Anspruch auf den Nahmen Vaterland machen, der iezt der Sclave eines fremden Tirannen, izt der Sclave der zaumlosen Freiheit, immer ein Opfer entweder seiner Pflicht oder des Henkers ist?

Fraget die Einwohner von Westpreussen, von Weißrußland und von Lodomirien, worinn der Werth zwischen Herrschaft und Freiheit bestehe? Sie sinds, die darauf antworten können. Fraget sie, was das Bild bedeute, die Stirne eines Ochsen krönen? Ihre Väter haben es mit ihrem Blut erlernt.

Wie glücklich ist der Staat, der unter einer unumschränkten und weisen Macht stehet! Ich kenne ein kleines Land. Der Fürst desselben ist einer von jenen erlauchten Sterblichen, welche zum Vergnügen der Menschheit gebohren sind. Die Musen, denen er sein Leben ganz weihet, und deren Liebling er ist, hauchen ihn mit ihrer himmlischen Begeistrung an. Von ihrem Einfluß blühet Wohlstand, Ordnung und Gerechtigkeit im Land. Sein Minister wäre fähig, einer Monarchie vorzustehen, und seine Beamte würden durch ihre Geschicklichkeit

keit und Rechtschaffenheit einem König Ehre machen.

Oft sprach ich im Kreise der Unterthanen: Beneidenswürdige Menschen! Wie glücklich seyd ihr unter der sanften und weisen Regierung eurer Herrschaft. Schauet eure Nachbarn an, die sich freye Bürger nennen. Sind sie mehr als die verächtlichen Sclaven einer Anzahl Dummköpfe, die von einem Narren beherrscht wird?

Ueber den Tod des Kapitän Cook.

Wann die Einwohner zu Sankt Salvador und zu Quito es mit dem Kolomb und Pizarro so gemacht hätten, wie die Insulaner bey Sandwichs Island mit dem Kapitän Cook: so wäre Europa der Last entbunden, die ihm Amerika macht. Der Menschheit wären abscheuliche Schandflecke erspahrt. Die Blutströhme und Scheiterhaufen, welche die Grausamkeit der Europäer in Indien anzündete, wären nicht vorhanden. Die Kriege, wozu der Handel nach Amerika unablässig Anlaß gegeben, wären nie entstanden. — Und vielleicht wäre auch die heutige Massacre nicht.

Ohne Zweifel werden einige Weiber, einige wissenschaftskränkelnde Seelen in Europa über den Zufall des Kapitän Cook wimmern. Aber der Gerechte, der Kluge wird sprechen, daß ihm Recht geschah.

Wer berechtigt uns, die friedsamen Gefilde entfernter Nationen aufzusuchen, ihre Länder auszuspioniren, unsere Wappenpfähle aufzustecken?

Wel-

Welche Grausamkeit, wehrlose und gastfreye Menschen zu überfallen, ihre friedsame Wohnungen mit Sechspfündern und Doppelhacken zu erschüttern, und die Nation in Fesseln zu werfen.

Diß ist das berühmte Völkerrecht der Europäer, das gepriesene Recht der Natur und der Nationen, auf das man in Europa so stolz ist. Grausame und feige Stümper! Ihr würdet euch sehr hüten, das Eigenthum des geringsten Edelmanns oder Bürgers innerhalb Europa anzutasten. Aber ausser Europa haltet ihr euch die ungerechtesten Handlungen für erlaubt. Ihr nehmt Länder nach Gefallen in Besitz, ohne um die Einwilligung der Regenten, oder der Nation, anzufragen.

Und was ist euer anmaßliches Recht? Weil diese Nationen Barbarn sind. — Barbarn? Ihr irret euch. Sehet ob die Insulaner bey Sandwichs Island nicht gesunden Verstand haben: sonst hätten sie Kapitän Cook nicht bestraft.

Welche Kühnheit, welche Brutalität, auf einer fremden Erde den Pallast eines Königs zu insultiren, in seiner Gegenwart das Gewehr loszubrennen, einen seiner Unterthanen zu tödten, und die Landshoheit auf eine vermessene Art anzutasten. Verdiente Kapitän Cook sein Schicksal nicht, so verdient man es nimmer. In Europa, in dem polizirten und menschlichen Europa wäre ihm zum wenigsten der Kopf auf einem Schavot vor die Füsse

Füsse gelegt worden. Zu Sandwichs Island wurde er nur niedergemacht.

Das unselige Mittel der Sechspfünder, welches bey der ersten Eroberung von Amerika so wunderthätige Wirkung geleistet, ist seitdem die Ressource aller Weltumschiffer und Usurpatoren worden. Diese hochmüthigen Barbarn, die sich in China oder in Marokko nicht wagen würden, eine Pluderbüchse loszubrennen, erschüttern die Sphäre in unbewehrten und friedfertigen Ländern, mit ihrem fremden Donner.

Geht ihnen irgend ein Nagel oder ein Stück Schifthau ab: so wird sogleich eine Kanone abgeschmettert, die das Land von einem Eck zum andern erschüttert. Es ist zum Abscheu, die Reisegeschichten dieser sogenannten Entdecker, dieser Weltumseegler zu lesen. Ihre Verrichtungen sind eben so barbarisch, als sie nichtswürdig und lügenhaft sind.

Hier ist ein Muster von einer der neuesten dieser Reisen. Nach diesem Model sind alle überhaupt beschaffen.

Vor einigen Jahren fuhr der Dämon der Weltumschiffung in den Sohn des königlichen Gärtners zu Chelsea. Er rüstete ein Schiff auf seine Unkosten aus, um Inseln im Südmeer aufzusuchen.

Der

Der Zufall brachte ihn auf ein Land, welches ungefähr 90 Seemeilen südlich von Sumatra abliegt, und dem er aus einem Begrif, wozu er bey sich selbst keinen Grund weiß, den Nahmen, die Insel Enganho, giebt. Herr Miller, so ist der Name des neuen Jason's, sezte sein Boot aus, und lief mit neun Männern, die theils Europäer, theils Schwarze und Lascaren waren, in die Bay ein.

Ein Haufe Einwohner versammelte sich am Ufer. Sie machten aber nicht die geringste Miene Uebels zu thun. Sie winkten vielmehr den Fremden mit Freundlichkeit zu. Diß bewog den Helden des Seezugs, am Nachmittag das Schif selbst in die Bay zu führen.

Mehr als sechzig Kanoes voll Insulaner umringten das Schif, und bezeugten ihre Verwunderung. Aus einer Neugierd, die überall zu Haus ist, betrachteten sie die verschiedenen Maschinen derselben, und aus einer Einfalt, die unter den Wilden Tugend, oder wenigstens unsträflich ist, kaperten sie das Steur am Boot weg.

„Sogleich,, schreibt Herr Miller" feurte ich ihnen meine Flinte über die Köpfe weg nach, und der Knall erschreckte die armen Teufel so, daß sie alle miteinander in die See sprangen."

Daß

Daß die Insulaner zu Enghano so unglücklich sind, weder die Polizey der Europäer zu wissen, noch die Gesezze Moises, noch die Carolina, oder die Pandekten Eduards I gelesen zu haben, diß ist demnach ein Fleck, der einen Gärtnerssohn aus England berechtigt, den Frieden unter ihnen zu stöhren.

Ich übergehe die Beschreibung, die er von der sogenannten Insel Enghano macht. Sie ist so ausschweifend und so windbeutlisch, wie man es von allen Beschreibungen dergleichen Weltumschiffer gewohnt ist.

Den Tag nach der Ankunft des Schifs begab sich Herr Miller ans Land. Er traf eine Versammlung Einwohner an, welche die Messer, Spiegel, Schellen und Tuchlappen so er unter ihnen austheilte, mit Vergnügen annahmen. Sie liessen ihn und seine Leute ohne Scheu in ihre Wohnungen, und sie zeigten sich so treuherzig, daß sie sich von den Europäern sogar die Lanzen und Streitäxte, welche sie bey sich führten, aus den Händen nehmen liessen.

„Ich hatte mir vorgenommen „fährt Herr Miller fort" des andern Tags noch einen Besuch ins Land zu machen, aber die unüberlegte Rachgier eines Offiziers, den ich bey mir hatte, vereitelte es. Dieser hatte von einigen Einwohnern Cocusnüsse gegen Tuchlappen eingetauscht, als einer derselben plözlich seinen Hirschfänger erhaschte, der im Boot neben ihm lag, und mit davon lief."

„Der Offizir feurte hierauf nicht allein auf die übrigen: sondern verfolgte sie auch in ihre Wohnungen und zündete sie an. Dieses Verfahren brachte das ganze Land in Aufruhr. Man hörte überall Lärmen schlagen, und den folgenden Morgen war die ganze Bay mit bewafneten Einwohnern angefüllt."

„Nunmehr schien es nicht mehr sicher für uns zu seyn. Wir hoben den Anker, und verliessen die Insel."

Diß ist der Innbegrif aller der grossen, der berühmten Weltreisen, die wir haben.

Was will man von ihren Verdiensten sprechen? Was haben sie jemals für Nuzen gebracht? Lasset uns die Sache ohne Vorurtheil untersuchen.

Ich weis, daß man den Reisen des Magellan und seiner Nachfolgere einige Zusätze zu den Beweisen von der Bestimmung der Figur der Erde schuldig ist; aber diß auch der einzige merkwürdige Erfolg von ihnen, den man kennt. Alle übrigen verdienen keine Betrachtung.

Was nüzt es die Menschlichkeit, daß das Muſäum Brittanicum eine Anzahl Kiſten mit Pflanzen, mit Schrecken, mit Würmern, mit Gefäſſen fremder Völker angefüllt hat: wo ſind hingegen die Beiträge zur Philoſophie, zur Geſezgebungswiſſenſchaft, zu den Künſten, die wir durch die Reiſebeſchreibungen dieſer Männer erhalten haben?

Was behagt es uns Andern, daß ein gewiſſer Menſch, um ſeine Neugierd zu befriedigen, auf Abentheuer ausfährt, und uns nach ſeiner Zurückkunft erzählt, was er ausgeſtanden und geſehen hat?

Leget die Bücher, die wir von allen Weltfahrern, von Tavernier an bis auf den Gärtnersſohn von Chelſea, haben, zuſammen. Eröfnet ſie: Was ſehet ihr? Ein Canevas von Lügen, von ſchändlichen, manchmal wahrhaft criminellen Räubereyen, von Frevelthaten, von Einbrüchen unter dem Nahmen Entdeckungen, von Romanen, die öfters noch lächerlicher, als ſie verächtlich ſind.

Kan man ohne wahren Abſcheu, in der Reiſebeſchreibung des Kapitän Cook leſen, daß über einen der Fürſten (Erih) auf der Inſel Otahiti die Todesſtrafe erkannt wurde, weil er einem in der Karavane befindlichen Gelehrten fünf eiſerne Nägel entwendet hätte: inmittelſt er Kapitän Cook ſelbſt ohne Scrupel das Land Otahiti für König Georg III wegnimmt?

Wie lang wird man noch den Araber David, Alexander den grossen und Gengiskan erlauchte Räuber nennen? Sind die Kolombe, die Magellane, die Cook's weniger? Die Verrichtungen, die wir an diesen grossen Weltfahrern bewundern, sind die nehmlichen, welche sie in ihrem Vaterland gerade zum Galgen oder zum Rad führen würden.

Man überlege einen Augenblick, daß bey einer einfältigen und nackenden Nation die Begriffe vom Eigenthum weder so genau entwickelt noch bestimmt seyn können; daß bey Menschen, denen die Natur alles gleichsam freiwillig in die Hand reichet, der Erwerb ein unbekanntes Recht ist; daß diese Völker vielleicht unter sich selbst einen Kodex der Gütergemeinschaft haben, den wir nicht wissen.

Noch mehr, ists nicht möglich, daß sie, da es ihnen weder an Vernunft noch Nachdenken mangelt, die Wegnahm eines Nagels, eines Schifthaues, für einen gerechten Ersaz wegen der Fischerey und Jagd halten, die sie die Fremdlinge vor ihren Augen in ihrem Gebiet ausüben sehen?

Und dafür halten sich die Cook's berechtigt, ihr Land zu stehlen?

Gewis, wenn man den Einfluß der Entdeckungen der Europäer von der Seite der Sitten und der Physik genau prüfen wollte; wann man berechnen wollte, was sie, die Sitten, die Bevölkerung, die

Gesund-

Gesundheit kosten; wie viel Generationen in Europa durch sie verlohren gegangen sind, und wie unnützlich ihre Früchte waren: so würde man anders von ihnen denken.

In den Augen eines aufgeklärten Staatsmannes sind diese Entdeckungen ein Unglück: in den Augen des Philosophen sind sie eine wirkliche Geissel.

Allein fern mit der Pedanterey. — Lasset uns auf die Schriften dieser berühmten Sterblichen zurückkommen. Ohne Zweifel sind sie eine interessante Lectür fürs Frauenzimmer, für eine gewisse Gattung lichtleerer und müssiger Köpfe; dann sie scheinen einige Beiträge zur Geschichte und zur Naturkunde zu liefern. Aber das Genie hat niemal etwas weder für den Verstand noch fürs Herz in ihnen gefunden.

Ists eine erbauliche Anecdote, zu wissen, daß zu Otahiti eine gewisse Loge unter dem Nahmen Arreoy existirt, wo das Laster der Liebe bis zum Abscheu getrieben wird: so ungefähr wie in der Feigenbrüderschaft? Würdiger Gegenstand der Neugierd einer Gesellschaft wissenschaftlicher Weltumschiffer!

Sollten die Nachrichten, die wir aus ihren Büchern erlernen, in andern Stücken etwan besser seyn? Sie belehren uns, daß man in den Südländern für ein Stück Glas, für einen Nagel, für einen

einen Tuchlappen die Gunst eines Frauenzimmers genieſſen kan.

Diß ſind alſo die groſſen Handlungsgrundſäze, welche uns die Reiſen nach der Südſee nüzen. Alles übrige in ihren Büchern iſt bloſſe Nomenclatur.

Immittelſt die Naturgelehrte, welche Kapitän Cook bey ſich hatte, Berg und Thäler erſchöpften, um Kiſten mit ſeltſamen Kräutern für das Muſäum zu London anzufüllen: ſo erzählen ſie uns vom Brodbaum, welcher die Einwohner erhält und der eine eben ſo leckerhafte als wohlfeile Speiſe iſt.

Wohlan, diß war das Kraut, welches ſie uns mitbringen ſollten. Was nüzen uns die Kokospalmen und Piſangpflanzen im Treibhauſe der Geſellſchaft zu London? Inzwiſchen iſts gerade ienes Kraut, was ſie vergeſſen haben.

Noch mal: es ſey den litterariſchen Klagekrähen erlaubt, die Execution des Kapitän Cook zu beweinen, ſie für den wichtigſten Verluſt für die Wiſſenſchaften und die Menſchlichkeit zu erklären: was mich betrift, ſo freue ich mich, daß noch ein Winkel auf der Erde iſt, wo die aus der Mitte der Menſchlichkeit vertriebene Gerechtigkeit ihre Rechte verwaltet.

Die

Die Opera zu Paris.

Der Verfasser des Geists der Gesezze mißt den Fortgang der Nationen nach dem Grad ihres Meridians ab: warum mißt er ihn nicht nach dem Ton der Opera ab? Es ist klar, daß ausserhalb der Opera weder Menschenverstand noch Leben ist.

Sollte dem Staat weniger an der Opera gelegen seyn, als am Ackerbau? Fraget einen unserer schönen Geister, wann er aus dem Theater geht, wie es um das allgemeine Beste stehe? Vortreflich! wird er sprechen. Erkundiget euch, ob die Nation vergnügt sey; ob sie weder über Armuth noch Elend seufze? Im höchsten Grad, wird er antworten: die Bagkioni singt heut zum Entzücken.

Es liegt wenig daran, durch welches Mittel der Staat in Bewegung erhalten wird, wofern er nur darinn erhalten wird. Nachdem die Römer mit dem Verlust der Herrschaft ihre Liebe zu den Waffen verlohren hatten: so wählten sie die Schauspiele.

Die Opera zu Paris kostet jährlich siebenmal hunderttausend Livres. Das ist blos die Canzoni: ihre Schwester die Capriotti nicht einberechnet. Es ist wahr, mit diesem Geld könnte man ungefähr zweymalhunderttausend Bürger erhalten. Allein diß gehört nicht hieher. Ob Diejenigen, welche singen, das Geld haben, oder Diejenigen, welche weinen, das ist für die Harmonie des Staats einerley.

Zu den Zeiten des Lully, wann man einer Opernsingerin einen kleinen Thaler verehrte: so kam diese magnifique Handlung in den Mercure galant. Sie wurde der ganzen Welt kund gemacht. Heutzu Tag sind hundert tausend Franken eine Kleinigkeit für eine berühmte Singerin. Sie stimmt deswegen ihre Kehle um keine Note höher.

Die wahren Schampions der Opera gehen wohl noch weiter. Sie machen den Nimpfen der Coulisse eigene Leibgedinge aus. Dann die Theatervorsteher geben nur die Auslagen für die Schminke, für Bänder und Handschuh her. Ihre wahren Unternehmere sind das Publikum. Von diesem erhalten sie ihre grosse Besoldung.

Auf den grossen Pläzen, wo Pracht herrscht, werden sie mit Brillianten, mit Tabattieren, mit Bancozetteln bezahlt. In den kleinen Städten zahlt man sie mit Versen oder mit Marzipan.

Kurz, die Opera ist der wahre Lux des Staats, der grosse Gesichtspunct der Politik. Sie erhält Alles in Ordnung.

Was schadet es der Monarchie, wer das Geld besizt? Sollte es nicht merkwürdig seyn, wann sich der Fall ereignete, daß der Staat in Noth käme, und eine Singerin eröfnete ihr Koffre, um mit Einem Zug die Nation zu retten.

Allein diß ist nicht Alles. Geht eine Schlacht verlohren, oder macht der Hof irgend einen wichtigen Fehler, welcher die Monarchie in Gefahr sezt: so begnügt man sich, auf den General ein Lied zu machen, oder die Sottisen des Ministers in Noten zu sezen.

Jede Steur, jede Abgabe hat ihren besondern Ton. Man bezahlt sie mit Vergnügen, wann man beym Abzählen des lezten Son einen Vers dazu singen darf. Die Arie zur Steur vom zehnten Pfenning wird iährlich von der ganzen Monarchie ausgeführt.

Nichts ist gewisser, als daß die Opera den grösten Einfluß in die Tapferkeit der Nation hat.

J 5 Man

Man weis aus zuverläſſigen Urkunden, daß der Lord Marlborough die Bataille bey Malplaquet nur gewann, weil die Engliſchen Trompeten um einen Ton höher geſtimmt waren, als die franzöſiſchen. Im Gegentheil, warum iſt in den dreyzehn Schweizercantons ein Staatsverbot auf die gute Muſik gelegt? Weil die Schweizer ſo empfindſame Nerfen haben, daß ſie überall durchgehen, ſobald ſie eine Muſik hören, die dem Kuhetanz ähnlich iſt. *)

Jedoch wir wollen uns nicht bey ſo entfernten Beyſpielen aufhalten: für wen raufen ſich unſere iungen Krieger, unſere Helden, unſere Schriftſteller heut zu Tag als für die Töchter des Theaters? Für wen erfinden unſere Generals und Tacticker neue Evolutionen, als um ſie in den Balleten der Opera und in den Kriegszügen der Veſtris und der Auberval zu probiren?

Warum ſollte die Opera nicht dieſe Verdienſte all haben Der Saal iſt von Herrn Maureau gebaut. Die Zeichnungen zum Plafond ſind von Herrn Vaſſee und Caffieri. Der Vorhang iſt vom Pinſel des Herrn Guillet.

Unter

---

*) Eine Thatſach iſts zufolg der Anmerkung des berühmten Rouſſeau, daß die Schweizer, wann ſie in andern Ländern die unter dem Nahmen Rans des Vaches in der Schweiz bekannte Arie anſtimmen hören, weinen und das Heimwehe bekommen.

Unter den Priesterinnen dieses Tempels ist die
Jungfer Arnour wegen ihres sanften und geschmei-
digen Organs*) die vornehmste. Jungfer le Vas-
seur glänzt durch Delikatesse und Onction. Jungfer Beaumenil durch Adel und Würde **). Jungfer la Guerre — ach, die berühmte la Guerre!
— was kan man zu ihrem Ruhm hinzufügen.
Jungfer Duplant ist die Illusion selbst, und Jungfer Duranci erwirbt Anbethung, sobald sie in der
Scene erscheint.

Und was die Tänze anbelangt, nichts übertrift
den Zirkel unserer Tänzerinnen. Sie reüssiren alle
unaussprechlich, und es ist keine, die nicht in ihrem
goldenen Berlingot ins Theater fährt. Was ist
mit

Es scheint, daß es eine Gerechtigkeit sey, die
man den Verdiensten dieser berühmten Frauenzimmer
schuldig ist, einige von den besondern Traits, die
ihr Leben merkwürdig gemacht haben, unter den Anmerkungen beyzubringen. Der Theateralmanach von
Paris führt sie an. Und sie sind hier allzueigenthüm-
lich, dem Text zur Seite zu gehen, um sie vorbey
zu lassen.

*) Mademoiselle Arnour ist zu Paris noch mehr wegen
ihres Witzes und ihrer leichtfertigen Einfälle berühmt,
als wegen der Kunst ihres Gesangs. Eins warf ihr
eine ihrer Camraden, Jungfer Vestris, vor, daß
sie immer ins Kindbett käme. Mademoiselle Arnour
versetzte: Meine Traute! Wie leicht ist ein
Mäuschen gefangen, das nur ein Loch hat.

**) Mademoiselle Beaumenil hat gegenwärtig die meis-
sten Seigneurs und Cordons bleus in ihrem Gefolg.

mit der Grazie in der Gavotte, im Tambourin und in den grands airs der Jungfer Allard und der Jungfer Peslin zu vergleichen? Was übertrift die Jungfer Dorival in der Gargouillade, oder die Jungfer Guimard im Pirouettement? Welcher Geschmack in dem à plomb der Jungfer Fanfan, und in den Bewegungen *) der Jungfern Renard, Seiffret, Lolotte, u. s. w.

Kurz, man kan nicht entscheiden, ob die Schenkel über die Gurgeln, oder die Gurgeln über die Schenkel die Oberhand gewonnen haben.

Man mus gestehen, der Staat siehet die Vorzüge der Opera vollkommen ein. Die lyrische Republik bestehet gegenwärtig in mehr als 300 Personen. Damit dieses Corps weder in Anarchie falle, noch sonst ein Chaos entstehe: so hat man demselben einen Vorgesezten, Räthe und Gesezze gegeben. Man hat das Theater dem unmittelbaren Ressort des Ministerii unterworfen.

Glänzende Zeiten! Wir werden noch erleben, daß man weder Baumeister, noch Maurer, noch Tapezirer, noch Stuccadors mehr nöthig hat. Es werden neue Amphions entstehen. Und wann eine Stadt oder eine Flotte gebaut werden soll, so wird man künftig nur einen Pagin um ein Solo auf der

Gei-

---

* Man fragte einst in einer Gesellschaft, wo sich der Herr von Alembert befand, nach der Ursache, warum die Tänzerinnen so vorzüglichen Zuspruch hätten. Dieser Meßkundige antwortete: *es wäre zufolg der nothwendigen Gesezze der Bewegung.*

Geige ersuchen dürfen. Eine Bravourarie von le Gros wird eine Festung herzaubern; und auf ein Recitativ von der Madam Philidor werden Bosquets, Alleen und Gärten entstehen.

Alles vereinigt sich, diesen beglückten Zeitpunkt zu beschleunigen. Unter andern ist die Bittschrift, welche dieser Tagen beim Minister*) eingekommen, ein Beweis hievon. Sie wird einst eine denkwürdige Piece in der Staatsgeschichte unsers Jahrhunderts seyn.

Monseigneur.

Die Opera zu Paris ist der Mittelpunkt der Welt. Sie hält das Scepter des Geschmacks, des Verstands und der Künste von Europa. Ihr die äusserste Vollkommenheit zu geben, muß der wichtigste Zweck der Staatsverwaltung seyn. Sie können die erhabnen Vorzüge Dero erlauchten Geists, Monseigneur, nicht besser anwenden, als wann Sie selbige der Aufmerksamkeit auf die Opera zu widmen geruhen. Diß ist die Gelegenheit, die einen Minister unsterblich machen kan.

Dürfen wir uns demnach erkühnen, Euer Exzellenz eine Vorstellung zu machen. Der Chevalier Gluck ist zwar auf eigene Vollmacht der Musen erschienen, die französische Musik zu verbessern. Allein

---

*) Vermuthlich beym Minister, welcher das Departement von der Stadt Paris hat. Ihm ist die Regierung des Theaters ordentlicherweis unterworfen.

lein nach einer nun sechsjährigen Bestrebung gestehet er, was die ganze Welt bereits seit Karln dem Grossen sagte, daß unsere Sprache zum Ausdruck des wahren musikalischen Accents unfähig sey.

Es ist eine von den Kaprizen der Natur, Monseigneur, daß sie ieder Nation ihren eigenthümlichen Ausdruck gegeben hat. Das Schlag dich der Donner! der Deutschen führt einen brausenden, donnernden Ton mit sich, der vollkommen in die pathetische Arie paßt. Das Goddam! der Engländer ist ein Einklang, und schickt sich zum Kirchenstyl am besten. Wann der Franzos Diable m' emporte! sagt, so ists dem Ton einer Bravourarie ähnlich. Aber Cospetto di Dio, Cospetto di Bacco! Hier sind alle Schönheiten des Musicalischen Ausdrucks beysammen.

Bey diesen Verhältnissen, gnädigster Herr, ists unvermeidlich, daß eine wichtige Veränderung vorgehe, wann die Opera zu Paris ihren Vorzug im Reich der Welt erhalten solle.

Wir schlagen demnach Euer Exzellenz in Unterthänigkeit vor, für die französischen Töchter, woraus die Opera zu Paris wirklich bestehet, Kastraten einzuführen. Diese Neuerung wird in der Ordnung der Gesellschaft nichts stöhren: dann drey Kastraten und ein männlicher Tenor geben nicht mehr als Einen Mann aus.

Zu

Zu Folge deſſen unterſtehen wir uns, dem Miniſterium folgenden Plan vorzulegen.

Für Mademoiſelle Arnoux haben wir eine alte Meerkaze von einem Kaſtraten bey der Hand, der weder Zähne noch Luft mehr hat, der aber doch noch vollkommen in italiäniſchem Geſchmack ſingt. Weil dieſe Sängerin eine Liebhaberin vom Porzellan iſt; ſo wollen wir, um ſie zu entſchädigen, demſelben einen betagten neapolitaniſchen Duc, der der Beſchützer des Kaſtraten iſt, mitgeben. Dieſer kan ihr für einen Magot auf dem Kamin dienen.

An die Stelle der Mademoiſelle Dumenil ſezen wir einen jungen liebenswürdigen Kaſtraten, der eben ſo geiſtreich als angenehm iſt. Dieſer Kaſtrat iſt ſehr verliebt, und er wird die zärtlichen Arien mit ungemeiner Empfindung ſingen.

Die Rolle der Mademoiſelle Duranci wird künftig ein Kaſtrat übernehmen, dem brey Zoll an der Länge der Naſe fehlen. Da aber ſein Mund um beynahe ſechs Zoll zu weit iſt: ſo verbeſſert er dieſen Fehler durch einen auſſerordentlichen Umfang ſeines Accents in jenen Parthien, die mit der Bruſt geſtoſſen werden müſſen.

Ein Kaſtrat, der in gerader Linie vom Eſop abſtammt, der aber zu den wizigen und komiſchen

Stellen

Stellen auserlesen ist, wird die Mademoiselle Duplant ersezen.

Für Madam Larivee geben wir einen Kastraten, welcher mit Anfang dieses Säculums zur Welt gekommen ist, der aber seiner Zeit ein berühmter Singer war.

Was die Jungfern betrift, die die Chöre formiren: so verbinden wir uns ungefähr dreissig bis vierzig Kastraten zu liefern, die sämmtlich häßlich, stolz und grob, wie Satans, sind. Figuren von allerhand Art, groß, klein, mit und ohne Waden, schwarz, gelb, grün von Haut, ganz und halbverschniteen: die aber alle die furberia della scena haben, und sich auf dem Theater vortreflich auszeichnen.

Allein durch die Verwechslung unserer Frauen mit Kastraten, würde der Endzweck gleichwohl nur halb erfüllt werden, wofern man die wirklich noch angestellte Männer bey der französischen Opera liesse. Wir haben also auch in diesem Punkt Vorsicht gethan. Und gleichwie ein Theater in Frankreich nicht ohne Frauenzimmer bestehen kan; indem es so viel wäre, als ein Fisch ohne Brühe: so haben wir folgenden Vorschlag.

Für Herrn le Gros wird man die Signora Gabrielli aus Mailand, wo sie wirklich singt, verschreiben. Da dieser Singer wegen seiner lebhaften

ten Declamation berühmt ist: so schickt sich niemand besser an seine Stelle, als jene Virtuosa, welche kürzlich einen sehr lebendigen und redenden Beweis ihres Talents von sich gegeben hat. *)

Signora Deamici soll den Herrn Larivee ersezen, weil sie das Pizzicato **) vorzüglich liebt.

Die Rolle des Herrn Gelin bestimmen wir der Signora Samparini, die aus Lisbon ankommen soll. Sie ist mit Diamanten überzogen: sie wird also die Franzosen lediglich nichts kosten, als Geld.

An die Stelle des Herrn Caillot sezen wir die berühmte Ferrarese. Da das Verdienst des Herrn Caillot darinn bestehet, daß er seine Stimme zwiefach, als Baß und als Tenor, wann er will, brauchen

<small>Bey der gänzlichen Unerfahrenheit, worinn ich mich in Ansehn des Texts befinde, da das meiste über meinen blöden und bürgerlichen Begriff gehet, bin ich abermal genöthigt, meine Zuflucht zu den aufklärenden Theaterallmanachs unserer Zeiten zu nehmen.

*) Die neuesten Zeitungen vom heutigen Jahr merken für eine notable Denkwürdigkeit an, Signora Gabrielli habe, nachdem sie so lange Zeit die Rolle der Spröden gespielt, und eine Menge Liebhaber in Verzweiflung gebracht hätte, endlich Einem glücklich gemacht, und sey zu Mailand mit einem liebenswürdigen Knaben entbunden worden.

**) Pizzicato ist ein musikalisches Kunstwort, das soviel sagen will, als wenn man auf der Geige oder mit der Stimme in kurzen Säzen stößt.</small>

4r Band.   K

chen kan: so wird ihn diese Sängerin den Franzosen vortreflich ersezen, indem sie zwo Kehlen hat, eine fürs Theater, und eine fürs Kabinet. ***)

Erlauben sie, Monseigneur, daß wir diese Vorstellung Euer Exzellenz erlauchten Ueberlegung empfehlen. Wir ersterben in den tiefsten Rührungen unserer ehrfurchtsvollen Pflicht,

Monseigneur

Euer Exzellenz unterthänigste
und ganz gehorsamste
Der Director und die Interessenten der
Operaunternehmung zu Paris.

***) Eine fürs Kabinet,, ist die deutsche Uebersezung von Voce di Camera. Man weis, daß es in der Natur zweerley Stimmen giebt: helltönende, starke und weitreichende; und dann sanfte, schwache und eingeschränkte. Die leztern nennt man in der Sprache der Musik Voce di Camera.

Ueber die Gnadenwirkungen.

Eine Recension.

„Religion! Unschäzbares Geschenk der Götter! Zweck und Absicht unsers Daseyns! Was etwas Irrdisches weder geben noch zerstöhren kan. Im Heiligen, im Weisen und im Huron gegenwärtig."

„Erste grosse Urquell! Die du das Herz Aller erquickst, und den Verstand Aller verwirrst. Daß du die Güte selbst bist, und wir Blinde — das unsere Wissenschaft sey,"

„Dich preißt der Wesen Chor. Zu dir müsse sich der Weihrauch der Natur, die dein Tempel ist, immerwährend erheben!"

Diß mag ungefähr das Gebeth aller Nationen gewesen seyn, welche die Erde trug, bevor das Priesterthum erschien.

Der Mensch, dieses zweideutige Ding, zu vernünftig um ruhig zu bleiben, und zu dumm um sich zu regieren; ungewiß ob es sich für einen Gott oder für ein Thier halten soll; ein Spiel seiner Leidenschaften,

schaften, das immer sich selbst oder andere betrügt, wandelte unter dem Viehe, und theilte mit ihm den Schatten. Er hatte keinen andern Instinkt, als die Natur.

Diese rief ihm zu: es sind Götter. Ein Keim der Vernunft fieng an, sich in ihm zu entwickeln. Sie rief ihm nochmal zu: die Schöpfung, die dich umgiebt, ist ein Werk ihrer Allmacht: sie verlangen deine Verehrung. — Hier ist der erste Fußstapfe in der Religionsgeschichte.

Trägheit und Einfalt, die natürlichen Eigenschaften der Menschen, bewahrten sie lange vor Irrthümern. Die Religion war in ihrer ursprünglichen Reinigkeit. Ihr Dienst bestund in nichts, als in einem einfachen Lob Gottes. Und sie machte die Menschen glücklich. Diese Zeiten nannte man das goldene Weltalter.

Dann es ist gewis, daß man dem Zeitalter Saturns nicht den Nahmen des goldenen gab, weil Milch und Honig die Erde überzog; sondern weil noch keine Glaubensstreitigkeiten waren — Bey diesen verhaßten Irrthümern hat das Unglück der Menschlichkeit angefangen.

Als am Altar, den kein Blut befleckte, kein Gold schmückte, der unschuldige Priester, unbestochen, und ohne Blutvergießen,

sen Stand! damals war der Zeitaltar schönstes.

Lucrez.

Donner und Bliz, Sonnenfinsternisse, Ueberschwemmungen und andere Wunder der Natur, welche die Menschen nach und nach kennen lernten, brachten ihnen die ersten Irrthümer von der Gottheit bey. Die Usurpatoren und Tiranen, welche mit der Vermehrung des Geschlechts entstunden, hatten nichts zu thun, als diese Irrthümer zu sammlen, und sich die Schwäche der Menschen zu nutze zu machen.

Man kan die kühnen Männer, welche zuerst ihre Nebenmenschen betrogen, um die lehrbegierige Unwissenheit der Nationen zu dem Fuß der Altäre zu schleppen, nicht genug bewundern.

Den Menschen Dinge vorzustellen, welche ihre Sinnen überstiegen, und die sich immer mehr von ihnen entfernten, je näher sie ihnen zu seyn glaubten: Dinge, die man nicht zu verachten wagte, weil man sie nicht kannte; die selbst durch Dunkelheit ihr Ansehn erhielten; und sie durch dieses Mittel in Sclaverey zu führen: Diß ist eine der sinnreichesten und glücklichsten Erfindungen des menschlichen Geists.

Die ersten Stiftere der Religion wurden nicht nur die Herrschere der Völker, sondern auch ihre Orakel. Ihr Glück war zu glänzend, um nicht den Neid zu erwecken. Andere bemühten sich um gleiche Vortheile. Die Grundsätze von der Gottheit vervielfältigten sich: sie veränderten ihre Nüanzen. Hier ist der Ursprung der Mythologien. Die zwote Periode der Religion.

Sobald durch das System der Gesellschaften die Leidenschaften vermischt, und Stolz und Eigenliebe zum herrschenden Karacter der menschlichen Gattung wurden: so erwachte die Meinung, diese Quaal der Weisen und der Thoren. Sie bemeisterte sich der noch oben Lücken den menschlichen Verstands. Nun verlohr die Religion ihr ursprüngliches göttliches Temperament: sie verwandelte sich in Theologie.

Von nun an wurde sie eine Quelle zu unerschöpflichen Streitigkeiten, Kezereyen, Sekten und Misbräuchen. Die wahre Religion zog sich in Himmel, zu ihrem göttlichen Ursprung, zurück, und der Aberglaube blieb auf der Erde.

Dieser erschuf Sclaven und Tirannen. Er lehrte, aus Ueberwindern Götter, und aus Schwärmern Bettler machen. Er lehrte, sich vor Donner und Bliz fürchten. Er lies aus dem Abgrunde der Erde Götter heraufsteigen, und sezte

zween

zween Himmel, einen glückseligen und einen verdammten.

Da wurde Eifer, nicht Menschenliebe, der Führer. Die Hölle war auf Verachtung und der Himmel auf Stolz erbaut. Partheische, veränderliche, leidenschaftliche, ungerechte Götter regierten die Welt. Das Gewölb des Himmels dünkte den Menschen nicht mehr heilig genug: die Altäre wurden Marmor, und rauchten von Blut.

Da kostete zuerst der Opferpriester das Fleisch der Thiere, und besudelte darauf sein grimmiges Götzenbild mit Menschenblut. Er erschütterte die Welt mit Donner, den sich der Himmel allein vorbehält, und brauchte Gott zum Werkzeug gegen seinen Feind.

Diß ist der kurze Begrif der Religionsgeschichte. *)

Wann die Religion heut zu Tag, vermittelst des gesegneten Einflusses der Sittenlehre des Christenthums, blos noch in einem kleinen Theil der

---

*) Pope Essai of Man. Hesiod. Histoire des Caliphes par Mr. d'Herbelot. Geschichte der Druiden von Dio Chrysostom. Geschichte der Kreuzzüge. Las Casas Geschichte der Eroberung von Amerika. Geschichte der Reformation. Geschichte der Päbste. Histoire philosophique et politique du Commerce et des Etablissemens des Europeens dans le deux Indes par Mr. l'Abbé Raynal. Allgemeine Weltgeschichte.

Weisen und der Tugendhaften vom Himmel herab wirkt: so beschäftigt sich hingegen der grössere Theil der Welt mit unnüzen und nie zu ergründenden Streitfragen über die Theologie.

Unter die neüesten Fälle dieser Art gehört der in unsern Tagen entstandene Streit über die Gnadenwirkung. Man weis, daß diese These schon alt, daß sie einst das Streitroß der Augustinianer, der Scotisten, der Pelagianer ꝛc. war. Man lese die Geschichte der Zeiten mit Aufmerksamkeit, so wird man finden, daß sich die Menschen immer gleich waren. Von einem Irrthum in den andern, und vom lezten wieder zum ersten zurück, biß ist der ewige Kreis, in dem sie sich drehen.

In der Erkenntniß der Wahrheit kommt es, wie ein berühmter Schriftsteller sagt, nur auf wenige klare Punkte an. Es giebt nicht viel gewisse Wahrheiten in der Welt. Das Daseyn eines Gottes, und das Einmal Eins: hier sind alle ausgemachten Wahrheiten beysamm. Das übrige ist Hypothese.

Deswegen, so fährt jener Schriftsteller fort, geht es in der Anatomie der Seele gerade so, wie es mit der Anatomie des Körpers gehet. Die Menschen haben mehr Nuzen davon, wann sie auf die grossen, offenen und sichtbaren Theile ihren Blick richten, als wann sie solche feinern Nerfen und

Ge-

Gefäſſe, deren Einrichtung und Nutzen unſerm Begrif auf immer unbekannt bleiben wird, durchſchauen wollen.

Menſchen! Was hat euch die Religion Leids gethan, daß ihr ſie durch Speculationen, die nicht zu ihrem Weſen gehören, erniedriget? Daß ihr ſie durch euer verhaßtes Schulgezänk verächtlich macht?

Wie, ihr wollt ins Heiligthum ihrer Geheimniſſe bringen? Konnte der, der den ſchnellen Cometen an Regeln band, auch wohl eine einige Bewegung der Seele beſchreiben oder beſtimmen? Der hier den feurigen Stern aufgehen, und dort fallen ſah, konnte der auch wohl, was in ihm ſelbſt vorgehet, erklären? Und ihr, wollt mehr erklären als Newton? Da entſcheiden, wo Leibnitze und Locke ſchweigen?

Ich ſchreibe nur ab. Ich wiederhole nur die Wörte Anderer. Denn was Mich betrift: ſo nehme ich meinen ſchwachen Verſtand, wie es der Katechismus erfodert, gefangen, und glaube demüthig an die Lehre, die mir das heilige Chriſtenthum durch das geſegnete Wort ſeiner Diener verkündet. Ich erkenne gern, daß alle Erleuchtung von oben herabkommen müſſe.

Unterdeſſen, bis mich der Himmel dieſer Gnade würdiget, ſey es mir erlaubt, in der Anführung

K 5 des

desjenigen, was Andere über diese Materie gesagt
haben, fortzufahren.

Ich werde mich nicht so sehr beym Gegenstand
selbst aufhalten, der blos theologisch ist; indem
ich überzeugt bin, daß vom wissenschaftlichen Rechte eben so sehr, als vom politischen, das Axiom
gilt: man mus nicht ungestraft auf anderer ihrem
Grunde jagen. Und ich vergesse nie, mich des
Schicksals des unglücklichen Christian Hohburg zu
erinnern.*)

Ich werde demnach blos einige Evergenz- und
Divergenzpunkte berühren, die diese Streitig-
keit an Handen giebt, und im übrigen meinen Geist
unter den Ausspruch der symbolischen Orakel
beugen.

Die Frage ist also von der innerlichen Erschütterung der Seele durch einen ausserordentlichen Einfluß der Gottheit: von der Prämotion, wie es,
wenn ich mich nicht irre, die Scotisten und Lemno-
sisten nannten.

Es scheint, daß um sich in die Erörterung einer
solchen Frage einzulassen, vorderfamst der seit dem
Anfang

---

*) Christian Hohburg hat sich schröcklich vergangen, in-
dem er gegen die Meinung der Gottesgelehrten ge-
schrieben, und Lästerungen wider das ehrwürdige Ministerium aufgebracht. Daher Dr. Müller ihn unter
die Atheisten setzt. Dr. Georg Christian Eilmars
gülden Kleinod. Seite 438.

Anfang der Welt noch ſtreitig gebliebene Begrif von der Seele beſtimmt werden ſollte; dann wann man Vögel ausnehmen will, ſo mus man ſie in ihrem Neſte aufſuchen.

Allein, dieſen Punkt bey Seit. Der Endzweck, welcher aus der ſtreitigen Frage folgt, iſt eigentlich der: ob das Studium der Religion zur Seeligkeit unumgänglich nöthig ſey oder nicht.

— So mus man wenigſtens die Phraſe ins Kurze faſſen, welche die ſtreitende Partheyen in folgenden Worten ausdrücken. „Brauchts bey der Bekehrung eines Menſchen nichts weiter, als daß er Gottes Wort höre, die darinn enthaltenen Beweggründe überdenke, und wird der Beifall, den ſein Verſtand dieſen Wahrheiten nicht wird verſagen können, auch ſo wirkſam auf den Willen ſeyn, daß ſich dieſer dadurch beſtimmen laſſe?„

Oder auf eine andere Art. „Brauchts, wenn ich bekehrt werden ſoll, nichts weiters (nicht blos von meiner Seite nichts weiters, ſondern überhaupt der Natur der Sache nach nichts weiters) als daß ich über die mir vorgelegten Wahrheiten nachdenke? Wird alſo blos allein mein Nachdenken meinen Willen ſo lenken, daß ich mit Ueberwindung aller mich ſinnlich reizender Hinderniſſe das erkannte Gute befolgen, und das erkannte Böſe laſſen werde?„

Man

Man siehet, daß sich eine überflüßige Frage auf tausenderley Art sagen läßt.

Auf die Hauptsache läßt sich nichts Mehr antworten über dasjenige, was bereits darauf geantwortet ist. Mitten in dem finstern Stand, worein uns die Vorsicht gesetzet hat, hat sie uns das Gefühl des Unterschieds zwischen dem Bösen und Guten gegeben, und indem sie die Natur durchs Schicksal band, so ließ sie dem menschlichen Willen Freiheit.

Der beste Weg zur Erkentniß ist also der einfache Weg der Natur. Auf diesem ist die Vernunft nicht unsere Führerin, sondern unsere Bedeckung. Wer hat jemals die Harmonie unserer Freiheit mit der Vorhersehung Gottes gründlich erwiesen? Die Kunst des Ewigen, so aus Bösem Gutes ziehet, sendet den starken Trieb, wodurch die Menschen zu verschiedenen Zwecken getrieben werden, und pfropfet auf diesen Trieb unsern besten Grundsaz. Jeder strebt, wie es ihm seine Leidenschaft eingiebt, nach einem besondern Ziel. Aber die grosse Absicht des Himmels ist nur eine, das Ganze.

Man siehet, daß ich immer abschreibe. Es ist mir also erlaubt, ohne Bedenken fortzufahren.

Alles demnach, was den Menschen beglückt oder verbessert, ist von Gott. Alles was ihn verderbt, ist von ihm selbst. Die Natur hat mit Fleiß Gränzlinie zwischen Tugend und Laster so deutlich

lich gezogen, damit sein Wille frey bleibe. Er hat nichts zu thun, als blos ihrem Instinkt zu folgen. Der so richtig lebt, kan nicht unrichtig glauben.

Hierdurch sind alle Gattungen, die man von der Gnadenwirkung in der Schule der Metaphysik erfunden hat, und welche eines der leersten Wortgezänke unterhielten, die vorlaufende, die bekehrende, die zureichende, die bereitende, die beystehende, die nachfolgende, die vollendende, die einwohnende, die anklopfende, die wirksame Gnade, entlediget.

Allein: soll man die Religion studiren, oder nicht? — Dieser aus der vorliegenden Frage entspringende Folgesaz ist einer wichtigern Beleuchtung werth. Sein Umfang ist um desto interessanter, je mehr er mit der Geschichte des heutigen Tags in Verbindung stehet? je wichtiger es ist, dem sinkenden Christenthum von allen Seiten zu Hilf zu eilen.

Verwünscht sey meine Feder, wann sie jemals darauf ausgehet, dem Aug des Frommen eine Thräne zu entlocken! Jeder Gedanke, der den heiligen Karacter der Gottesreligion antastet, vertrockne und verkehre sich in Satire auf mich selbst!

Aber wenn Mißbräuche die Gottesreligion entstellt haben: wann verhaßte Logomachien den Geist derselben verdunkelt, und das Herz der Menschen verbittert haben: soll ein Menschenfreund schweigen?
Es

Es ist schwer zu entscheiden — und nur die Nachwelt wird den Ausspruch thun — ob das einreissende Uebel der Freydenkerey mehr dem Verderben des menschlichen Herzens zuzuschreiben sey, als der unseligen Erfindung an der Religion zu künsteln.

Wann man dem Gang der Sache mit unbefangenem Auge nachsiehet: so scheint es, die sogenannten Religionsfeinde unserer Zeit suchen nicht so eigentlich Christum und sein Evangel zu stürzen; als vielmehr ihre Absicht ist, das Reich der Theologie zu zerstöhren, und die Religion wiederum zu ihrer alten Simplicität zurückzuführen.

Ich gestehe, der grosse Fall, den die Geistlichkeit gemacht hat, muss ihr empfindlich seyn. Unglückliche! Welcher Dämon blies euch ein, die Bahn eurer Vorfahren, der Apostel, zu verlassen, und das Reich Gottes auf euren Stolz und auf eure Wissenschaft zu gründen?

Was könntet ihr nicht seyn, wann euch jzt noch jene heilige Würde umstrahlte, die ehemals mehr eure Lehre, als euch selbst erhob? Warum mußtet ihr euch durch gehässige Streitigkeiten herabwürdigen und euren Stand verächtlich machen? Warum mußtet ihr euch die Beschuldigung zuziehen, daß ihr Anführer des Blutvergiessens, der Verrätherey, der Glaubensverfolgung und der Bürgerkriege seyst?

Könnt

Könnt ihr bey diesen Umständen begehren, daß man euch auf euer Wort glaube? Welch traurige Stellung eines Christen! Auf der einen Seite ruft ihm das Evangel zu: „Glaube einfältig. Demüthige deine Vernunft unter den Gehorsam. Sey fromm in Unwissenheit. Ueberleß alles der Einwirkung der Gnade."

Auf der andern Seite spricht die durch eure aufgebrachten Zweifel empörte Vernunft. „Hüte dich. Prüfe zuvor was du glauben sollst. Das Christenthum verlangt einen vernünftigen Gehorsam. Erwarte nichts von wunderwirkendem Einfluß. Die Vernunft ist dir eigentlich gegeben, damit du dich ihrer bedienen sollst. Sie ist zur Leitschnur deines Lebens da."

Verzweiflungsvolle Alternativ!— Euer Werk, Theologen! Was soll der schmachtende Christ thun? — Hier ist sein Recipe, von einem der berühmtesten und neuesten Schriftsteller Deutschlands verfaßt.

„Die Grundbegrife aller Dinge — das Wie?
„ist in den Erscheinungen der Natur eben so uner-
„gründlich, als das warum? in der sittlichen
„Welt. Die Rathschlüsse der Gottheit, die wider-
„sprechende Schicksale des Lasters und der Tugend,
„die Eigenschaft zwischen der Gnade und dem freyen
„Willen, sind Geheimnisse, die sich die Vorsicht
„vorbehalten hat..

„Darum

„Darum überläßt der Kluge, wann ihn keine
„Offenbarung erleuchtet, den Olymp den unsterb-
„lichen Göttern, erträgt oder genießt sein Loos,
„ist nützlich wann er kan, und bildet an sich selbst.

„Mensch! Lies im Buch der Natur. Sie un-
„terrichtet dich, wie du deinen Schöpfer verehren
„sollst. Frage dein Herz: es sagt dir, was du
„lieben und was du hassen sollst. Mehr ist dir
„nicht nöthig.

„War es dein Schicksal in einer Religion ge-
„bohren zu werden, die dir bey allem Gefühl ih-
„res unläugbaren göttlichen Ursprungs unerklär-
„bar ist: so grüble nicht; mäckle nicht zwischen
„Geheimnissen und Vernunft. Demüthige dich vor
„dem allwissenden Wesen, und erwarte Alles von
„seiner Güte.

„Bedenke, daß dir noch immer Ein Trost
„bleibt — dieser, obgleich der Mensch ein Thor
„ist, so ist doch Gott weise.

Aus den Denkwürdigkeiten des heutigen Kriegs zwote Stelle. *)

Die Empfindlichkeit eines Ministers hemmte den Ausbruch des Kriegs zwischen Frankreich und England: die Empfindlichkeit des andern beförderte ihn von Neuem. **)

Gleich-

*) Siehe Chronologen dritter Band. Seite 138.
**) Nach dem verdrüßlichen Proceß, den der Duc d' * * mit der Provinz Bretagne geführt hatte, worinn er vom Parlament zu Paris den 2 Jul. 1770. vermög eines feyerlichen Ausspruchs der Rechte eines Pairs beraubt wurde, sah sich dieser Herr vom ganzen Adel verachtet. Man besuchte ihn nicht mehr, und schloß die Gesellschaften vor ihm zu. Das Schicksal berief den Duc d' * * einige Monate darauf zum Staatsminister der auswärtigen Geschäfte. Augenblicklich kehrte der Adel zurück, man machte ihm von allen Seiten den Hof. Die fremden Gesandten hatten kein Bedenken, mit ihm zu arbeiten. Der einige Gesandte Spaniens (Graf Fuentes) weigerte sich, ihn zu sehen, und sich mit ihm in Geschäfte einzulassen. — Man behauptet, der Graf * * hätte die Kriegserklärung Frankreichs gegen England aufs lebhafteste betrieben. Dieser Herr hätte einen plötzlichen Haß auf die englische Nation gefaßt, weil die

4r Band. L Her-

Gleichwohl würde beydes ohne Wirkung geblieben seyn. Eine wesentliche Triebfeder, die im französischen Staatskörper abgieng, oder wenigstens still stund, würde die Unternehmung unmöglich gemacht haben: hätte nicht die Vorsicht einen König auf den Thron Frankreichs berufen, unter dessen vielen Monarchentugenden die Spahrsamkeit eine der geschäftigsten ist.

Ludwig der Haushälter, *) der sich vorgesezt hat, die ruhmvolle Regierung Heinrichs IV nachzuahmen, und der einen Mann zu seinem Finanzvorsteher zu wählen wußte, welcher ihn hiebey zu unterstüzen fähig ist, brachte den heldenmüthigen Ent-

Herzogin von Cumberland auf einem Bal beym Prinzen Ruspoli zu Rom seinem Nefen, dem Marchese Piano, die Hand im Contretanz verweigert habe, ungeachtet der Marchese Grand von Spanien ist, und die Herzogin Tags zuvor fleissig getänzt hatte.

*) Als der Dauphin, Vater des Königs, gestorben war, so unterhielten die Höflinge und Schmeichler den jungen Dauphin mit dem Glück, welches ihm nunmehr bevorstünde, die Krone von Frankreich zu tragen. Man nahm sich die Freiheit, den Prinzen zu fragen, wie er sich genennt haben wolle, wann er einst König seyn würde. „Ludwig den Strengen" antwortete der Dauphin mit einem Ton, vor dem alle Höflinge zurückbebten. „Ich glaube,"sprach der Graf von Provence, der sich mit gegenwärtig befand „man wird diesem Titel noch denjenigen beyfügen müssen: Ludwig der Haushälter.

Entschluß auf den Thron, den Wohlstand der Monarchie, auf Kosten seiner eigenen Bequemlichkeit, herzustellen.

Das Finanzwesen war in der That unter dem Ministerium des Abt Terray und seiner Nachfolgere völlig corrumpirt. So, daß der Abbt Terray Recht hatte, indem er Demjenigen, welcher ihm Nachricht von den Entwürfen seines Nachfolgers brachte, versezte: es kan nicht mehr nus gedacht werden; dann ich habe alle möglichen Quellen erschöpft.

Gleichwol war eine Quelle, die er noch nicht kannte: das Genie des Herrn Necker. Ohne diesen geschäftigen und hellen Geist würde höchstwahrscheinlicherweis der Staat jene Quellen nie entdeckt haben, welche ihn in Stand sezen, gegenwärtig den Krieg mit soviel Nachdruck zu unterhalten.

Vermittelst einer von ihm ausgedachten eben so kunstreichen als geheimnißvollen Finanzoperation wuste er die wahren Kräfte der Monarchie in Wirkung zu sezen. Durch seine Einsicht in die Grundsäze der Staatswirthschaft und in die Symptomen des öfentlichen Kredits überhob er den Staat des verhaßten Mittels, neue Auflagen zu machen.

Indem auf der einen Seite der patriotische Monarch mit einer heldenmäſſigen Verläugnung seinen Hausaufwand, seine Vergnügungen und seine Ausgaben einschränkt: so schaft der Oberfinanzaufseher durch Maasregeln, die nur ihm und Sully bekannt sind, baar Geld im Ueberfluß, um einen kostbaren Krieg, ohne die Nation mit Steuren zu beschwehren, oder den Staat zu compromittiren, auf eine wunderbare Art auszuhalten.

Gute Aspekten.

Eine Novelle zur Criminalrechtslehre.

In einer schwäbischen Reichsſtabt (nicht zu Ulm, nicht zu Reutlingen, nicht zu Augſpurg, nicht zu Heilbronn, nicht zu Pfullendorf, nicht zu Aalen, nicht zu Lindau, auch nicht zu Nördlingen ꝛc.) wurde ein Bürger wegen einem jener Verbrechen eingezogen, welche ſo leicht ausgeſprochen, und ſo ſchwer zu beweiſen ſind, welche den Staat eigentlich nicht ſtöhren, die man aber aus einem eingeführten Vorurtheil gleichwohl für weit abſcheulicher hält, als Mordbrennerey, Straſſenraub, Giftmiſcherey: wegen einer jener Verſündigungen, die eigentlich nicht für die peinliche Gerichtsbarkeit, ſondern blos fürs Tribunal der Kirche gehören: kurz die aus dem Bedürfnißbrange der in allzuenge Geſellſchaft eingeſchloſſenen Menſchheit entſpringen, und, anſtatt ſie lautbar zu machen, vielmehr mit dem Mantel der Verſchwiegenheit bedeckt werden ſollten.

Man inſtruirte den gewöhnlichen Prozeß gegen ihn, wie er in der Carolina und andern dergleichen Rapſodien über das peinliche Recht angegeben iſt. Nachdem man mit den Akten fertig zu ſeyn glaubte, ſo verſandte man ſie, dem hergebrachten Styl nach, an eine von den Urtheilsfabriken, wovon es im deutſchen Reich wimmelt, und die man die Fakultäten zu Leipzig, Jena, Tübingen ꝛc. nennt.

Dieſe, weil ſie den blutdürſtigen Grundſätzen des Carpzovs anhängt, erkannte ohne weiters zum Schwerd.

An dem Tag, da dieſes unbeſonnene Urtheil im Rath eröfnet werden, und von demſelben mit einer unverzeihlichen Schwachheit, vermög deren ein ganzer ehrwürdiger Senatskörper einer groſſen und anſehnlichen Republik ſeine Einſicht auf eine verächtliche Art dem Wize eines jungen, unbekannten Rechtsgelehrten nachſezet, und einen feilen, fremden Advokaten zum ſouverainen Gebiether über das Schickſal ſeiner Bürgere, zum Herrn über Leben und Tod eines Menſchen macht, bekräftigt werden ſollte: ſo begeiſterte die Vorſicht einen jungen Beyſizer, daß er die Stimme gegen dieſes Urtheil erhub, und dem Magiſtrat mit unwiderſtehlicher Beredſamkeit vorſtellte, wie unbillig es ſey, einen Bürger um eines ſo zweideutigen Fehlers willen aufzuopfern; der Republik ohne Noth ein Glied abzu-

abzutrennen; und das Scandal öffentlich zu verbreiten.

Er stellte die Grausamkeit der Gesezze für den Tod vor. Er bewies ihre Unnüzlichkeit und Schädlichkeit in politischer Rucksicht. Er berief sich auf die Stimme der Staatsklugheit, der Menschlichkeit und der Religion.

Es gelang ihm, die Herzen des Senats zu rühren und ihren Verstand zu erleuchten. Das Todesurtheil wurde in eine sechsjährige Zuchthausstraf, mit Schlägen, verwandelt.

Auf den Tod
des durchlauchtigsten Aloysius.

* * *

Der Tugend den ihr schuldigen Zinns opfern ist, die Pflicht des Publikums selbst verrichten. Eine persönliche Verbindlichkeit fodert von mir, den ehrwürdigsten Porphyr, welcher das Grab des durchlauchtigsten Fürsten Aloysius zu Oettingen deckt, mit meinen Thränen zu nezen: und der Beyfall der Welt, welche Tugend und Menschenwürde zu schäzen weis, rechtfertigt mich hiebey.

Aloysius war Einer von den erlauchten Sterblichen, womit unser glückliches Jahrhundert Vorzugsweis pranget; das ist, er war aus der langen Reihe heut zu Tag regierender Prinzen, welche Regentenpflicht mit der vollkommensten Privattugend vereinigen, und das Vergnügen ihrer Völker sind.

Um seinen Karacter heller zu schildern bediene ich mich einiger Züge aus dem auf diesen denkwürdiwürdigen Trauerfall erschienenen einzigen Gedichte. *)

Der durchlauchtigste Verstorbene war der Lezte aus dem ältern Ast der Linie Wilhelm des jüngern, des berühmten altfürstlichen Oettingisch-Spielbergischen Hauses, und mit ihm stirbt dieser Ast aus.

So endigt sich ein Stamm, den Muth und Nahmen berühmt macht. Der Teutschland eine lange Reihe Helden und Staatsmänner gegeben hatte, gab izt dem Himmel den lezten Tribut mit einem Heiligen.

* * *

Sollt um seinen entschlafenen Fürsten nicht Thränen der Wehmuth
    Lange vergiessen ein Volk, dessen Wittwe nicht
       weint?
Ach! um einen Fürsten, von dem der Weise, des Dankes
    Zähren im Aug', oft kam, lange nicht klagen sein
       Volk?

Klopstock.

*) Der Verfasser ist mir nicht bewust. Auch ist mir kein mehreres auf diese Gelegenheit erschienenes Denkmahl der Litteratur bekannt. Ich allegire also ohne Interesse.

Sinke, ach sinke bittre Wehmuthsthräne!
Stürz vom Aug herab!.... denn tod ist
 Er nun!
Ach! das Aug des Besten der Fürsten schloß
 sich,
Hüllte in Nacht sich!....

Denk' Ihn noch einmal, Seele, denk' ihn le-
 bend...
Aloysius lebt', und gnädig sah' sein
Hohes Aug herab auf die Unterthanen,
Die Er so liebte!

Gnädig und huldreich stets war der Erwählte!
Hörend willig der Bitten theilt' Er wohl aus!
Allen, die so litten, war Helfer Er! War
 Vater der Waisen!

Thränen der Wittwe stillt' Er, war ihr Gatte!
Hemmte Leiden der Unschuld, und erbarmte
Sich der Armen! Kranken war Pfleger Er
 und
Schuf ihnen Hilfe!

Aber, Er war noch mehr als Fürst und gnä-
 dig...
Aloysius war auch Christ!... Auch Christ!
 .... Und
Seiner Sorgen all war Ihm die Erste,
 Göttlich zu leben.

Aber

Aber nun kam ... der Unerschafne hieß es ...
Ach! auf Flügeln der Nacht kam Todesschrek-
ken! ...
Doch für Ihn nicht schröcklich: dann lächelnd
sah' Er,
Tod, dir entgegen.
Siehe, du Droher, da du dich Ihm nahtest; *)
Tönten schon um ihn her der Engel Stimmen:
Mit dir kam ihm näher ein Seraph, zeigt, voll
Licht, seine Kron' Ihm.
Immer noch gleich sich, immer freudig lag noch
Aloysius in der Todesstunde! ...
Einen Blick zu Gott.... Noch die Thräne
für sein
Volk... da erblich' Er!

Freu-

*) Auffallende Beweise eines besondern Schuz Gottes
verdienen aufbehalten zu werden. Der Fürst befand
sich einst mit den beyden Prinzen (Prinz Johann Aloysius und Prinz Friederich Anton, Söhnen Fürst Anton Ernsts zu Oettingen-Spielberg höchstseel. Ge-
dächtnißes: seinen Nefen,) auf dem Schlosse Hirsch-
brunn. Es entstand ein schröckliches Gewitter. Der
Blitz schlug in das Zimmer wo die Fürsten waren.
Er fuhr am Fenster an der Seite des Landsvaters
herunter, schmelzte das Fensterbley, und schleuderte
geschmolzenes Bley auf sein Kleid. Da das Schloß
nur einen einigen Ausgang hat: so müßte, wann der
Blitz schnell gezündet hätte, die augenscheinlichste Gefahr entstanden seyn. Allein der Fürst blieb unver-
sehrt. **Note aus der Gedächtnißrede auf den
durchlauchtigsten Fürsten Aloysius zu Oettingen.**

Freudiger war nun seine Seel' entflohen...
Dort am Throne empfiengen Engel Ihn und
Auserwählte.... Dorten empfieng er
nun die
Krone des Lohnes.

Aber Sein Land, und du Sein Volk ihr weinet!
Alle, Jüngling' und Greise weinen, Alle!
Nah' und ferne seufzet das Land; o Vater
Vater, wie schlugst du!...

Billig, gerecht sind die geweinten Thränen,
Dann sie fliessen für Ihn, den besten Fürsten!
Lang' noch weinen wir um Ihn... um
Ihn werden
Enkel noch weinen!

Ueber die Erfindung
der unverbrennbaren Gebäude.
Vom Herrn Linguet.

Träfen die Verheerungen des Feurs niemand als den Pöbel; wären nur diejenigen, die in gemeinen Häusern wohnen, diesem eben so furchtbaren als nüzlichen, eben so verderberischen als heilsamen Element ausgesezt: so wie nur sie kapitirt, aufgepreßt, zur Frohn getrieben werden 2c. 2c. so wäre die Gleichgültigkeit der vornehmen Welt bey den Wirkungen dieses Desastre zu entschuldigen; sie wäre natürlich und begreiflich.

In der That was läge daran, ob es ein Bißgen mehr oder weniger Strafgerichte über die Canaille gäbe, um die man sich in Europa nichts bekümmert, seitdem sie die Ehre hat, unter der Freiheit zu stehen. *) Gesezt es ersticken diesen Abend ein hundert Schurken von Handwerkern oder Bauren im Dampf ihrer angezündeten Hütten, oder indem sie das Prachtgebäude des benachbarten grossen

---

*) Man mus sich erinnern, daß Herr Linguet an die politische Freiheit unserer heutigen Zeiten nicht glaubt.

grossen Herrn löschen wollen: was fragt man darnach? Giebts nicht morgen frühe tausend andere dafür, sobald man sie nur haben will? Man darf nur mit einigen Thalern klingeln, so ströhmt die Erde in Menge Leute hervor, die sich gern für uns todschiessen, henken, oder verbrennen liessen: wann wir ihnen diese Ehre lassen wollen.

Allein dieses unverschämte Element fragt nicht nach dem Unterschied der Stände. Es senget den bepurperten Wirbel eines Grossen so gut, wie den verächtlichen Schädel des Bauren. Gleichwol ist die Klasse der Grossen in allen Ländern diejenige, welche nach den Hilfsmitteln gegen dieses gefährliche Wesen am wenigsten trachtet.

Wann zum mindesten die Beyspiele, daß es die Grossen eben so gern trift, selten und entfernt wären; wann die Feuersbrünste nur baufällige Häuser, wann sie nur die so aus Stroh oder Holz gemacht sind, angriefen: Oder wann sie sich nur an jene Völker hielten, bey denen sich eine vollkommene Polizey weder mit der Nationalsitte noch mit der Regierungsform vereinigen läßt, wie zu Konstantinopel und Moskau; so gieng diese Gleichgültigkeit noch hin. Aber wo wütet die verheerende Flamme des Feurs lieber und häufiger als in den Pallästen der Fürsten und in unsern Theatern, wie uns die tägliche Erfahrung belehrt?

In

In Dännemark, in Holland, in Spanien sind im gegenwärtigen Jahrhundert prächtige Schaubühnen sammt einem Theil der Zuschauer eingeäschert worden.

Um gleiche Zeit beynahe verbrannten in Frankreich der königlichen Marstall zu Versailles, das Opernhaus zu Paris, der Parlamentspallast, und jenes Asyl des öfentlichen Elends, das allgemeine Hospital.

Jedoch warum gehen wir so weit zurück. Kaum sind einige Monate verflossen, so hat man eines der stolzesten Prachtgebäude zu Zabern im Elsaß, ein gleiches zu Esterhaz in Hungarn, eine reiche und grosse Fabrik in Wälschland zum Raub der Flammen werden sehen. Es giebt keinen vernünftigen Hausvater, der nicht bey jedem dieser Beyspiele zittern, der nicht alle Augenblicke überlegen mus, daß das Feur bey ihm oder, welches gleichviel ist, bey seinem Nachbar einbrechen könnte.

Wann es nun ein Mittel gäbe, sich vor dieser Furcht zu sichern, mit welchem Eifer verdiente solches nicht aufgenommen und ins Werk gestellt zu werden? — Es ist wirklich da. Es ist bekannt. Es ist leicht. Es kostet nicht viel.

Zu Petersburg, zu Wien, zu Brüssel, zu London hat man auf der Regenten Befehl die Proob davon

davon gemacht. Man hat das Mittel bewährt gefunden. Gleichwol will man sich es nicht zu nüze machen: man fährt immer fort zu bauen wie vorhin, und sich verbrennen zu lassen wie vorhin. Dafür interessirt sich unsere schöne Welt aber desto lebhafter wegen einem neuen Roman oder wegen einem Trinklied. Dann die Romane sind überall zu Haus: aber die Kunst sich nüzlicher Erfindungen zu bedienen ist selten.

Es giebt vornehmlich zweyerley Mittel, Gebäude unverbrennbar zu machen. Das eine ist ein wenig kostbarer, aber desto dauerhafter als das andere. Beyde überhaupt aber sind sehr bewährt.

Das erstere bestehet in einer Gattung Eisenblech, das so leicht und so fein ist, daß es das Aug kaum gewahr wird. Damit beschlägt man die Dielen, Sparren, Treppen, Thüren, Fensterrahmen und Verkleidungen, kurz alles was feuerfänglich im festen Bau ist.

Das andere ist ein Mörtel aus Kalk, Sand und gehacktem Heu zusammgesezt, womit man das Haus in und aussen gleichfalls überziehet.

Die Probe von beyden Mitteln ist gemacht und erwiesen. Die Erfahrung hat dasjenige was eine gesunde Physik selbst dißfalls lehrt, vollkommen bestättigt. In der That die Natur hat verordnet, daß die Elemente für sich selbst eben so wenig aus-

zurichten

zurichten fähig seyn sollen, wie der Mensch. Ohne Feur würde das Wasser seine Flüssigkeit, und die Erde ihre Fruchtbarkeit verlieren. Ohne Luft würde die Beweglichkeit des Feurs aufhören.

Unterdessen ist es nicht genug, um die Wirkung des Feurs zu hindern, daß man ihm die Luft entziehe. Es ist nicht genug, um seine Zerstörungskraft zu vermehren, daß man ihm eine gewisse Luft lasse. Es mus noch einen freyen Lauf um die Körper haben, die es zerstöhren soll. So brennbar auch immer der Stof ist, woraus ein entzündeter Körper entstehet: so kan das Feuer doch nur an jenen Stellen durchdringen, wo es sich ausdehnen kan. Der übrige Theil wird höchstens in Kohle verwandelt werden, niemals aber eine Flamme herfürbringen, welche doch der einzige Agent bey der Feuersbrunst ist.

Vielleicht giebts keine einzige Köchin, welcher es nicht aus der Erfahrung bekannt wäre, daß ein angebrannter Spahn langsam abstirbt, wenn man ihn in todte Asche vergräbt. Nehmet einen Faden, so fein er sey, oder ein Blat Pappier, bindet es so fest als ihr könnet, um ein Stück Metall herum, oder an das End einer Feurzange, und haltet es ins heftigste Feur: so wird es kaum die Farb verändern. Diß ist, kurz gesagt, die Theorie, worauf die Erfindungen gegen die Feursgefahr, welche wir anführen, gegründet sind.

Sowohl das Blech als die Tünche verursachen die nehmliche Wirkung wie der Faden. Die Tünche scheint das Blech noch zu übertreffen, weil sie besser zusammhängt und weniger Zwischenräume zuläßt. Noch mehr, weil man die Schäden besser gewahr wird, und die Ausbesserung und Flickung leichter und wohlfeiler ist.

Hier ist die Formul zu diesem Mittel.

Nehmet einen Theil ungelöschten Kalk, zween Theile Sand, und drey Theile gehackt Heu oder Stroh (ungefähr eines Zolls lange.) Pferdehaar wäre noch besser, wann es nicht zu theur käme. Mischet alles wohl untereinander, daß es gleichsam ein Kütt wird. Hierauf ziehet von einem Balken zum andern Latten, damit der Kütt, den ihr dazwischen thut, eine Halt hat, und verwerft die Wand dicht und fleissig, daß soviel möglich keine Lücken bleiben. Laßt alles wohl austrocknen. Im Fußboden und Tafelwerk verfahret gleichfalls so. Wann ihr diß gethan habt, so ist euer Haus gewafnet, gepanzert, gekürafit, es mag ein Feur entstehen, wie es will.

Hölzerne Wände, Verschläge, Klosets kan man auf gleiche Art übertünchen. Jedoch mus zweyerley hiebey beobachtet werden: erstlich mus der Kütt perpendikular nach der Lage der Dielen aufgelegt werden; zweitens müssen beyde Seiten, von innen und von aussen, überkleidet werden. Bey den
Trep-

Treppen tüncht man doppelt, erstlich nach der vertikalen Lage der Dielen, und dann nach den horizontalen.

Dieses Panzerhemd nun, welches einem Haus angelegt wird, ist nicht allzutheur in Vergleichung seines Nuzens. Man hat berechnet, daß, zum Beyspiel die erstere Methode, nehmlich der Ueberzug von Blech, bey einem ganz neuen Bau höchstens eine Erhöhung von drey Prozent in den gewöhnlichen Kösten macht. Die zwote Methode ist kaum der Berechnung werth.

Scheints nicht, daß alle Diejenigen, so neue Häuser bauen, oder alte aus dem Grunde ausbessern, sich eines unverzeihlichen Fehlers schuldhaft machen, wofern sie diese eben so sichere als wohlfeile Erfindung vernachlässigen.

Mich wundert, daß noch nirgendwo die Obrigkeit darauf gefallen ist, das Publikum von Amtswegen dazu anzuhalten. Sollte nicht jeder Bürger verbunden seyn, zu einem dergleichen Präservativ fürs allgemeine Beste das Seinige beyzutragen? Hält man sich doch für berechtigt, wann eine Feuersbrunst auskommt, Diejenigen, so es nicht angehet, zur Arbeit anzuhalten und zum Löschen zuzutreiben: warum sollten nicht vielmehr Diejenigen, so es angehet, verpflichtet seyn, der Gefahr, wo sie können, vorzukommen.

Giebts eine dringendere Verordnung, als welche durch das Beste des allgemeinen Publici gerechtfertigt wird: giebts ein heiligeres Gesez, als wornach jedermann zu seufzen scheint?

Allein ich weis es, die fiskalische Raubsucht unserer Zeiten schröckt Alles zurück. Man fürchtet mit Grund, es könnte aus einer auf einen heilsamen Zweck abzielenden Anstalt ein Gegenstand des Wuchers werden. Man siehet zum voraus, daß ausschliessende Privilegien, eine Menge Beamten, Aufseher, Rechnungsführer sich sogleich einschleichen, und die simpelste und wohlfeilste Sache in die weitläufigste und kostbarste Unternehmung verwalten würden.

Ich habe Nichts hierüber zu erinnern. Das Beyspiel hat diese Furcht wirklich schon in England gerechtfertigt. Kaum wurde diese Erfindung gut befunden: so zeigte sich jemand, der ein ausschliessendes Privilegium darauf verlangte. Der Wohlthäter der Menschlichkeit verwandelte sich in einen Tünchkramer.

Noch weit schleuniger würden sich diese gefürchteten Mißbräuche in den Ländern einschleichen, jemehr diese unter der despotischen Macht seufzen.— Wohlan! laßt uns also lieber verbrennen!

Amerika.

Eine der wichtigsten Piecen, welche in dem gegenwärtigen merkwürdigen Kriege zwischen England und seinen Kolonien erschienen sind, ist vermuthlich das Circularschreiben des Congresses vom 13 Sept. 1779.

Niemals ist die Lage eines Staats, die Nachtheile und die Hülfsquellen desselben offenherziger an Tag gestellet: Niemals sind Data, welche man in allen übrigen europäischen Regierungen für Staatsgeheimnisse hält, freymüthiger behandelt worden.

Sie ist also eine seltsame Acte in ihrer Art. Und sie verdient die Aufmerksamkeit aller Geschichtschreiber.

* * *

In Regierungsverfassungen, welche auf den edlen Grund einer gleichen Freiheit gestellt sind, *) wo die Häupter des Staats Diener des Volks, und

nicht

---

*) Ich will mich bemühen, diese Schrift ins Kurze zu fassen; so sehr es immer die Schonung meiner Leser erfordert, ohne ihnen weder den Geist noch die wesentlichsten Vorzüge derselben zu entziehen.

nicht die Herren Derjenigen sind, von welchen sie ihre Autorität haben, ist es ihre Pflicht, ihren Mitbürgern von dem Zustand der Angelegenheiten Unterricht zu geben, und sie durch den Beweis der Weisheit der von der öffentlichen Administration genommenen Maasregeln, zu bewegen, um dieselben nüzlich zu machen, den Einfluß der Neigung mit der Macht der gesezzlichen Verbindlichkeit zu vereinigen.

Diese Pflicht ist auch selbst in den Zeiten des Friedens, der Ordnung und der vollkommensten Ruhe noch vorhanden, wann die Sicherheit der Republik weder von der Macht noch von der Verführung von aussenher in Gefahr ist, noch innerlich von Partheyen, von der Verrätherey und von einem verkehrten Ehrgeiz.

In dieser Zeit also empfinden wir es auf eine ganz besondre Art, und wir können nicht länger unterlassen, ihre Aufmerksamkeit auf einen Gegenstand zu ziehen, den man ihnen unrecht vorgestellt, und in Ansehn dessen man eben so gefährliche als irrige Meinungen behauptet, und fortgepflanzt hat.

Wir wollen hier von unserm Finanzwesen reden.

Der stolze Despotismus und die unordentliche Leidenschaft zu herrschen, welche die unnatürlichen Absichten Englands ankündigten, das Volk in Amerika in den Sclavenstand zu stürzen, haben uns in

die

die Nothwendigkeit gesezt, entweder unsre Rechte durch die Waffen zu behaupten, oder uns schimpflich dem Joch zu unterwerfen. Wir haben grosmüthig den Krieg vorgezogen.

Man muste also Armeen anwerben, sie besolden und unterhalten. Man muste zu diesem Ende Geld haben. Wir besassen dessen zu wenig; und es gab keine Nation in der Welt, von welcher wir leihen konnten. Das wenige, was bey uns im Umlauf war, konnte nicht anderst als vermittelst der Auflagen zusamm gebracht werden; zu diesem Ende waren regelmässige Regieruugsverfassungen nöthig, die wir nicht hatten.

Bey diesen Umständen hatte der Staat keine andern Mittel, als in der Güte seines Bodens und im Reichthum seines fruchtbaren Landes. Man machte Pappiergeld auf den Credit dieser Bank, und die Nation gab ihr Wort, es einzulösen.

Nachdem eine ansehnliche Menge dieses Pappiergelds in Umlauf gebracht war, suchte man Anleihn auf, und ernannte Beamte, sie einzunehmen. Auf diese Weise entstand eine unvermeidliche Nationalschuld. Sie belauft sich auf Hundert Neunzig Sieben Millionen, Sechsmalhundert und zwey und Achtzigtausend, Neunhundert Fünf und Achtzig Dollars. *)

Um

*) An Pappieren, so bey der Handlung. Dollars
und in Umlauf gebracht sind. . . . 159948880.

Um der billigen Neugierd in dieser Absicht noch besser ein Genüge zu thun, wollen wir eine besondere Berechnung von den Emissionen, die davon gemacht sind, und von den zur Einlösung derselben angesezten Terminen aufsezen lassen; eine Berechnung, aus welcher man auch aufs genaueste, die Anleihn, die man uns gemacht hat, ihre Zinnsen und ihre Zahlungszeit ersehen wird.

Die Auflagen haben dem öffentlichen Schaze bisher nur drey Millionen, Sieben und Zwanzigtausend, Fünfhundert und Sechzig Dollars eingebracht: so daß die ganze vom amerikanischen Volk dem Congreß ausgezahlte Geldsumme sich nicht über Sieben und dreissig Millionen, Siebenmalhundert Ein und Sechzigtausend, Sechshundert und Fünf und Sechzig Dollars belauft, welches das Total der Anleihn und Auflagen ist. Man beurtheile hiernach die Nothwendigkeit der Emissionen

	Dollars.
An aufgenommenem Gelde seit dem 1 März 1778 wovon die Zinnsen in Frankreich bezahlt werden müssen.	7545196,
An dito, wovon die Zinnsen hier zu bezahlen sind. . , .	26188909,
An Geld das von Fremden aufgenommen, wovon der Betrag noch nichts genau bekannt ist, weil die Sortenzettel noch nicht eingegangen. . .	4000000.
	19768985. Dollars.

nen des Pappiergelds, und woraus diese Nothwendigkeit entstanden sey.

Ausser den ansehnlichen und ohnvermeidlichen Kriegskosten hat die Verminderung des Geldumlaufs den Werth aller nothwendigen Dinge so sehr erhöhet, und folglich den Belauf der gewöhnlichen Ausgaben auf eine so merkliche Art vermehrt, daß man ohnverzügliche Hilfsquellen in den Anleihn und Auflagen suchen muß. Und wir erklären einmüthig, daß es zum Wohl des Staats wesentlich nothwendig ist, daß die bereits angesezten Auflagen zu der bestimmten Zeit in den Continentalschaz fliessen.

Es ist also gut, daß wir unsere Blicke in die Zukunft richten, und frühezeitig die Anzahl Truppen anschaffen, welche wir stellen müssen, ehe der bevorstehende Feldzug eröfnet wird, und die nöthigen Gelder, um sie während der ganzen Dauer dessselben zu unterhalten.

Wir werden dafür sorgen, den Ständen von Zeit zu Zeit von dem Zustand des Schazes Bericht zu geben, und ihnen die nehmenden Maaßregeln anzuzeigen, damit er nicht ohne Geld sey. Ihre Truppen vollzählig zu erhalten, den Anlehn Ermunterung zu geben, die Eintheilung der Auflagen mit Klugheit zu machen, sie mit Standhaftigkeit zu heben und genau zu entrichten: biß haben sie an ihrer Seite zu thun.

M 5 Freun=

Freunde und Mitbürgere!

Nachdem wir ihnen eine simple und kurze Beschreibung ihrer Schulden vorgelegt, und ihnen die Nothwendigkeit gezeigt haben, die Hülfe, die man von ihnen fordert, richtig zu liefern: so wollen wir einige Anmerkungen über die Verringerung des Werths des Geldes machen, welchen wir ihre ganze Aufmerksamkeit zu weihen bitten.

Die Verringerung des Werths der Kreditbilliets ist entweder natürlich, oder künstlich, oder beydes zugleich. *) In diesem lezten Fall befinden wir uns. Von dem Augenblick an, da die im Umlauf befindliche Summe diejenige, die als ein Mittel der Handlung nothwendig war, überstieg, fieng der Miskredit an, und nahm nach Proportion immer zu, wie dieser Ueberschuß stärker ward, und diese proportionirte Zunahme wird sich so lang erhalten, bis die Summe der Pappiere fast dem Werthe des Kapitals oder der Fonds, auf deren Kredit sie ausgegeben worden sind, gleich kommt.

Gesezt also daß Dreissig Millionen als Mittel der Circulation nothwendig sind, und man 160 Millionen ausgegeben hat, so ist die natürliche Verringerung des Werths nur etwas mehr als Fünf

zu

*) Man kan nicht läugnen, daß diese Piece an verschiedenen Stellen eben so lehrreich, als sie zur heutigen Statistik der Kolonien beyträglich ist.

zu Eins. Aber die izige Verringerung des Werths übersteigt diese Proportion, und der Ueberschuß ist künstlich. Man kan die natürliche dardurch aufheben, wann man die Menge des im Umlauf befindlichen baaren Gelds verringert. Es wird seinen ursprünglichen Werth wieder bekommen, wann es auf die nöthige Summe, als Mittel zur Handlung wieder eingeschränkt seyn wird, welches nur durch Anleihn und Auflagen bewirket werden kan.

Die künstliche Verringerung des Werths ist ein ernsthafterer Gegenstand und verdient eine genaue Aufmerksamkeit in der Untersuchung seiner Ursachen. Der Zweifel an den Mitteln oder an dem Willen, die Pappiere wieder einzulösen, zu welchem Zweifel man, es ist wahr, Anlaß gegeben hat, und der unter dem Volk unterhalten worden, ist davon die Ursache.

Wir wollen untersuchen, ob die gesunde Vernunft den Zweifel an den Mitteln der vereinigten Staaten rechtfertigen kan.

Die Mittel der vereinigten Staaten hängen von zwey Dingen ab. Das erstere ist der glückliche Ausgang der izigen Staatsveränderung; das zweite die Hinlänglichkeit der natürlichen Reichthümer, die Güte und die Hilfsquellen des Landes.

„Es

„Es mag eine Zeit gewesen seyn, *) da ehrliche Leute, ohne daß man sie der Furchtsamkeit beschuldigen konnte, an dem glücklichen Ausgang der izigen Staatsveränderung zweifelten, das geben wir zu. Aber diese Zeit ist nicht mehr. Die Unabhängigkeit von Amerika ist izt fest bestimmt, wie das Schicksal, und Englands Bemühungen, sie zu vernichten, sind eben so eitel und fruchtlos, als die

---

*) Was hier folgt ist freilich die allerflachste Psalmodie, die man jemals in einer Staatsschrift gelesen hat. Es mag den Regeln der Usurpation gemäs seyn, ein wenig Fanaticismus in die Politik zu mischen. Er ist ein wesentliches Ingredienz bey den Unternehmungen des Pöbels. Aber seinen Vortrag mit handgreiflichen Unwahrheiten aufzustuzen, und seinen Gegner pöbelhaft zu schimpfen, ist weder politisch, noch edel. Nicht politisch, weil sich der Fall ereignen kan, daß das Publikum den Betrug entdeckt, und alsdenn verliert die Regierung einen ihrer wesentlichsten Ressorts, das öffentliche Vertrauen. Unedel und niederträchtig, weil die wahre Tapferkeit ihren Feind mit Thaten schlägt und nicht mit Scheltworten, und weil auch in den erbittertsten Kriegen unter gesitteten Nationen die Ehrerbietung gegen die Würde der Throne beybehalten werden mus.

Wir schmeicheln uns also um so sicherer mit dem Beyfall unserer Leser, daß wir diese Stelle größtentheils übergeben, je mehr sie nichts anders enthält, als offenbare, übertriebene und der Geschichte des heutigen Tags völlig widersprechende Unwahrheiten, Invektiven auf den englischen Hof, und Deklamationen in einem Jesaiaston.

die Wuth der Meerswogen, die einen jähen Felsen bestürmen."

„Diejenigen, welche in dieser Rucksicht annoch von Zweifeln gequält werden, müssen den Karacter und die Situation unserer Feinde betrachten."

„Sie müssen sich erinnern, daß wir gegen einen Staat fechten, der in Stücken zerfällt; gegen eine Nation ohne Patriotismus; gegen ein Volk, das durch seine eigene Repräsentanten verrathen und verkauft wird; gegen Armeen, die nur halben Sold bekommen, und gegen Generale, zu denen man nun halbes Vertrauen hegt; gegen eine Regierung, die durch Verletzung der heiligsten Rechte der Religion, der Gerechtigkeit und der Menschlichkeit die Rache des Himmels auffordert, und dem Schuze der Vorsehung muthwillig entsagt. . .
. . . .
. . . ."

„Der Widerstand, welchen wir der Wuth dieser Feinde gethan haben, ist vollkommen glücklich gewesen, da wir noch ohne Freunde, allein und uns selbst überlassen waren, in den Tagen der Schwäche, und so zu reden der Kindheit, ehe unsere Hände zum Krieg, und unsere Fäuste zum Kampf abgerichtet waren."

Hat man wohl zu fürchten, daß der oberste Schiedsrichter der menschlichen Begebenheiten,
nach-

nachdem er uns aus dem Lande der Knechtschaft befreyet, und uns durch ein Meer voll Bluts nach dem Land der Freyheit, nach dem gelobten Land hingeführt hat, das Werk unserer politischen Befreyung unvollendet lassen, und erlauben werde, daß wir entweder in einer Wüste von Schwürigkeiten umkommen, und mit Ketten beschwehrt in diß Land der Unterdrückung zurück geführt werden, aus dessen Tiraney er uns nach seiner Barmherzigkeit mit seiner allmächtigen Hand befreyet hat?"

„Was haben wir in einem genauen Bündnisse mit einer der mächtigsten Nationen in Europa, die großmüthig unsere Sache zur ihrigen macht, und in freundschaftlicher Verbindung mit verschiedenen andern, zu befürchten?"

Nachdem dieses festgesezt worden, so ist noch zu untersuchen übrig, ob die natürliche Fruchtbarkeit die Güte und Hilfsquellen des Lands die Summe der Schuld anschaffen können.

Wir wollen in dieser Absicht annehmen, daß am Ende des Kriegs die verschiedenen Emissionen der Pappiere zweyhundert Millionen Dollars betragen; daß, ohne die Auflagen zu rechnen, die sehr ansehnlich sind, die Anleihn sich hundert Millionen belaufen. Die ganze Summe der Nationalschuld der vereinigten Staaten wird also dreyhundert Millionen Dollars seyn.

Nun

Nun befinden sich in den vereinigten Staaten izo drey Millionen Einwohner. Dreihundert Millionen Dollers unter 3000000 Menschen getheilt, machen auf jeden Kopf hundert Dollars aus. Und giebt es wohl eine einzelne Person in Amerika, die nicht im Stand seyn sollte, diese in 18 bis 20 Jahren abzutragen?

Man nehme also an, daß die ganze Schuld auf alle Einwohner vertheilet werde, wie sie nach Maasgab ihres Vermögens vertheilt werden muß, wie gering wird alsdenn der Theil seyn, den arme Leute davon zu tragen haben? Diß wird vielleicht nicht zehn Dollars ausmachen. Hiezu kommt noch, daß diese Schuld nicht sogleich unmittelbar zu bezahlen ist, und daß man vermuthlich 20 Jahr zu Entrichtung derselben bewilligen wird, in welcher Zeit sich die Anzahl der Einwohner verdoppelt haben wird.

Man weiß, daß die Bevölkerung in diesem Erdtheil fast nach eben der Proportion zunimmt, wie Zinnsen auf Zinnsen. Durch die Fortpflanzung wird sie alle Jahr verdoppelt; und man kan nicht sagen, wie groß die Anzahl der Emigranten seyn werde, die in Menge aus andern Ländern zu uns kommen werde. Wir haben die stärkste Ursache zu glauben, daß sie unermeßlich seyn werde.

Man nehme an, daß im ersten Jahr nach dem Kriege deren nur zehntausend kommen. Wie viel
werden

werden in zwanzig Jahren aus diesen 10000 mit ihren Familien geworden seyn? Vermuthlich werden sie sich auf diese Weise verdoppelt haben. So kan man das Produkt der Emigranten in jedem der folgenden Jahre berechnen.

Sie sehen demnach, daß der gröste Theil ihrer Schulden nicht blos von den izigen Einwohnern, sondern auch von ihren Kindern, welche sie dem Staat schenken, von der Menge der Emigranten, die aus fremden Ländern zu uns kommen, und von den neuen Einwohnern, welche sie nach und nach zeugen, bezahlt werden wird: so daß der Antheil, den jede Person an der Schuld hat, beständig nach dem Maase abnehmen wird, wie neue Einwohner an der Schuld Antheil nehmen, und ihren Theil abtragen.

So sind die Vortheile beschaffen, deren nur neuentstehende Staaten allein geniessen. Die Anzahl der Einwohner jeder Nation in Europa ist von einem Jahrhundert zum andern beynahe immer dieselbe. Ein Land bringt nur diejenige Anzahl von Menschen hervor, die es nähren kan; und jedes Land, das frey und angebauet ist, bringt sie unfehlbar hervor. Hieraus können wir uns einen Begrif von der künftigen Bevölkerung dieser Staaten machen.

Diese unermeßlichen Wüsteneyen, die man noch kaum kennt, in welche man einzudringen auch noch
nicht

nicht einmal verſucht hat, erwarten angebauet zu werden. Groſſe Seen und Flüſſe, deren Gewäſſer ſeit vielen Jahrhunderten in ſtiller Dunkelheit in den Ocean gefloſſen ſind, verlangen nur das Geräuſche des Fleiſſes zu hören, biethen ſich an, zur Handlung zu dienen, und freuen ſich ſtolz darauf, zu ſehen, daß an ihren Uſern Dörfer, vergoldete Thurmſpitzen und geräumige Städte entſtehen.

Diß mag genug ſeyn, von der Anzahl der Perſonen, welche dieſe Schuldenlaſt theilen werden. Ihre Mittel dazu ſind der noch zu unterſuchende Punct.

Diejenigen, welche ſich erkundigen, wie viel Millionen Morgen ſich in dem einzigen nordlichen Theil von Amerika befinden, wo Niederlaſſungen gemacht ſind, und was der Werth von jedem Morgen iſt, werden ſich einen ſehr groſſen und ſehr richtigen Begrif von der Güte unſers Landes machen können. Allein diejenigen, die in ihren Unterſuchungen weiter gehen, und hören werden, daß wir vormals an England eine jährliche Taxe von drey Millionen Pfund Sterling an Handlungsobjekten bezahlt, und uns gleichwohl dabey bereichert haben; daß wir nur mit dieſer Nation allein gehandelt haben; daß wir verbunden waren, unſere Waaren bey ihr zu Markt zu bringen, und ſie folglich in demjenigen Preis zu erlaſſen, den ſie ſelbſt ſezte; daß wir genöthigt waren, fremde Waaren aus ihrem Magazin zu kaufen, und unter den von ihr gemachten Bedingungen; daß es uns verbothen war, irgend eine Manufactur anzulegen, die ihren gewinnsüchtigen Absichten hinderlich seyn konnte: da hingegen in Zukunft die ganze Welt uns offen stehen wird, und wir die Freiheit haben werden, von denen zu kaufen, die uns am wohlfeilsten verkaufen, und an diejenigen zu verkaufen, die am theuersten von uns kaufen.

Diejenigen, welche die Wichtigkeit dieser Anmerkungen und vieler andern untersuchen, werden ohne Zweifel mit Verachtung bey der Unwissenheit solcher Leute lächeln, die an den Mitteln der vereinigten Staaten, ihre Pappiere wieder einzulösen, zweifeln.

Man mus hiebey bedenken, daß das Pappiergeld die einzige Art Gelds ist, die sich keine Flügel zulegen noch davon fliegen kan. Es bleibt bey uns. Es verläßt uns nicht. Es ist beständig in Bereitschaft und unter den Händen zu Handlungsunternehmungen, zur Bezahlung der Auflagen: und Jedermann, der fleißig ist, kan es sich verschaffen.

(Der Beschluß im nächsten Heft.)

Nach-

Nachricht von der englischen Marine.

Gegenstück

zum dritten Band der Chronologen, Seite 233.

Um die englische Flotte zu beurtheilen — das eigentliche Mobil der englischen Macht und die Seele von Brittanien; muß man die drey Häfen zu Portsmouth, Wolwich und Chatam sehen.

Im erstern liegt der gröste Theil der Flotte gewöhnlich vor Anker. Die zween leztern enthalten die unermeßlichen Magazine zum Schifbau und zur Ausrüstung.

Wer das Arsenal zu Venedig, und die Parcs zu Toulon und Brest gesehen hat, hat was Grosses gesehen. Aber wann man zu Portsmouth und Wolwich war: so muß man gestehen, daß die Schifmacht nicht mehr höher gehen, und daß England in diesem Stück alles darstellt, was die Geschichte von Tyr und Karthago immer spricht.

> Hic illius arma,
> Hic currus fuit: hoc regnum dea gentibus esse.
> Si qua fata sinant, jam tum tenditque Fovetque.

Die Stärke der Flotte bestehet nach dem neuesten von der Admiralität öffentlich bekannt gemachten Verzeichnisse, in

Linienschifen { Neue .. 89 / Alte .. 28 } ... 117 ⎫
50 Kanonschife . . . . 18 ⎬ Summa
Fregatten . . . . 121 ⎪ 360 Segel
Cutter, Bombardiergaliotten, Schaluppen, ⎪
  Brander ic. ic. . . . 104 ⎭
Matrosen. . . . . 96450.

Allein nicht nur die Zahl der Segel macht die brittische Flotte jedem ihrer Feinde überlegen; sondern die Festigkeit des Baues, die Leichtigkeit der Bewegung und die Vortreflichkeit des Manövre ist ein besonderer Vorzug der englischen Navigation.

Das Kriegsschif Brittania, zum Beyspiel, welches der Fürst bey der Flotte ist, ist dem Anblick nach ein Ungeheur von einem Gebäude, eine entsezliche Masse. Es ist vergleichungsweis der Wallfisch gegen die übrigen Seegeschöpfe. Unterdessen segelt es so leicht, ist in seinen Wendungen so behende, und in seinem Trieb so sicher, als die flüchtigste Fregatte bey der Flotte.

Royal Georg, das zweite Schif am Brittania, ist fast eben ein so mächtiges Ungeheur: allein bey der Unternehmung auf Saint Cast, im vorigen Kriege, segelte es allen übrigen vor.

Immittelst prangt man in England mit diesen außerordentlichen Maschinen gar nicht. Man weist sie als bloße Meisterstücke der Schifsbaukunst; und sie sind auch nur aus den Uebungen in Friedenszeiten entstanden. Man behauptet sogar, sie würden niemals da seyn, wann sie nicht dadurch veranlaßt worden wären, um andern Nationen, welche mit dergleichen Seeriesen auftraten, zu zeigen, daß ihnen die Engländer weder in der Kunst noch in Pracht nachgäben.

Im Ganzen sind die meisten englischen Schife frische Segler, und haben vor den französischen und spanischen diß voraus, daß sie niedriger und flächer gebaut sind. Wann es zur Action kommt, so wettet man in England immer zehn gegen eins, daß ein Theil der feindlichen Kugeln über das Verdeck der englischen Flotte wegfliegt, oder sich, zum wenigsten, im Tauwerk und in den Segeln verliert.

Ein zweiter Vorzug ist, daß die englischen Schifskanonen kürzer sind, als die französischen. Wann sie geladen werden müssen: so ziehet man sie ins Schif zurück, und ladet sie sicher. Die französischen hingegen, bey welchen sich dieses ihrer Länge wegen nicht thun läßt, müssen vor der Mündung, in freyer Luft geladen werden. Hieben fallen viel Ladungen in die See. Da der Kanonier unter dem Feur des Feinds ladet, so werden ihrer sehr viel getödet, und die Artillerie ist meistens demontirt, ehe sie recht ins Treffen kommt.

Man weis, daß die Bemannung auf einem englischen Schif immer um ein Drittel geringer ist, als auf einem französischen oder spanischen. Diß deuchte dem Admiral Byng, ihn zu dem merkwürdigen Wort zu berechtigen, welches man in seinem Kriegsrecht findet: daß, bey einer gleichen Anzahl Schife, die Franzosen über jede englische Flotte die Oberhand haben müsten.

Dafür behaupten die Engländer jenen Vorzug zu haben, daß ihr Manövre freyer und ungehinderter sey, und die geringere Bemannung von der Oekonomie, durch den doppelten Vortheil gleichgewogen werde, erstlich im Kreuzen und auf den Reisen durch die Erspahrung der Lebensmittel, zweitens in der Action durch die Erspahrung der Menschen.

In der That scheits, die Engländer verstehen die Kunst mit den Matrosen zu ökonomisiren, weit besser, als andere Nationen. Sie besitzen die Kunst, ihre alten und invaliden Bootsleuthe, die man an allen andern Orten in den Spitälern erhalten mus, zum Dienst anzuwenden. Bald sind sie Schifsköche, bald Aufpuzer, Krankenwärter, oder Aufseher. Man sieht zu Portsmouth auf der Flotte, so wie zu Wolwich und Chatam bey den Magazinen, Seeleute ohne Aerme, an Krücken, so gar Blinde, welche noch Dienste thun. Die gewöhnlichen Wachen zu Friedenszeit in den Häfen,

zu

zu Portsmouth, Plymouth ꝛc. ꝛc. werden von niemand, als von Invaliden gegeben.

England ist seine gegenwärtige Seemacht Cromweln schuldig. Deswegen wird die Buste dieses unsterblichen Mannes, in englischem Marmor, im Admiralitätssaal zu Portsmouth aufbewahrt. Er leistete in diesem Stück seinem Vaterland den nehmlichen Dienst, den Themistokles dem seinigen leistete, indem er den Griechen rieth, eine Flotte zu erbauen.

Die berühmte Navigationsakte, welche ein Denkmal von ihm ist, legte den Grund zur brittischen Seemacht. Das übrige wurde durch die staatskluge Regierung Karls II, und die besondere Liebe dieses Monarchen zur Schifbaukunst, vollendet.

Karl II ergab sich dem Studium der nautilischen Architectur sowohl aus Geschmack, als aus Staatsgründen. Er hatte es in dieser Wissenschaft zu einem besondern Grad der Einsicht gebracht. Ihm, und den von ihm persönlich gemachten Experimenten ist man die Entdeckung schuldig, welche unter allen Holzarten am leichtesten schwimmt, und sich am besten im Wasser erhält.

Er machte mit eigenen Händen einen Globus vom Monde, um die Ursache der Ebbe und Fluth zu ergründen, und er löste zweimal die von den

Gelehr-

Gelehrten der ehemaligen Zeit aufgegebene Preisfragen in der Astronomie auf.

Gegenwärtig ist die englische Marine alles, was man in der Schifsbaukunst, in der Seglungswissenschaft, in der Vollkommenheit des Manöuvre und in der Kenntniß der Signale sagen kan. Sie ist die wahre Grundsäule des bittischen Staats, die Ehre von Europa, und mit Recht der Stolz der Engländer.

Dann so gewiß die Schiffarth, diese vom Homer so hochgepriesene Kunst, dem menschlichen Geist ewig Ehre machen wird: so gewiß übertrift England hierinn alle übrigen Nationen. Und selbst die berühmten Flotten, welche August und Alexander in den Häven zu Frejus, zu Misene, zu Tyr und zu Alexandria versammelten, sind gegen der ihrigen Nichts.

Fra

Freron.

Oder

Nekrolog dieses famosen Kritikasters.

Freron ist im Jahr 1719 gebohren. Er hatte die Narrheit, sich einen Edelmann zu nennen. Unterdessen bewilligt man ihm blos, daß er aus einer ehrlichen Familie herstammt. Durch seine Mutter ist er gewissermassen mit dem Nahmen Malherbe verwandt: ein Titel, der für einen Schriftsteller ohne Zweifel schäzbarer ist, als der Adelsbrief.

Quimper in Bretagne ist sein Geburtsort. Wann Freron in einigen seiner Blätter diesen Ort nannte: so sprach er allezeit „meine Provinz" so wie ein grosser Herr von seinen Herrschaften spricht.

Er war sehr frühe in den Orden der Jesuiten getretten: aber er blieb nur einige Monate darinn. Es ist eine öfters gemachte Anmerkung, die diesem Orden eben so sehr zum Ruhm gereicht, als seinen Schülern: sie blieben ihm immer anhängig. Ein Jesuit seyn, war bey Freron genug, um ein Recht auf sein Lob zu haben. — Zwar ists möglich, daß die Politik eben soviel Antheil hieran haben konnte, als die Dankbarkeit.

Sehr wenig Beyspiele hat man unter der beträchtlichen Zahl Derjenigen, die aus diesem Orden tratten, daß sie die düstere Mummerey des Habits plötzlich mit dem Puz eines vollkommenen Kleinmeisters vertauscht hätten. Gemeiniglich pflegten sie noch einige Zeit wenigstens die Abbekleidung zu tragen, um sich nach und nach an die Airs der grossen Welt zu gewöhnen. Auf diese Art erschien unser Autor unter dem Nahmen des *Abbe Freron* in Paris.

Er attachirte sich an den berühmten Abbt Desfontaines, der gleichfalls Exjesuit war, und ein Journal schrieb. Bey diesem machte er seine Lehrjahre. Nach deren Endigung trat er mit einer brillanten Ankündigung auf. Sie führte den Titel: Lettres de Madame la Comtesse de ** sur quelques écrits modernes. 1746.

Von nun an legte er das Krägchen ab, und nannte sich *Chevalier Freron*. Jedoch diese jugendliche Schwärmerey hatte ihre Periode. Freron kam zur Vernunft, und blieb fortan beschentlich Herr Freron, oder vielmehr blos Freron: dann da er die Gewohnheit hatte, die Leuthe womit er umgieng, allzugern zu butzen: so muste er sich auch gefallen lassen, daß man mit ihm gleichfalls

falls ohne Umstände verfuhr. Die Familiarität war einer der auszeichnendsten Fehler des Freron.

Kaum hatte er sein Werk, welches in einem Journal bestand, angefangen; so empfand er die Erstlinge von den unannehmlichen Früchten, die den Journalisten aufgehoben sind. Diß bewog ihn, sich um Beschützer und um einen Hinterhalt gegen künftige Verfolgungen umzusehen. Beydes fand er beym höchstseeligen Stanislaus, und folglich bey dessen durchlauchtigster Tochter, der Königin.

Er änderte den Titel seiner Schrift, und gab eine neue Ankündigung, in bescheidenern Ausdrücken, heraus. Sein Journal sollte nunmehr blos Lettres sur quelques écrits de ce tems, 1749, heissen.

Natürlicherweis forderte der Schritt, sich unter den Schuz der Königin zu begeben, die unmittelbare Pflicht, sich dieser Gnade niemals unwürdig zu machen. Und an diesem Punkt hieng die Folge, daß Herr Freron sich nicht nur mit der schon damals um sich grasenden Sekte der neuen Philosophen in keine Gemeinschaft einlassen, sondern sie vielmehr aus allen Kräften widerlegen und ihre Werke vernichten sollte.

Seine Vorrede zu seinem Journal ist von ganz neuer Gattung.

„Un-

„Unlängst erschien mir die Richtkunst im Traum. Sie war von einer unermeßlichen Menge Dichter, Redner, Geschichtschreiber und Romanziers umringt. Ich nahm in einer ihrer Hände ein Gebund Ruthen gewahr: in der andern hatte sie Lorbeern,"

„Ihr Anblick, weit entfernt zu schröcken, schien selbst dem rohesten unter den Liebhabern der neun Schwestern Vertrauen einzuflößen. Er war so sittsam, daß Einige ihr ohne Scheu unters Gesicht sahen, und sie herausforderten."

„Plözzlich schleuderte die erzürnte Göttin ihre Hände. Einige Schriftsteller, deren Talent durch Bescheidenheit erhoben wurde, empfiengen Kronen. Andere wurden gezüchtigt. Noch andere erhielten zugleich Belohnung und Strafe."

„Dieser Traum gab mir den Einfall zu gegenwärtigen Briefen. Lob und Tadel werden demnach gleichmäßig von mir ausgetheilt werden ꝛc. ꝛc."

In der That war dieser geziemende und bescheidene Ton, womit Herr Freron debutirte, nichts anders als ein Kunstgrif, sich bey der gelehrten Welt einzuschmeicheln. Er war ein blosser Luftstreich. Dann Freron wuste allzuwohl, daß um beym muthwilligen Publikum Beyfall zu erhalten, eine piquantere Würze nöthig wäre.

Schon

Schon verschiedene Persönlichkeiten, die Herr Freron an sich hatte, musten ihn bereits dem Herrn von Voltaire verhaßt machen. Er war einer aus der Jesuitenschul. Er hatte seine ersten Waffenübungen unter dessen giftigstem Feinde gemacht. Er kündigte sich als einen Gegner der Philosophen an. Er affigirte die Religion. Unterdessen bleibt es schwehr, zu entscheiden, welcher von Beyden Angreifer war.

Fast kan man darauf wetten, daß es Freron nicht war. In seinen ersten Blättern wehet eine Verehrung für dieses grosse Genie, die den Herrn von Voltaire billig hätte besänftigen können. Genug, es scheint, der Herr von Voltaire habe eine ausschliessende Bewunderung verlangt: er fand sich entweder vom Journalisten nicht genungsam gelobt, oder er konnte von Natur auch nicht den mindesten Tadel ertragen. So viel man aus den verwirrten, dunklen und ungewissen Anecdoten über diese Sache urtheilen mus: so wars Herr von Voltaire, der diese Feindseeligkeiten anfieng.

Diß ist aber gewiß, daß nachdem der Krieg einmal ausgebrochen war: so wollte Freron von keinem Vergleich das mindeste mehr wissen noch hören. Ohne Zweifel war ihm jener Lehrsaz der Politik, der sich hier, ohne ins Lächerliche zu fallen, anbringen läßt, bekannt, daß wann ein Unterthan einmal den Degen gegen seinen Souverain gezogen hat,

hat, so darf er ihn niemals mehr in die Scheide stecken.

Wirklich erfuhr der Kunstrichter sehr bald, welche überlegene Obermacht er sich auf den Hals gezogen hatte. Auf die Anstalt seines furchtbaren Feindes wurde sein Journal verbothen.

Die Sache erzählt man so.

Im ersten Brief des sechsten Bands, vom Jahre 1752, befindet sich folgende Stelle. „Wann es, zum Beyspiel, einen Schriftsteller unter uns gäbe, welcher eine wüthende Ruhmgierde hätte, und der sich dabey gleichwohl in Ansehn der Mittel, sie zu befriedigen, öfters betröge; einen Schriftsteller, der in seinen Schriften zuweilen erhaben, in seinem Betragen aber immer niedrig ist; der manchmal grosse Leidenschaften schildert, und sich dagegen immer mit kleinen unterhält; der Einigkeit und Gleichheit im Reiche der Gelehrten ohne Unterlaß predigt, und gleichwohl die Alleinherrschaft auf dem Parnaß mit dem despotischen Stolz eines türkischen Sultans verlangt; dessen Feder nichts als Reinigkeit und Tugend athmet, und dessen Geist beständig den guten Glauben untergräbt; der seine Lehrsäze nach Zeit und Oertern ändert, zu London ein Independent ist, Katholik zu Paris, Andächtler zu Wien, Tolerant in Rußland; wann, sage ich, das Vaterland einen Schriftsteller von diesem Karacter

Vater gebohren hätte: so bin ich versichert, wir würden dem Verdienste seines Talents die Ausschweifungen seiner Vernunft und die Laster seines Herzens übersehen."

Hier nun ist der Herr von Voltaire auf keine Art weder personifizirt noch mit Nahmen genannt. Die listige Bosheit des Journalisten aber hatte die Züge um so feiner verwoben, daß man dem Herrn von Voltaire die Stelle nicht zueignen konnte, ohne zugleich die Wahrheit derselben einzubekennen.

Der Beleidigte fühlte es. Er trug seiner Nichte der Mademoiselle Denis in Paris auf, in seinem Nahmen die nöthigen Schritte beym Polizeyoberaufseher, oder vielmehr bey der Büchercensur, zu machen; und Herrn Freron wurde sein Journal verbothen.

Zwar muste Herr von Voltaire für diese Satisfaction büssen. Es erschien ein bitteres Epigram auf diesen Zufall. *) Unterdessen erhielt Herr Freron

---

*) La larme à l'oeil, la niece d'Arouët,
Se complaignoit au surveillant Malsherbes
Que l'écrivain, neveu du grand Malherbe
Sur notre épique osat lever le fouet:
Souffrirez - vous, disoit elle à l'édile
Que chaque mois ce critique enragé
Sur mon pauvre oncle à tout propos distile
Le fiel piquant dont son coeur est gorgé?

ron nach Verfluß eines halben Jahrs die Freiheit, sein Journal wieder fortzusetzen. Diese Freiheit, glaubt man, sey er der Vorbitte seines Feindes selbst schuldig.

Die persönliche Freiheit des Herrn Freron wurde sehr vielfältig unterbrochen, und man ließ ihn nach und nach mit allen Gefängnissen zu Paris bekannt werden. Ausserdem lag er in einem unaufhörlichen Federkrieg mit andern Schriftstellern. Es gab niemand im Gefolg der Musen, den Freron nicht gegen sich gereizt hätte, selbst bis zur Mademoiselle Clairon. Auf ihr Anbringen, weil sie sich in seinem Journal Nro. 2, vom Jahr 1765

 Mais dit le chef de notre librairie
 Notre Aristarque a peint de fantaisie
 Ce monstre en l'air que vous réalisez.
 Ce Monstre en l'air! Votre erreur est extrême
 Reprend la niece: Eh? Monseigneur, lisez
 Ce monstre là, c'est mon oncle lui-même.

*) Zwar behauptet Freron (XV Brief in Nro. 45.) feyrlich, daß er die Wiederherstellung seines Journals niemand als des höchstseeligen Königs zu Pohlen Majestät schuldig sey. Allein ein bey dieser Gelegenheit erschienenes, vom Publikum sehr viel Beyfall erhaltenes Blatt: Le contrepoison des feuilles, sagte sehr deutlich: „ der Herr von Voltaire bath selbst für Freron, daß man ihm wieder seinen Lebensunterhalt geben möchte. Diß erfuhr Freron, und im nächsten Blatt verläßterte er ihn von neuem. Voltaire aber versetzte nichts hierauf, als die Worte: que me veut donc le ver sorti du Cadavre de l' Abbé Desfontaines?„

1765 einverleibten Portrait getroffen zu seyn glaubte, wurde er ins Fort l'Eveque gesperrt. Vergebens interessirte sich die Königin für ihn, und suchte ihn zu retten. Die Schauspielerin drohete, ihren Abschied zu nehmen, wann man ihr nicht Satisfaction verschaffen würde.

Die Recension einer gewissen Schrift: Eloge prononcé par la folle, im Jahr 1760, hatte ihn zum erstenmal ins Fort l'Eveque gebracht. Diese Schrift war eine Art Leichenrede auf den verstorbenen Marquis Barqueville, den seine wunderliche Aufführung berühmt machte. Er starb aus einem thörrichten Eigensinn, daß er durchaus nicht aus seinem Haus gehen wollte, welches ihm über dem Kopf brannte. Man verkaufte sie zu Paris öffentlich. Der Marquis war keineswegs darinn genannt, und Herr Freron hatte die Vorsicht, dem Sohn Lobreden im Ueberfluß zu streuen, um ihn auf das, was er vom Vater sagte, unaufmerksam zu machen. Gleichwohl half nichts. Der beleidigte Sohn drang darauf, ihn zur Buße auf die Festung zu bringen.

Noch schlimmer giengs ihm im Jahr 1763. Freron erhielt unter den Beyträgen zu seinem Journal, die ihm von allen Seiten zugesendet wurden, die Beschreibung eines Beyspiels der Großmuth, bey dessen Durchlesung ihm die Thränen aus den Augen fielen. Er dachte nichts weniger, als daß es es eine der feinsten Satiren auf eine Anstalt des ersten Ministers wäre. *) Er eilte, den Aufsaz als eine anziehende Anecdote seinem Journal einzuverleiben. Nro. XXXIV. Seite 54.) Eine Anecdote, die er für eine unumstößliche Wahrheit hielt, und die ihm schöner schien, als die beste Erfindung in einem Roman. Der Minister sah die Sache nicht so an. Er ließ Herrn Freron, aller Vorstellungen ungeachtet, in die Bastille sezen.

Wann man diese Züge liest: so glaubt man über die despotische Gewalt der Regierungen, und über die Anfälle auf die Freiheit der Bürgere billig seufzen zu müssen. Aber gehet man der Sache mehr auf den Grund: so empfindet man wahre Verachtung für die unwürdige Gesinnung eines Gelehrten, der so niederträchtig ist, sich der Ungerechtigkeit, der Gewalt, der Privatrache zum Spiel auszusezen.

Ohne

*) Um den Verlust, welchen Frankreich im Pariserfrieden, 1763, gemacht hatte zu ersezen, entwarf der Herzog von Choiseul den Plan, Guiana, eine Provinz im südlichen Theil von Amerika zu bevölkern. Zu dem Ende wurde eine Menge Kolons, besonders aus dem Elsaß, angeworben. Man hatte aber bey diesem Plan so wenig Vorsicht gebraucht, daß die meisten dieser fremden Familien, aus Mangel, starben, ehe es noch zur Einschiffung kam. Hierdurch gieng das ganze Projekt zurück, und die Sache wurde zum Gelächter.

Ohne Zweifel, hätte Freron die Würde und den Vorzug seiner Bestimmung gefühlt: so hätte er den härtesten und dürftigsten Zustand eher diesen Beschimpfungen vorgezogen. Und wann er ja dem Drang seines Genies, seiner Liebe zur Kritik und Satyre zu widerstehen, sich zu schwach gefühlt hätte: so würde ihm die Klugheit den Rath eingegeben haben, sich in ein privilegirtes Land zu setzen: und hierinn dem Beyspiel anderer Schriftsteller zu folgen, die Freunde der Wahrheit und ihrer Ruhe sind.

Wie sollte man bey diesen Umständen zweiflen, daß Freron nicht in den Fall gerieth, sich mit den Gefängnissen zu familiarisiren. In der That wurden sie ihm so zur Gewohnheit, daß er auf die Lezte nur darüber lachte.

Sein Betragen im Arrest bewies, daß er weder Hoheit noch Delikatesse der Seele habe. Er legte sich aufs Sauffen, und vergrub den Unmuth in täglichen Rausch. Schon mit Anbruch des Tags betrunk er sich wie ein Karrenschieber.

Eine Gemüthsanlage von der Art muste ihn nothwendig zu allen Niederträchtigkeiten, welche die Feder eines Gelehrten beschimpfen, verleiten. Freron machte aus der Kritik ein Handwerk. Er verkaufte seine Lobreden und seinen Tadel in öfentlicher Boutike.

Jeder, der mit Geld bezahlte, war willkomm. Freron lieferte ihm das anverlangte Lob, selbst ohne die Schrift so es betraf, zu lesen, oder sich die Mühe zu geben sie anzuschauen. So wurden seine Urtheile verdächtig. Man verachtete sein Talent, und ließ ihn unbarmherzig die Geissel der Litteratur empfinden.

Man hat Beyspiele, daß dieser verächtliche Wochenblättner in Einem Augenblick eben denselben Autor lobte und schimpfte. Dieses verleibte er seinem eigenen Journal ein, und jenes gab er in ein anderes Journal: so daß beydes, Lob und Tadel, in Einem Tage erschien.

Gewis, wann Freron sich Mühe gab, und wann er eine Recension selbst ausarbeitete; dann das Meiste ließ er von Fremden arbeiten, weil Faulheit und Wollust sein Temperament waren; es mochte Lob oder Tadel betreffen: so konnte er sein Urtheil zum Bewundern glaubwürdig machen.

Jeder der nicht auf seiner Huth, oder in der Lecture nicht geübt war, war betrogen, wann er Freron beyfiel, ohne das Werk selbst zu lesen. Er wuste die Seite so er nöthig hatte, um einen Schriftsteller anzupreisen oder verächtlich zu machen, so genau und so gewis zu finden, daß er den geseztesten Leser zu überraschen im Stand war. Aber wenn dieses seiner Kunst und seinem Genie Ehre machte,

machte, so befleckte es besto mehr sein niederträchtiges und feiles Herz.

Freron wurde für seine Werke sehr wohl bezahlt. Der Buchhändler Duchesne, welcher sein erster Verleger war, bezahlte für jeden Bogen der Lettres sur quelques écrits modernes zehn Louis, und 30 Exemplare. Wöchentlich erschienen zween Bogen.

Sein zweytes Journal Lettres sur quelques écrits de ce tems, hatte der Buchhändler Lambert in Verlag. Er bezahlte dem Autor fünfzehn Louis für jeden Bogen.

Ein schlechtes Manœuvre bey der Abfassung seiner Blätter machte die Feder des Freron endlich verdächtlich, und nahm seinem Journal den Kredit. Es war im Begrif zu fallen.

Diß bewog ihm zu einem neuen Schelmenstück. Es erschien die Ankündigung einer periodischen Schrift: Année litteraire, aufs Jahr 1754. Freron protestirte in den Lettres sur quelques écrits de ce tems wiederholter feyrlich, daß er keinen Antheil daran habe, daß er das Werk nicht kenne, daß er sich nichts darum annehme.

Sobald dieses neue Journal in Gang gebracht war, daß es festen Fuß zu haben schien, so trat ein Avertissement an Tag: Au Sujet du nouvel ou-
vrage

vrage periodique intitulé l'Année litteraire, par Mr. Freron, des Academies d' Angres, de Montauban et de Nanci, Avis au Public.

Dieſe Schrift iſts, womit er ſich bis an ſeinen Tod beſchäftigte, und welche eigentlich den Schaz aller Sottiſen, Niederträchtigkeiten und Unverſchämtheiten enthält, die aus der fruchtbaren Feder Freron's floßen, und die ſeinen Nahmen unter den infamen Scribenten verewigen.

Die neue Geſtalt dieſes Journals erwarb ihm ein neues Leben. Dieſes Werk, und die Direction noch eines andern Journals *) welche Freron damit verknüpfte, ſezte ihn einige Zeitlang in ein jährliches Einkommen von vierzigtauſend Livres baar Geld.

Glücklich genug würde er geweſen ſeyn, wann er dieſe geſegnete Erndte benuzt hätte, um ſich einen Vorrath aufs Alter zu erſpahren. Allein dazu war Freron nicht gemacht. Er war viel zu faul und zu üppig, um ſeinen Beruf ordentlich abzuwarten, und die Journale richtig zu liefern. Sehr bald verlohr er die Auffſicht beym Journal etranger.

Sein eigenes Journal nahm täglich an Liebhabern ab. Da aber Freron in ſeinem ausſchweiſenden

*) Das Journal etranger, wobey er nebſt dem Abbé Prevot präſidirte.

fenden Aufwand immer fortfuhr: so fiel er in einen Abgrund von Schulden. Freron war von Natur zur Verschwendung gebohren. Er lebte mit einem Lux, wozu kaum das ansehnlichste Vermögen zugereichet hätte.

Sein Zimmer, welches er gleichwohl nur Miethweis besaß, enthielt einen Aufwand von mehr als dreissigtausend Livres, blos an Vergoldungen: die Spiegel, die persischen Fußteppiche, das Porzellan ohngerechnet. Der Kamin allein wurde auf zwanzigtausend Franken geschäzt.

Ausserdem hielt er ein Landhaus in der Vorstadt Saint Germain. Hiezu brauchte er eine Equippage. Man fand die delicatesten Soupés in diesem Haus.

Freron gab täglich eine offene Tafel, wie sie ein Generalpachter nicht besser geben kan. Bey dieser versammelten sich seine Anhänger, seine Schmeichler, der ganze stinkende Schwarm der Insekten, die aus den Exkrementen des Journalisten wuchs.

Folgende Anecdote lehrt, wie weit die Erniedrigung seiner Anhänger und die Tiranney und Sittenlosigkeit des Mäcenat gieng.

Ein junger Mann — der izt tod ist — und der sich auf die Dichtkunst gelegt hatte, *) wünschte mit brennender Begierde, bey dem Hofe des Freron zugelassen zu werden. Er glaubte, daß dieses Mittel sein Talent vervollkommnen, und seine Reputation bestimmen könne. Er wandte sich an Herrn Palissot, den Zeremonienmeister in den Gesellschaften des Freron, und bath ihn, ihm diese Ehre zu verschaffen.

Herr Palissot versprach es ihm. Er gab ihm einen Tag, wo er bey Herrn Freron eingeführt werden sollte. Der junge Dichter erschien. An der Thür sagt man ihm, Freron wäre unpäßlich und läge zu Bett. Nichtsdestoweniger würde das Souper vor sich gehen. Man sezt sich zur Tafel. Die ganze Gesellschaft spricht von nichts, als, wie begierig der Aristarch wäre, die Bekanntschaft mit dem neuen Gast zu machen, wie sehr Freron von seinen Verdiensten und seinen Versen eingenommen wäre. Er hat mir vor einigen Augenblicken, sezte Herr Palissot hinzu, mit sterbendem Mund eröfnet, daß er das Zepter der Litteratur in keine bessern Hände zu übergeben wüste, und daß er entschlossen wäre, nach geendigtem Souper, die ganze Gesellschaft vor sein Bett zu berufen, und Herrn Poinsinet feyrlich zu seinem Nachfolger auf dem Throne der Musen einzusezen.

Man

*) Nahmens Poinsinet.

Man sieht, daß ein sehr schwacher, und in der Welt noch sehr fremder Kopf dazu gehörte, um sich von diesen Thorheiten einnehmen zu lassen. Diß war der junge Stockfisch vom Dichter. Er wurde über diese Complimente entzückt. Er nahms für baare Münze an, und entbrannte für Eifer, Herrn Freron zu sehen.

In dem Augenblick hob Herr Palissot die Tafel auf, und führte die ganze Gesellschaft ins Krankenzimmer des Herrn Freron. Ein düsterer Schimmer, wie es in Krankenzimmer gewöhnlich ist, herrschte ums Bett des Sterbenden. Die Fenstervorhänge waren niedergelassen. Alles war consternirt. Ein Arzt *) sas neben dem Haupte des Freron. „Sie möchten sich zu nähern belieben, wünscht der schmachtende Kranke."

Bey diesen Worten nimmt Herr Palissot den jungen Autor, dem über die Ehre, so ihn umringt, und über den kranken Zustand des großmüthigen Frerons die Thränen aus den Augen stürzen, bey der Hand, und führt ihn ans Bett. Er siehet nichts als eine in Bettlacken eingewickelte Masse Menschenfleisch. „Göttliche Hygina" rief der begeisterte Dichter aus „würdige der Welt dieses
O 5 grosse

---

*) Diese Rolle wurde von einem Autor gespielt, der wegen seiner lustigen Schwänke in die Bastille kam, Nahmens la Coste, Verfasser einer Geschichte von Spanien.

grosse Genie zu erhalten' In der That „versezte der Buffon vom Azt, der über die Einfalt des jungen Autors kaum das Lachen verbeissen konnte „es ist in ihrer Art eine der seltsamsten und bedenklichsten Krankheiten vorhanden. Eigentlich muß man es eine Hämorrhoidal Erysipelas nennen. Allein sie ist mit wunderbaren Symptomen begleitet. Die Nase und Augen sind völlig verschwunden. Die Zunge ist lahm, und kan nur noch einige unverständliche, hohle Töne herfürbringen.„

Hier stieß der Kranke eine Art Seufzer aus, die einen säuslenden und still wehenden Klang hatten. Die ganze Gesellschaft hielt die Schnupftücher fürs Gesicht Herr Poinsenet, welcher glaubte, daß sie ihre Thränen verbergen wollten, ließ die seinigen hell fliessen.

Nun erschien der merkwürdigste Akt der Komödie. Der Arzt zog die Vorhänge auf, und sagte, daß der Kranke den jungen Dichter zu umarmen begehre. Durch diesen Kuß, sezte Herr Palissot hinzu, will er uns ein öffentliches Zeugniß geben, daß er Sie zu seinem Nachfolger erklärt. Eilen sie, ihm diese Satisfaction zu lassen.

Der junge Narr nähert sich. Berühmter Geist „ ruft er aus" möchte ich das Amt, so du mir vermachest, würdig ersezen! Möchte ich mich des Beyfalls dieser erlauchten Gesellschaft würdig

ma-

machen! Möchte der Hauch, den du izt ausathmest, in mich fahren, und mich beleben!

Bey diesen Worten wurde auf einmal das Zimmer hell. Eine plözliche Klarheit, so schnell wie bey den Theaterscenen gewöhnlich ist, erleuchtete es von allen Seiten, und verwandelte die vorige Nacht in den lichtesten Tag. Die Vorhänge vor dem Bett fuhren zurück, und präsentirten der Gesellschaft — den entblößten Hintern des Freron, den der junge Apoll mit Entzücken küste.

Hier lassen wir unserer Seits den Vorhang über diese unstätige Historiette nieder. Sie beweist den schmuzigen Karacter ihres Urhebers: und ist ein trauriges Zeugniß, daß öfters in den Cotterien der sogenannten schönen Geister, zur Schande der Wissenschaften, eine Niederträchtigkeit, Büberey und Ungezogenheit herrscht, die man beym sittenlosesten Pöbel nicht findet.

Der Lebenslauf eines Freron kan uns in Absicht des Systems der sogenannten Kunstrichter und Verbesserer, die uns wöchentlich mit ihren Werken beschenken, zu einer grossen Moral dienen. Immittelst dieser famose Litterator sich zum Richter des Geschmacks, der Sitten und der Religion erklärte: so verlezte er selbst diese geheiligten Gegenstände auf die gröbste Art.

„Nun

„Nun ists genug „rief Freron, indem er lachend und gesund aus dem Bett sprang. „ Verzeihen sie den Scherz, bester Freund. Nun gehören sie zu uns. Diß ist die Art, womit alle eingeweihet werden, die in unsern Zirkel eintreten wollen. Hiemit ist unsere künftige Freundschaft geknüpft. Lassen sie sich den Mund wieder abwaschen, und sezen wir uns sämmtlich von neuem an die Tafel."

Während der Existenz Frerons, und selbst geraume Zeit nach seinem Tod erhielt sich kein einiges anderes Journal unter den vielen die es wagten, ans Licht zu treten, neben ihm. Man war an die Polissonerien, und an die kühnen Anzüglichkeiten dieses berühmten Gemeinschreibers gewohnt. Der Observateur literaire von le Brun; der Censeur hebdomadaire des Herrn von Aquin; la Renomée litteraire; les observations sur la litterature vom Abbt de la Porte; der Avant-Coureur von Herrn von la Dixmerie, suchten vergebens ihr Glück zu machen. Sie wurden von dem herrschenden Gestirn verschlungen.

Nach seinem Tod gieng es beinahe wie in dem Reich Alexanders. Die Generale des Freron, das ist seine vornehmste Mitarbeiter am Année litteraire: der Abbt du Porte du Tertre, Herr Palissot, der Abbt de la Porte, Herr Gastel Duboyer und Herr Dorat, suchten einen Raub daran zu machen. Jeder bemächtigte sich einer besondern Provinz.

Auffer

Auſſer ſeinen periodiſchen Blättern, woraus man den Styl und die Eigenſchaft des Genie dieſes Schriftſtellers genugſam beurtheilen kan, hat man noch ein beſonderes Werk von ihm: Opuſcules par Monſieur Freron, worinn einige ſehr glückliche Gedichte, viel Erfindung, eine reiche und glänzende Einbildungskraft, und eine flieſſende Sprache angetroffen werden.

Freron arbeitete mühſam. Diß ſchrieb er einem Fehler in dem Zuſammenhang ſeines körperlichen Baues zu. Er erzählte, daß ſich ſein Geiſt ſehr ſpät entwickelt hätte, und daß eine beſonders luſtige Anecdote Urſach wäre, daß er etwas gelernt habe. Seine Eltern wuſten wegen ſeinem dummen und unthätigen Kopf nicht, was ſie mit ihm anfangen ſollten. Sie ſetzten ihn, in der Abſicht ſeine Eigenliebe zu erwecken, auf einen im Vorhofe erbauten Thron mit einer Spitzruthe in der Hand. Hier beherrſchte er die Ferkel und Gänſe. Von nun an nannten ihn die Bedienten ſo lang den Prinzen über die Ferkel; bis er zu den Büchern grief, und anfieng zu lernen.

In Schulden verſunken; von ſeinen Gläubigern aufs Aeuſſerſte getrieben; mit der ganzen litterariſchen und moraliſchen Welt entzweyet; fand er endlich am Tode einen Erlöſer, dem er ſich mit Verzweiflung in Arm warf. *)

Man

*) Freron war in der Komödie, den 13 März 1776. Man brachte ihm Nachricht, daß der Miniſter über das

Man machte ihm eine Grabschrift. Sie wurde aber nicht auf seinen Leichenstein gesezt. -

Ci git Freron, et le Diable en enrage
Il ne veut pas qu'il y soit davantage!

das Bücherwesen, der Herr von Malesherbes, sein Journal wirklich eingestellt hatte. Freron hatte stark zu Mittag gespeist. Der Schrecken über diese Nachricht zog ihm einen plözlichen Schlag zu. — Er hinterlies viel Kinder. Seine Frau fuhr im ersten Anfall der Krankheit eilends nach Versailles, und that bey den Prinzessinen einen Fußfall. Sie erlangte, daß ihrem ältesten Sohn erlaubt wurde, das Journal seines Vaters fortzusezen. Man gab ihm einen gewissen Abbt Grosier, einen Exjesuiten, zum Beystand und Leiter. Gegenwärtig führts der Abbt Royou, im Nahmen des jungen Freron. Aber es ist so tief gefallen, daß kaum noch der Nahme davon übrig ist.

Acten
zur neuesten Staatsgeschichte von Genf.

Der Herr Professor Schlözer hat uns im neuesten Heft seines unschäzbaren Briefwechsels die interessante Geschichte

Eines Prozesses über das Staatsrecht zu Goslar gegeben.

„Wie die Schuster die Senatoren nicht
„mehr bey dem Zuschnitt des Meisterstücks
„leiden wollen; und der Mezger Müller
„meynt, er säße auf der Gilde Nahmens
„des Kaisers; und ihm solches schwer ver-
„wiesen wird.

Es sey mir erlaubt, in den Chronologen, das Seitenstück hiezu zu liefern: ein Prädikat, das ich gegenwärtiger Abhandlung mit um so mehr Recht beyzulegen mir getraue, als

1) die Materie, in so fern sie die innerliche Verfassung eines Gemeinwesens betrift, das sich gleichfalls unter die Freystaaten unsers Jahrhunderts zählt, analog:

2) als

2) als sie gleichzeitig:

3) ihr End, ob sich gleichwohl in ihrem Ursprung so wie in ihrem Gang mehr Würde befand, wenigstens eben so tragisch wie jener zu Goslar ist.

Ich könnte noch einen Grund hinzufügen. Es ist der, daß sie aufs vollkommenste zum Komentar der Eingangsworte dient, womit Herr Schlözer die Disputen zu Goslar eröfnet.

„Tiefe Stille herrscht unter den Einwoh„nern uneingeschränkter und dabey unauf„geklärter Staaten, wie unter den Ge„fährten des Ulyß in der sicilischen Höhle. „Man thut nichts, man schreibt und redet „nicht, man denkt und fühlt kaum. Wird „aber jemals diese Stille unterbrochen: „so geschiehet es durch schröckliche Orkane, „die den ganzen Staat aus seinen Angeln „zu heben drohen — und nicht selten wirk„lich heben.

„In aufgeklärtern Freystaaten hingegen „rührt sich Alles. Man siehet die Leuthe „leben und fühlen, weil sie lärmen, und „lärmen zu dörfen glauben. Im Grund „schaden hier diese Zänkereyen wenig. Sie „dienen sogar dem Staatskörper zu einer „gesunden Bewegung. Sie enden sich mit
„Com-

„Commissionen, Processen, Verweisen
„oder Vergleichen. Am Ende bleibt ge-
„meiniglich Alles so, wie es Anfangs
„war.*).

* * *

Schreiben des Staatsministers der auswärtigen Geschäfte zu Versailles, Grafen Vergennes,
an den französischen Residenten zu Genf.

„Ich habe sie erinnert, mein Herr, nichts zu
vernachläßigen, womit ich genau über das Ganze,
was nöthig ist, um dem König einen vollständigen
Begrif von den gegenwärtigen Unruhen zu Genf
zu geben, unterrichtet seyn möge."

„Ungeachtet Seine Majestät von unendlich
wichtigern Gegenständen beschäftigt ist: so glaubt
sie doch, ihren Blick nicht von einem Staat zurückziehen zu können, welchen dero Anherren mit ihrem erlauchten Schuz stätswährend und nachdrück-
sam zu behulden geruhet haben."

„Dem zufolge will der König belehret seyn,
worauf sich eigentlich die wahren Gegenstände der
Zwietracht gründen, welche die vorhabende Er-
neurung des Gesezbuchs zu Genf veranlasset hat:
auf

*) Ich hoffe mit den Worten des Herrn Schlözers über-
ein zu kommen; ob ich schon blos aus dem Gedächt-
nisse zu recitiren genöthigt bin.

auf welchen Grad die Uneinigkeiten bereits gestiegen sind, oder nach Maasgab der Stimmung des Publikums noch steigen dörften. Vornehmlich aber ob es wirklich der allgemeine Wunsch der Bürgere sey, die garantirte Konstitution von 1738 umzustoßen.„

„Dieses scheint wenigstens aus der Unternehmung selbst hindurchzuscheinen. Es läßt sich schwer begreifen, wie ausserdem Diejenigen, welche man bestellt hat, dieses wichtige Geschäft, einen neuen Koder zu verfertigen, zu behandlen, auf ihre Hörner nehmen konnten, dergleichen merkwürdige Veränderungen vorzunehmen, ohne des Beyfalls der ganzen Bürgerschaft zum voraus versichert zu seyn.„

„Unterdessen, mein Herr, höre ich gleichwohl, daß dieses Project noch weit entfernt seyn soll, die Genehmigung des allgemeinen Publikums vor sich zu haben, und daß ins Besondere die Zweihunderter, welche man für den Ausschuß der Citoyens betrachten mus; weil sie durch ihr beträchtlicheres Vermögen an das Vaterland gleichsam fester verknüpft, und durch ihre höhern Einsichten demselben nüzlicher sind, sehr wenig Neigung bezeugten, einem Entwurf beyzutreten, welcher auff den Umsturz der sowohl von Frankreich als den Cantons Bern und Zürch garantirten Staatseinrichtung abzielt.

„Seit

„Seine Majestät hat nicht die mindeste Absicht, der Unabhängigkeit der Republik zu nahe zu treten: aber sie hat Rechte, für die Ruhe derselben zu wachen. Wäre auch kein stärkerer Grund hiezu, so wäre es die Nachbarschaft beiderseitiger Staaten, und der unvermeidliche Zusammfluß der Unterthanen. Diß schon würde dem König zu einer Pflicht machen, auf die Angelegenheiten Genfs aufmerksam zu seyn."

„Die Erfahrung hat gelehrt, daß der Partheygeist — ein um so gefährlicherer Vorwurf, je mehr er sich insgemein nur an die schwachen Köpfe macht — wann er bey der Bürgerschaft zu Genf einreißt, die traurigsten und bedenklichsten Folgen bewirken kan. Das thörichte Verlangen diese oder jene Meinung emporzubringen, die Ehre zu haben, mehr oder weniger Antheil an einem neuen Gesezbuch zu besizen, läßt mit Grund befürchten, diese Vorurtheile möchten die Leidenschaften in Bewegung sezen."

„Kurz, anstatt der stillen Ruhe, welche eine Republik nöthig hat, um ihre Gesezze in Ordnung zu bringen, könnte Genf leicht in verdrüßlichere Uneinigkeiten fallen, als diejenigen kürzlich geendigten, deren traurige Wirkung sie noch empfindet."

„Die Großmuth des Königs erlaubt ihm nicht, eine so natürliche Gelegenheit, die Republik für einem neuen Unglück zu bewahren, wie die gegenwärtige ist, zu übersehen. Er hat deßwegen eine allzugute Meinung von der grössern Anzahl der Bürgere zu Genf, um nicht überzeugt zu seyn, die erlauchte Aufmerksamkeit, die er auf die Angelegenheiten der Republik wirft, werde ihnen zum hinreichenden Beweggrund dienen, die Wallung eines Mißverständnisses niederzuschlagen, das keine andere als unangenehme Folgen haben müste."

„In Gemäsheit dessen, mein Herr, bevollmächtigt sie der König, der Republik Genf diese seine Denkensart zu eröfnen. Sie werden nicht nur denjenigen, so am Ruder der Geschäfte stehen, sondern überhaupt allen Bürgern und Beysassen (Citoyens et Bourgeois) mit denen sie zu sprechen Gelegenheit haben, beybringen, daß es nicht unter dem Geräusch des Aufruhrs ist, noch unter den Anfällen innerlicher Theilung, wo man sich schmeichlen darf, eine Gesezzsammlung zu machen, auf der das Wohl des Staats beruhen solle."

„Sie werden ihnen darthun, daß die Empörung der Gemüther nicht das Mittel ist, einen Kodext, der die Einwilligung des allgemeinen Publikums haben soll, zu Stand zu bringen. Es können sich Thathandlungen ereignen, wovon der König als Erkenntniß zu nehmen, in jeder Rücksicht nicht umhin könnte."

„Und was endlich die Sache selbst betrift, mein Herr, so werden sie nicht ermanglen, die Aufmerksamkeit eines jeden Genfers auf den wesentlichsten Gegenstand, nehmlich ob die durch die Mediation 1738 garantirte Gesezze noch aufrecht stehen oder in Verfall sind, zu leiten. Vornehmlich aber ob es der Republik gleichgültig seyn dürfe oder nicht, dieses Werk der Gnade Ludwigs des XV und der Freundschaft der Cantons, zu verachten."

„Diese Reflexionen werden sie mit Allem zu begleiten wissen, was sie einleuchtend machen, und die Geister beruhigen kan. Wann es eigentlich auf Nichts weiters ankommt, als die bereits vorhandenen Gesezze zu sammlen, zu classificiren, was daran dunkel ist, zu erklären: alles diß soll und mus mit kaltem Blut geschehen. Wann man aber die Absicht hat, an der Staatsverfassung, mehr oder weniger, zu ändern: so sehe ich zum Voraus, daß alle Vorstellung unnüz seyn wird. Unterdessen giebts eine Verfahrungsart hiebey, welche nothwendigerweis die Aufmerksamkeit der Mediateurs erwecken müste."

„Dem sey, wie ihm wolle: die Republik ist Herr, Gesezze für sich zu machen. Aber es existi-

ren Mächte, welche feyrlich geschworen haben,
nicht zu leiden, daß ihr welche, von wem es auch,
selbst unter ihren Bürgern, sey, gemacht werden."

* * *

Ich stelle die Betrachtungen über dieses Schreiben meinen Lesern anheim. Mich dünkt, die Fisch-
gen können nicht genug eilen, die Bay zu suchen,
um dem Ungeheur auszuweichen, welches den Ra-
chen gegen sie aufsperrt.

* * *

Antwort eines Genfers.

Ja, mein Herr, wir verlangen einen neuen
Kodex. Wir wünschen unsere eigene Gesezze zu
haben. Dieser Wunsch sollte von Rechtswegen der
Wunsch aller und jeder Nationen in Europa seyn.
Er würde es auch vielleicht seyn, wann man überall die Nothwendigkeit so sehr fühlte, wie in Rußland und in Genf. Diese zwey Staaten sollten
zur Richtschnur fürs übrige Europa dienen, inso-
fern sie die zwey äussersten Ende der politischen
Gesellschaft vorstellen, eine der grösten Mächte, und
eine der kleinsten.

Der

Der Wille des Einigen war für Rußland hinlänglich, alle Glieder des Staats in Bewegung zu sezen, das ihrige zum Kodex beyzutragen. Im ganzen Umkreis von eilfmalhunderttausend Quadratmeilen dieses Reichs erhob sich nicht ein Schatten eines Widerspruchs: weil die Alleinherrschaft dort in ihrer ganzen Grösse lebt. Der winzige Bezirk Genfs ist bey weitem nicht so leicht zu regieren, blos weil sein Herrscher die Freiheit ist.

Zu Petersburg hebt der unbedingte Gehorsam alle Ueberlegung auf. Zu Genf ist der Gehorsam blos ein Werk der Ueberlegung. Hieraus folgt, daß nicht nur in der Art bey einem neuen Gesezzbuch zu Werk zu schreiten, sondern auch in jener, diese Unternehmung dem Publikum beliebt zu machen, und sie in Gang zu bringen, ein merklicher Unterschied zwischen beyden Regierungen vorhanden seyn mus.

An den Küsten der Newa war der Gedanke, die Gesetze umzugiessen und eine neue Verfassung einzuführen, gleichsam ein Bliz, ein schneller Ausbruch der entzündeten Einbildungskraft, der von der Aussicht auf mehr als eine Gattung daraus herfliessenden Ruhms erweckt, und von der Ehre ein bereits durch kriegerische Großthaten berühmtes Reich vollends durch friedliche Stiftungen zu illustriren,

ſtriren, unterſtützt wurde. Ein geringer Raum von Jahren war hinlänglich, ein ſolches Project zu entwerfen, es auszuführen. An dem Ufer des Genferſees erforderte es mehr Zeit, um zu keimen und auszureifen.

Wir haben, ſo wie alle unſere Brüder die Könige und die Nationen, ziemlich lang gelebt, bevor wir eigentlich wuſten, wer wir waren, und bevor wir die wahre Natur der Regierung, die uns zukam, einſahen. In dieſem Betracht haben wir einige Zeit alle Abwechslungen geprüft, welche jene berühmte Republik der Römer in ihrer Jugend erfuhr, da ſie eben ſo beſchränkt, und noch weit unruhiger war, als wir.

Ohne, ihrem Beyſpiel gemäs, jenes abgeſonderte Corps der Patrizier zu haben, welches mit dem niedrigen Theil des Publikums in keiner Verbindung zu ſtehen, welches demſelben von ſeinen Handlungen keine Rechenſchaft ſchuldig zu ſeyn glaubt; jene Gattung geheiligten Erbrechts, welche dem Adel den ausſchließenden Vorzug in der Magiſtratur des Staats einräumt: ſo haben wir einen Senat, der nicht weniger nach dem Hang der Ariſtokratie trachtet, unter dem Nahmen der Zweihunderter, und Commicen, welche im Gegentheil die Demokratie unter dem Titel groſſer Rath,

Rath, (Conſeil général) behaupten. Dieſe leztern beſtehen in der allgemeinen Verſammlung aller Citoyens und Bourgeois, an der Zahl ungefähr fünfzehnhundert. Sie ſinds, welche die Geſezze machen, Auflagen errichten, Krieg und Frieden. . . .

Lachen ſie nicht, ich bitte. Wann dieſe leztern Worte hier eine lächerliche und phantaſtiſche Anwendung zu haben ſcheinen: ſo führen ſie im Geiſt eines Genfers nicht minder einen ſehr wahren und ſehr ernſthaften Begrif mit ſich. Unſere Geringfügigkeit hindert uns wohl an dem traurigen Vermögen, ungeſtraft Uebels zu ſtiften: aber ſie verbiethet uns nicht das Recht, uns, wann es nöthig iſt, zu vertheidigen. Und der Krieg beſtehet nur bey Straſſenräubern im Angrif.

Kurz die Oberherrſchaft zu Genf iſt in den Händen des Coſeil Souverain (hohen Raths.) Der Rath der Zweyhunderter kan wie der Premierminiſter der Republik betrachtet werden. Es iſt das Tribunal der allgemeinen Appellationen in bürgerlichen und peinlichen Fällen. Vermittelſt einer aus ſeinem Schooß entſpringenden Unterabtheilung, die man die Fünf und Zwanziger, oder den kleinen Rath, nennt, verwaltet es die Polizey und die öffentlichen Einkünfte, die Aufſicht über das Zeughaus und den Wöhrſtand des Staats, die Niederlage der Geſezze, unumſchränkt. Mit einem

einem Wort, der Rath der Zweyhunderter ist
das Organ und der Arm der Regierung in allen
sowohl geistlichen als weltlichen Dingen. Niemals
gab es einen Vezier, der so viel Abtheilungen der
Regierung an sich gerissen hat.

Hierinn liegt, wie ich gesagt habe, der immer
gährende Keim der Aristokratie, ein Keim, welcher durch die wunderlichste unter allen Einschrän-
kungen begünstigt wird, daß nehmlich der hohe
Rath, oder eigentlich der Fürst, nicht anderst als
nach dem vorgängigen Beschluß der Fünf und
Zwanziger und des Raths der Zweihunderter
handlen kan. Ihr Veto, unendlich mehr conse-
quent als das in Pohlen, unterbricht nicht nur die
Verhandlungen des hohen Raths: es kommt ihnen sogar zuvor. Dieser gichtbrüchige Prinz bewegt sich nicht anderst, als wie es einer kleinen
Anzahl seiner Unterthanen gefällt.

Im Jahre 1734 versuchten die Zweihunderter einen gewissen fürchterlichen Schritt. Man muste zu dem einigen Mittel, welches zwischen zween
Gegnern, deren Rechte weder genugsam bestimmt
noch anerkannt sind, anschläglich ist, schreiten, zu
den Waffen. In diesem kleinen Erdpunct, welcher kaum Platz eine Kanone zu stellen hat, brach
ein bürgerlicher Krieg aus.

Nach-

Nach einigen Büchsenschüssen und Blutritzen kam Frankreich und die Kantons Bern und Zürch zur Vermittlung herbey. Der aufgeklärte Theil der Bürgerschaft, der nichts als das Beste des Vaterlands, und eine gesicherte Schiedwand sowohl wider die Ausschweifungen der Demokratie, als gegen die Sclaverey der Aristokratie verlangte, sah hiezu kein besseres Mittel als die Verbesserung der Gesezze. Sie wurden durch ein feyerliches Edikt, welches von den Mächten, so das Schicksal der Republik bewachen, und die diese Nothwendigkeit einsahen, garantirt war, beschlossen.

Allein wie sollte man es angreifen? Diß war die grosse Frage. Die Alten bedienten sich in dergleichen Fällen eines eben so wirksamen als bedenklichen Mittels. In demselben Augenblick, welcher die Regeneration der Gesezze entschied, unterwarf sich die Nation einmüthig dem erwählten Gesezzgeber. Sie verschwand gänzlich vor ihm. Sie verwandelte sich in eine leblose und ungeformte Masse, die von seinem Hauch ihre Beseelung erwartete. Alle und jede Stände, alle Gattungen der Magistratur vermischten sich unter den Händen dieses ephemerischen Despoten. Mit den Ressourcen, die ihm solche Unterwerfung gab, vereinigte er die vorgebliche Begeisterung der Götter. So schufen die Minos, die Numa's, die Solon's, die Lykurg'e, die römische Decemvir'e, Gesezze, welche

che ihre Stiftere durch ihre Dauerhaftigkeit überlebten.

Unser Jahrhundert, unser Meridian, kurz eine Menge Umstände von allerhand Gattung lassen dieses Wunder nicht zu. Man begnügte sich zu Genf, eine Commission zu ernennen, welche, ohne die mindeste vollziehende Macht, in der Stille des Kabinets sich blos mit der Ausarbeitung eines Entwurfs zu einem Gesezzbuch beschäftigen sollte, der der Republik vorgelegt und, nach Befund ihrer eigenen reifen Prüfung, allgemein adoptirt werden könnte.

Immittelst weis man, daß Köpfe, welche einmal von den Grundsäzen der Aristokratie angesteckt sind, die unbeugsamsten Feinde der Ordnung und jener Klarheit sind, welche die wahre Stüze der Freiheit ist. Auf diese Art wurde die Ausführung solchen Entwurfs vom Jahre 1738, wo das Edikt eröfnet war, durch allerley Künste derjenigen, so das Gift der Aristokratie eingeschluckt hatten, bis ins Jahr 1776 hintertrieben.

Endlich, nachdem man, nach einem Aufschub von 38 Jahren, von allen Seiten auf die ins Werkstellung des neuen Gesezzbuchs aufrichtig zu bringen schien: so versuchte der auf die Erweiterung seiner Macht immer eifersüchtige Rath der Zweyhunderter die Glieder der Gemeinde so zum Legislationswerk verordnet waren, von der Commission zu verdrändrängen. Er wollte nicht leiden, daß jemand anders die Arche der Republik berühren sollte, als die geweihten Leviten aus seinem Mittel. Dem Conseil general, das ist dem Publikum, blieb also nichts weiters bevor, als die Freiheit, das Gesezzbuch seiner Zeit entweder anzunehmen oder zu verwerfen.

Allein Schaam, oder vielleicht auch eine gegründete Furcht die Geduld des Publici zu überspannen, mässigte diesen Versuch. Man bestimmte, daß zum Gesezzcomptoir blos eine gewisse Anzahl Glieder aus dem Mittel der Zweihunderter gezogen werden sollten, und zwar Männer, deren persönlicher Hang zu den Rechten des Volks offenkündig ist.

Damit aber dieses schwache Palliativ gleichwohl nicht in eine üble Wirkung ausschlüge: das ist, damit die Demokratie nicht zu viel Uebergewicht bekäme: so sezte der hohe Rath ein weitläufiges Formular auf, worinn die Maasregeln der Gesezzrevisionscommission genau abgezeichnet, allen ihren möglichen Motionen vorgesehen, und ihre Gränzen beschränkt wurden. Numerotirte Instructionen unterwarfen die Commission einer abgemessenen Laufbahn, von der es ihr nicht erlaubt war, sich zu entfernen. Nichts was den Kreis, worein man sie einschloß, verhindern konnte, sich zu erweitern oder durchzubrechen, war vergessen.

Eine

Eine dergleichen hermaphrodite Commission muste natürlicherweis den systematischen Klopffechtern ein breites Feld der Uebung eröfnen. Es war leicht zu begreifen, daß die eine Seite, woraus solche Commission bestund, sich immer bestreben würde, die aristokratischen Maximen ihres Corps zu behaupten, und daß sie selbst die geringfügigsten Gegenstände benuzen würde, um ihr Uebergewicht zu etabliren; und daß hingegen die andere Seite, welche das Interesse der Bürgere in Verwahrung hat, ambitioniren würde, ihren persönlichen Vortheil dem Eifer fürs allgemeine Beste aufzuopfern.

Zu dem Esprit de Corps trat noch der Familien- und der Partheygeist hinzu. Das öfentliche Wohl und die Vernunft selbst hatten demnach die drey gefährlichsten Influenzen gegen sich, welche jemals die Erde beunruhigt haben, seitdem man räsonirt.

(Die Fortsezung enthält der künftige Heft.)

America.
(Siehe Seite oben 194)
Fortsezung.

Nachdem gezeigt worden, daß keine Ursache vorhanden ist, Zweifel über die Mittel der vereinigten Staaten, ihre Schulden zu bezahlen, zu erregen, so wollen wir untersuchen, ob man eben dieses von ihrem Willen, es zu thun, sagen kan.

Hiebey sind drey Stücke in Betrachtung zu ziehen.

1) Ob die vereinigten Staaten ihr Wort gegeben haben, die Pappiere einzulösen, und auf welche Art sie es gegeben haben?

2) Ob sie sich die politische Freiheit, sie wieder einzulösen, erworben haben?

3) Ob man, die beyden ersten Puncte zugegeben, Ursache habe, eine niederträchtige Verlezung der öfentlichen Treue zu besorgen?

Erſtlich iſt es allen und jeden, welche die Journale des Congreſſes leſen, oder einen Blick auf ihr Pappiergeld werfen, notoriſch, daß der Congreß ſeinen Konſtituenten ſein Wort wegen der Einlöſung gegeben hat; und es iſt gleichfalls notoriſch, daß er nicht allein autoriſirt war, es zu thun, ſondern daß ſeine Konſtituenten ſein Betragen wirklich, durch Annehmung der Pappiere, durch gegebene Geſezze den Umlauf zu befördern, und durch Beſtrafung derjenigen, welche dieſe Pappiere nachgemacht, ratificirt haben; dergeſtalt, daß man mit Wahrheit ſagen kan, daß das Volk nicht allein zuſammgenommen, und durch ſeine Repräſentanten, ſondern auch jede einzelne Perſon, ihr Wort gegeben hat, die Pappiere einzulöſen.

Haben ſich die vereinigten Staaten die politiſche Fähigkeit erworben, ſie einzulöſen? Diß iſt eine Frage, die etwas mehr Erörterung braucht.

Unſere auswärtigen und einheimiſchen Feinde haben Zweifel über dieſen Punct zu erregen geſucht. Sie machen den Einwurf, daß die Conföderation der Staaten noch nicht vollkommen iſt; daß die Vereinigung getrennt, der Congreß aufgehoben werden kan, und daß jeder Staat, durch Zurücknehmung ſeiner Vollmacht, die er nur delegirt hatte, künftig alle Rechte der Souverainität, die jedem unabhängigen Staat zukommen, an ſich nehmen und ausüben kan.

An

In diesem Fall, sagen sie, werden die amerikanischen Pappiere, die allein durch die Vereinigung ausgegeben sind und erhalten werden, mit derselben vernichtet werden. Wenn diß zugegeben worden, so gehen sie so weit, zu versichern, daß man solchen Ausgang vernünftigerweis erwarten könne. Und zum Beweis führen sie unsere Zwistigkeiten, unsere Partheyen, unser verschiedenes Interesse, unsere verschiedene Manieren, unsere alten Vorurtheile, und verschiedene andere, eben so scheinbare und eben so betrügliche Gründe an.

Wir wollen die Sache untersuchen.

Die Staaten sind izt zu jeder Maaßregel, die zu ihrer Vertheidigung während dem ganzen izigen Kriege wesentlich, und zum glücklichen Ausgang dessen, was der Gegenstand davon ist, nothwendig, so vollkommen, so rechtmässig und unbedingt conföderirt, als es ihnen zu seyn nur möglich ist.

Lesen sie, Freunde und Mitbürgere! die Creditive der verschiedenen Delegirten, aus welchen der Congreß 1774, 1775 und zum Thei 1776 bestand. Sie werden finden, daß sie eine Union in der ausdrücklichen Absicht errichteten, sich den Unterdrückungen Englands zu widersezen, und die Abhelfung der Beschwerden zu erlangen.

Als ihre Repräsentanten bey dem Congresse am 14 Jul. 1776 sahen, daß eine uneingeschränkte

Unterwerfung allein ihren Freunden ein Genüge leisten könnte: so erklärten sie sich im Nahmen des Volks und der dreyzehn vereinigten Kolonien für freye und unabhängige Staaten, und verpfändeten einander zu Behauptung dieser Erklärung, voll Vertrauens auf den Schuz der göttlichen Vorsehung, wechselseitig ihr Leben, ihr Vermögen und das Heiligthum der Ehre.

War je eine Conföberation förmlicher, feyrlicher und bestimmter? Sie ist ausdrücklich von jedem Staat der Union angenommen und acceptirt worden.

Diesem zu Folge brachte man, um diese Erklärung, das ist, um die Unabhängigkeit dieser Staaten zu behaupten, Armeen zusamm, und sezte zu ihrer Unterhaltung das Pappiergeld in Umlauf, oder machte Anleihn.

Also gehören die Einlösung dieser Pappiere, die Bezahlung der Schulden und die Berichtigung der Rechnungen der verschiedenen Staaten zum Dienste und zum Aufwand, den das gemeinschaftliche Wohl in dieser Sache erforderte, unter die Zahl der Gegenstände der Conföderation; und so lang alle, oder auch nur einige zu erfüllen sind, so kan sie, den göttlichen und menschlichen Gesezzen zu Folge, nicht getrennt werden, wenigstens nicht in Rücksicht auf dasjenige, was diese Gegenstände betrift.

Aber

Aber wir sind völlig überzeugt, und unsere Feinde werden finden, daß unsere Conföderation nicht gemacht ist, ein solches End zu nehmen.

Man betrügt sich, wenn man annimmt, daß wir blos durch die Vorstellung von unserer itzigen Gefahr miteinander verbunden sind. Es ist eine Thatsache, woran man nicht zweiflen darf, daß die Einwohner der Staaten niemals herzlicher als itzt vereinigt gewesen sind. Da wir uns untereinander mischen musten, so haben sich auch unsere Manieren mit einander vermischt, die alten Vorurtheile sind geschwächt worden.

Eine Empfindung des gemeinschaftlichen und dauerhaften Interesse, diese wechselseitige Zuneigung, die aus der Brüderschaft der Leiden und des Unglücks entstehet, die Bande der Verwandtschaft, die täglich weiter ausgedehnt werden, die Gemeinschaft der Sprache, der Regierung, und folglich auch der Sitten; die Wichtigkeit, der Glanz, das Gewicht, die unsere Conföderation sich erwirbt, alles vereinigt sich, die Kette der Verbindung, die uns auf ewig knüpfen soll, zu stärken.

Holland und die Schweizercantons wurden in Umständen frey, die den unsrigen ähnlich waren. Ihre Unabhängigkeit ist schon von langer Dauer, und ihr Bund bestehet noch in seiner ganzen Kraft. Warum sollte unsere Verbindung weniger dauerhaft seyn? Und warum sollte man von den Einwohnern der amerikanischen Staaten annehmen, daß sie nicht soviel weise Mässigung besizen, als die Einwohner dieser europäischen Republiken?

Aber wir haben schon genug gesagt, um zu beweisen, daß in allen Projecten des gegenwärtigen Kriegs, und in Allem was darauf Beziehung hat, eine vollkommene und feyrliche Conföderation vorhanden ist, und daß folglich die Staaten die politische Fähigkeit, ihre Pappiere einzulösen und ihre Schulden zu bezahlen, izt haben und beständig haben werden.

Drittens, hat man wohl, zugegeben daß die Staaten die Mittel und die politische Fähigkeit haben, ihre Pappiere einzulösen, Ursach eine niederträchtige Verlezung der öfentlichen Treue zu fürchten? Mit Leidwesen und dem größten Widerwillen übernehmen wir es, eine Frage zu erörtern, die einen für die Ehre und Würde von Amerika so beleidigenden Zweifel mit sich führt.

Da der Feind bemerkt hat, daß die Stärke von Amerika in der Wiedervereinigung seiner Bürger und in der Mässigung und Rechtschaffenheit Derjenigen bestehet, welchen sie die Führung der Angelegenheiten anvertrauet haben, so hat er sich unermüdet bemühet, das Volk zu beunruhigen und zu vereinigen, und die Talente und Tugend seiner
Häupter

Häupter in Mißkredit zu bringen, und das Vertrauen ihrer Constituenten zu schwächen.

In dieser Absicht hat man zu verschiedenenmalen versucht, eine abgeschmackte und eingebildete Unterscheidungslinie zwischen dem Congreß und dem Volk zu ziehen, und die Meynungen und den Glauben einzuflößen, daß ihr Interesse, so wie ihre Absichten, verschieden, und einander entgegen gesezt wären. Daher die lächerlichen Erzählungen, die neidischen Insinuationen und phantastischen Einbildungen, die durch verkleidete Emissarien und mit der Maske des Patriotismus bedeckte Verräther unterhalten worden sind.

Daß auch diese sonderbare Entdeckung, daß der Congreß, der das Pappiergeld hat ausgehen lassen, es auch vernichten kan, und es nicht länger existiren lassen wird, als er es für nüzlich halten wird, es zu erlauben.

Man darf nicht darüber erstaunen, daß in einem freyen Land, wo den Zungen und Federn kein Einhalt geschiehet, noch geschehen darf, diese politischen Kezereyen ausgebreitet worden sind, und daß man sie einzuschärfen gesucht hat: aber es ist in der That erstaunend, wann sich nur Ein tugendhafter Amerikaner finden sollte, der sie eingesogen hätte.

Man würde eine gar schlimme Meynung von der gesunden Vernunft und Ehre eines jeden wahren Amerikaners verrathen, wann man viel Beweisgründe anführte, um die schlechte Politik zu beweisen, die man dadurch verrathen würde, wann man Nationaltreue und Glauben verlezte, und nicht vielmehr alle nöthigen Maaßregeln nähme, sie unverbrüchlich zu halten.

Eine ungetreuer Weise Bankerutt machende Republik würde eine Neuigkeit in der Welt seyn, und würde sich in selbiger wie eine gemeine Hure unter keuschen und ehrwürdigen Matronen sehen lassen.

Der amerikanische Stolz wird schon durch die Vorstellung davon beleidigt. Unsere Bürger wissen, in welcher Absicht man das Pappiergeld in Umlauf gebracht hat, und sie haben zu verschiedenenmalen ihr heiliges Wort gegeben, es wieder einzulösen. Diese Pappiere sind ein Theil des Besizes jeder Privatperson, und jeder Privatmann ist bey ihrer Einlösung interessirt.

Diejenigen haben ohne Zweifel eine grosse Meynung von der amerikanischen Leichtgläubigkeit, welche das Volk für fähig halten, nach reifer Ueberlegung zu glauben, daß ganz Amerika, gegen die Treue, die Ehre und das Interesse von ganz Amerika, geneigt seyn wird, eine so schädliche und verunehrende Operation zu begünstigen, zu unterstüzen oder zu erlauben.

Wir

Wir sind überzeugt, daß unsere Feinde keine Mühe, keinen Kunstgrif spahren werden, um uns in diese bemüthigende und verächtliche Situation zu sezen. Von Haß und von den Eingebungen der Verzweiflung und des schlechten Erfolgs angetrieben und sich unfähig sehend, unsere Nacken in ihr Joch zu bringen, werden sie sich mit Gewalt und durch Verführung bemühen, uns zu diesem ohnverzeihlichen Fehler zu verleiten, um uns die Strafe zuzuziehen, die er verdient, und uns zum Auswurfe des menschlichen Geschlechts, und unsern Nahmen zu einem Schimpfwort bey allen Nationen zu machen.

Von diesen Folgen unterrichtet, mit dem Werth eines guten Nationalrufs bekannt, und von lebhafter Empfindung der Gerechtigkeit, der Ehre und ihrer unveränderlichen Gesezze durchdrungen, ist es unmöglich, daß Amerika ohne Entsezen an eine so abscheuliche Handlung denken könne.

Da also weder an unsern Mitteln, noch an unserm Verlangen, die öffentliche Schuld zu tilgen, gezweifelt werden kan, so müsse auch unser Betragen mit diesem Vertrauen übereinstimmen, und wir müssen unsern Credit von diesen Anschuldigungen frey machen!

Wann die Aufmerksamkeit der Amerikaner unabläßig auf diesen Gegenstand wäre gerichtet gewesen; wann die Auflagen zeitlich entrichtet und

Q 5 ein-

eingehoben wären; wann man zu rechter Zeit Anleihn gemacht hätte; wann man gegen diejenigen, welche sich bemühet, den öffentlichen Credit zu schwächen, Gesezze gemacht, und nach aller Strenge darüber gehalten hätte; wann man alle diese, und verschiedene andere eben so nöthige Mittel angewendet hätte; und wann dann, aller dieser Bemühungen ohngeachtet, der Werth unseres Pappiergelds bis zu der izigen niedrigen Würdigung gefallen wäre: so ware unsere Lage in der That kläglich. Da sie aber nicht angewendet worden sind, so können wir die guten Wirkungen noch erfahren, welche sie natürlicherweis herfürbringen müssen.

Unsere vormahlige Nachlässigkeit belebt also unsere Hofnungen, und sagt uns, daß wir nicht daran verzweiflen müssen, durch Wachsamkeit und Fleiß dem Uebel abzuhelfen, das Unachtsamkeit und Gleichgültigkeit veranlaßt haben.

Freunde und Mitbürgere!

Seyn sie also auf ihrer Huth, und erwägen sie wohl die Politik jeder Maaßregel, und die Evidenz eines jeden Gerüchts, das man unter ihnen verbreiten wird, ehe sie die erste annehmen, und das lezte glauben.

Bedenken sie wohl, daß es der Preiß der Freiheit, des Friedens und der Sicherheit, sowohl für sie selbst, als für ihre Nachkömmlinge, ist, den man

man von ihnen verlangt, dieses Friedens, dieser
Freiheit und dieser Sicherheit, für deren Erwer-
bung und Erhaltung sie ihr Leben und Vermögen
aufzuopfern so feyerlich erklärt haben.

Der Krieg währt, ob er gleich einem glücklichen Ausgang nahe ist, noch in seiner ganzen Wuth
fort. Fürchten sie sich vor der Schande, ihren Bun-
desgenossen die ganze Sorge ihrer Vertheidigung zu
überlassen. Bedenken sie, daß die glänzendste Hofnung verdunkelt werden kan, und daß die Klugheit
uns befiehlt, uns auf alle Vorfälle gefaßt zu machen.

Sorgen sie also dafür, ihre Armeen so lang im
Feld zu erhalten, bis Sieg und Friede sie wieder
zu ihrem Heerde zurück bringen. Und vermeiden sie
den Vorwurf, daß sie in ihren Händen den Werth
ihres Geldes haben heruntergehen lassen, da sie
durch Abtrettung eines Theils, es sey vermittelst
des Wegs der Anleihn oder der Taxen, es in ihrem völligen Credit erhalten konnten.

Menschenliebe sowohl, als Gerechtigkeit fodern
diß von ihnen. Die Klagen betrübter Wittwen,
das Geschrey verwaister Kinder, deren Stüzen und
ganze Hofnung, die ihren Händen anvertrauet waren, für sie verschwunden sind, sind ohne Zweifel
zu ihren Ohren gekommen. Fürchten sie sich, daß
sie nicht höher steigen. Erwachen sie. Zünden sie
das Feur des Patriotismus wieder an, das bey
dem Nahmen der Schande und der Sclaverey plözlich

lich in ganz Amerika hervorbrach, und alle Bürger entflammte.

Entschliessen sie sich, den Streit zu endigen, wie sie ihn angefangen haben, ehrlicher Weise und glorreich. Verstatten sie nicht, daß man sage, daß Amerika nicht sobald unabhängig gewesen, als es schon bankerott ist, und daß sein aufkeimender Ruhm und guter Nahme, durch Verlezung seiner Verbindungen und seiner Treue, selbst in dem Augenblick beschmizt worden seyen, da alle Nationen der Erde den Glanz seiner Kindheit bewundern. Amen!

Auf einmüthigen Befehl des Congresses. Den 13 Sept. 1779.

* * *

Ein angloamerikanischer Mahler zu London ist auf den Einfall gekommen, ein Bild zu entwerfen, um vorstehender Schrift zum Titelkupfer zu dienen.

Der Innhalt dieses Bilds gehört um so mehr zum Beschluß unserer Materie: je sinnreicher er an sich selbst ist, und jemehr er sich vom gemeinen Haufen der Kupferstiche unterscheidet.

„Die Zeit, in ihrem gewöhnlichen Costüme, mit Flügeln und neben ihr eine Sichel, sich auf einen Globus stüzend, zeigt den vier Weltheilen die Zauberlaterne. — Diese sind so personifizirt.

Asien

Asien unter dem Bild eines schönen und reichlich
gepuzten Frauenzimmers, sizend, und auf ihrem
Schoose ein Rauchpfännchen haltend. Sie stüzt
die eine Hand auf die Schulter des neben ihr sizen-
den Europa, welches durch eine mit Helm, Lanze
und Schild ausgerüstete Pallas vorgestellt wird.
Ein Neger, so hinter ihnen stehet, zeigt deutlich
Afrika an."

„Diese drey Figuren sind der Zeit zur Rechten.
Zur linken Hand präsentirt sich Amerika, als ein
halbnackter Wilder, der auf einem Waarenballen
sizt."

„Den Hintergrund deckt ein grosses Tuch, auf
welchem man den Wunderkreis der Laterne, oder
die eigentliche Vorstellungen, wahrnimmt. Nehmlich brennende Edikte unterhalten ein starkes Feur,
worüber ein Theekessel stehet. Aus dem Kessel
kommen drey Stücke, eine Schlange, Blizze und
ein Pfahl, worauf ein Huth steckt,*) herfür."

„Gegen diesen Huth richtet sich die unter Waf-
fen stehende Armee der Amerikaner, mit fliegenden
Fahnen, und dem General Washington an ihrer
Spize."

"Auf

---

*) Diesen Pfahl nennt man, seit Wilhelm Tells Ge-
schichte, das eigene Sinnbild der Freiheit. Warum
erwählt man nicht lieber einen von der Armbrust ab-
fliegenden Pfeil dazu? dann der leztere war eigentlich
ratio efficax. Der Pfahl des tyrannischen Statthalters
war nur der veranlassende Umstand.

„Auf der linken Seite des Wunderkreises stürzt der Donner drey Leoparden *) zu Boden, und verfolgt einen Trupp Soldaten, die ein Joch auf ihren Schultern tragen. **)

„Bey dem Feuer stehet ein kleiner Hahn ***) mit sträubenden Federn, der mit dem einen Fuß den Blasbalg treibt."

„Durch die vom Feuer aufsteigende Rauchwolke hindurch erblickt man einen liegenden Leoparden, ****) der ganz sachte die Pfote nach Gibraltar ausstreckt, das auf einer Landcharte vorgestellt wird."

Dieses Bild ist unstreitig einer der besten unter den stummen Romanen, die man seit der Erfindung Hogarths hat.

*) Das Wappen von Grosbrittanien.
**) Deutsche Hilstruppen.
***) Gallia.
****) Das Wappen Spaniens.

Ueber die Wiederherstellung des Edikt von Nantes, durch Ludwig XVI.

Ein ehrlicher Mann kan sich im Irthum befinden. Auch bey dem tugendhaftesten Herzen kan ein Mensch von seiner Vernunft betrogen werden. In diesem Fall ist die Pflicht der Obrigkeit, wo sie ihn nicht erleuchten kan, ihn zu bedauren.

Der Rezer aber ist jener Bösewicht, dessen Verstand gut, und dessen Herz lasterhaft ist. Er wird nicht betrogen, sondern er selbst betrügt. Das Wohl des Staats erfordert, ihn zu verachten, und, wofern seine Handlungen die Ruhe der Gesellschaft stöhren sollten, ihn, wie einen andern Verbrecher, zu strafen.

Hier ist mit zwey Worten, der Hauptbegrif aller Grundsäze von der Toleranz.

Die Religionsverfolgung ist sehr alt. Sie war schon der Nationalzug der Egiptier.

      Summus utrinque
Inde furor vulgo quod numina vicinorum
Odit uterque locus, cùm solos credat habendos
Esse deos quos ipse colit.
        JUVENAL.

Sie

Sie wurde nachgehends das karacteristische Laster der Juden. Von ihnen kam es auf ihre Erben, die Christen.

Dieser Kennzug ists hauptsächlich, der jene Völker den Römern so verhaßt machte. Er ist der vornehmste Beweggrund, welcher ihnen die Verachtung dieser aufgeklärten, und staatsklugen Nation erwarb, und ihren Untergang nach sich zog.

Es gehört zur Geschichte der Politik, wie viel Unheil der Verfolgungsgeist in der Welt gestiftet, zu wie viel Revolutionen er Anlaß gegeben, und wie verschiedentlich er sein Prinzip verändert hat, bis man endlich, in unsern Tagen auf jenen weisen Grundsaz der römischen Staatskunst, von der Toleranz, wiedergelangt ist.

Eine der berühmtesten und wichtigsten Rubriken in dieser Geschichte bleibt die Wiederrufung des Edikts von Nantes.

Die Stimme aller Nationen und aller Zeiten kommt darinn überein, daß es einer der unnüzlichsten und lächerlichsten Streiche des Fanaticismus, und der wichtigste politische Fehler für Frankreich war. Niemals hat sich die Politik für die Uebel, so ihr die Religion zufügte, mehr gerächt.

Das gelindeste, was man von diesem, die lezten Regierungsjahre Ludwigs XIV verdunkelnden

Vorgang

Vorgang sagen kan, ist, daß wann es auch ein in seiner Anlage weiser, und nach den Grundsäzen der Politik unvermeidlicher Entschluß war: so war er doch in der Ausführung höchst fehlerhaft.

Wann die Furcht vor einem Staat im Staate; wann die Besorgniß, eine mächtige, einen zahlreichen Theil der Nation betragende, von Henrich IV mit wesentlichen Vorzügen versehene Parthey, die ihren eigenen Synod, ihre Vorsteher, ihre Versammlungen und ihre Geistlichen hatte, möchte in eine Republik in der Monarchie ausschlagen; endlich wann die Meynung, daß neben einer Religion, in welcher Gott unter einer sichtbaren Form angebethet wird, eine Sekte, die dieses Symbol verachtet, nicht bestehen könne; daß die Aergernisse des Glaubens politische Aergernisse nach sich ziehen; kurz, daß jeder Mensch, der nicht Schiboleth aussprechen kan, ausgerottet werden müsse — die Wiederrufung der den Protestanten zuständigen Privilegien in Frankreich zu rechtfertigen schien: muste man sie aus dem Land jagen; muste man dem Reiche die nützlichste Helfte der Nation entziehen: muste man Leuthen, die kein politisches Verbrechen an sich hatten, die Rechte der Natur versagen: mußte man die Fehler der Meynung mit dem Schwerd der Justiz bestrafen?

So spricht der einhellige Geist aller Patrioten und aller Weltweisen in Europa.

So

So lang es den Anführern der Intoleranz noch gelang, die Augen des Publikum mit ihrem metaphysischen Staub zu blenden, daß ihre Richtung nicht auf diesen Gegenstand fiel; so lang man die Aufmerksamkeit der Nation durch Schleuderkriege mit den Jansenisten ꝛc. ꝛc. beschäftigte, um sie abzuhalten, jenen Vorfällen nachzudenken; kurz, so lang ein Abbt Caveirac mitten in Paris ein Lobgedicht auf die Bartholomäusnacht vorlesen durfte: so war es aufgeklärten und fühlenden Männern noch nicht erlaubt, ihre Gedanken zu eröfnen.

Vergebens war es längst Menschenverstand in Frankreich, daß die Zurückrufung der Protestanten ein offenbares Staatswohl wäre, daß hierdurch die Bevölkerung vermehrt, die Industrie, die Künste und Fabriken wieder aufleben würden. Aber der verhaßte Partheygeist, dieser grausame Tiran der Staaten, berief sich immer auf seine Vorurtheile.

*) Non monstrare vias eadem nisi sacra colenti
   Quaesitum ad fontem solos deducere verpos

Ein um die Denksäulen der Nachwelt sich mehr als in einem Betracht verdient gemachter, in der Staatsgeschichte Frankreichs berühmter Minister, der Herr von Turgot, wagte es zuerst, die Sache zur Angelegenheit zu machen. Er bediente sich hiebey einer Operation, die eben so fein, als neu und denkwürdig ist.

Durch

Durch eine der wunderbarsten Verwicklungen, die man kaum erwarten konnte, und die ewig ein seltsamer Zug in der Geschichte bleiben wird, wurde die katholische Geistlichkeit in Frankreich bestimmt, selbst den Schritt, die Wiederherstellung des Edikts von Nantes in Vorschlag zu bringen, bey Hof zu machen.

Zu dem End entstund den 7 Jul. 1775 eine feyrliche Generalversammlung der Klerisey, worinn entschieden wurde, den König im Nahmen der Geistlichkeit von Frankreich zu bitten, die Protestanten wieder in ihre vorigen Rechte herzustellen.

Die Erzbischöfe von Narbonne und von Toulouse wurden abgeordnet, diesen Vortrag bey Hof zu insinuiren. Ludwig XVI gab der Geistlichkeit diese denkwürdige Antwort. *Da es niemand als die Geistlichkeit war, welche einst Ludwig XIV um die Wiederrufung des Edikts von Nantes fußfällig bat: so kommt es ihr nicht zu, die Herstellung desselben gegenwärtig von Ludwig XVI zu sollicitiren. Diese Sache mus dem freyen Bewegniß des Königs anheimgestellt werden.*

§Alles „fügte der Graf Maurepas, der der Versammlung diese Antwort eröfnete, hinzu„ was die Geistlichkeit thun kan, um ihre rühmliche Liebe zur Mäßigung, zur Toleranz und zum Frieden zu zeigen, daß sie sich auf die Weisheit der Regierung verlasse."

Die Gründe, welche man zu dieser berühmten Antwort Ludwigs XVI angiebt, sind eben so merkwürdig als vielfach.

Der König, sagt man, wollte, daß die Nation diesen wichtigen Ausbruch seiner eigenen Gnade schuldig wäre. Eine gerechte Eifersucht auf die Liebe seiner Unterthanen gestattete ihm nicht, einen Entschluß, der auf das Wohl der Nation eine so wichtige Beziehung hat, und der mit dem Ruhm und dem Schimmer seiner Regierung, mit der Bewunderung der Nachwelt, in so genauer Verbindung stünde, mit Jemand zu theilen.

Konnte sich Seine Majestät auf der einen Seite nicht entziehen, dem Schritt der Geistlichkeit innerlich dero erlauchten Beyfall zu geben: so wuste der König auf der andern Seite, daß es gleichwohl nicht die freymüthige und wahre Gesinnung derselben, und daß es blos eine politische Folge der Insinuationen sey, welche dero Ministere bey der Versammlung angewendet hatten.

In der That bestättigte die Erfahrung den Grundsaz des Königs, daß der Zeitpunkt noch nicht reif wäre, diese wichtige Unternehmung zu befruchten. Man wuste, daß die Geistlichkeit zu diesem blendenden Schritt blos bewogen war, weil der Generalkontrolleur demselben gewisse Vortheile in Ansehn des Don Gratuits, worüber man in Unterhaltung war, entgegensezte. Immittelst man in der Versammlung der Bischöfe sich mit der Wiederherstellung der Protestanten beschäftigte: so zirkulirten ausserhalb derselben häufig fliegende Schriften, worinn andere Geistliche das Publikum dagegen aufhezten.

Ueberdiß verdarben es die Protestanten auf ihrer Seite selbst. Man frohlockte vor der Zeit. In einigen Landstädtchen stellte man öfentliche Triumpfgepränge an. Hierüber entstunden Bewegungen, Auflauf, Mißverständnisse, die dem Ministerium bedenklich wurden, und es abschröckten.

Anstatt den Zweck der Ordnung, der Eintracht und der Ruhe in der Monarchie durch die Wiederrufung der Protestanten zu erreichen, war bey der gegenwärtigen Lage der Umstände vielmehr zu befürchten, es möchte ein Aufruhr veranlaßt werden. Diß rechtfertigt die einsichtsvolle Weisheit in dem Betragen des Königs vollkommen.

Der unermüdete Minister, welcher diesen grossen Entwurf beseelte, nachdem er auf der Seite der Geistlichkeit seine Anschläge vereitelt sah, beschloß den weltlichen Senat der Nation zu interessiren. Er wandte sich ans Parlament.

R 3 Einer

Einer der berühmtesten Parlamentsräthe, der Herr von Bretigneres, hielt den 15 Decemb. 1777, an das versammelte Parlament zu Paris folgende Rede.

„Der Gegenstand meines Vortrags, meine Herren, ist zu gleicher Zeit äusserst wichtig und äusserst simpel. Nicht die unbeschränkte Religionsübung der Protestanten: nicht die Zulassung derselben zu öfentlichen Bedienungen und Würden ists, was das Wohl des Staats verlangt: sondern nur, daß man sie wenigstens dieselben Rechte geniessen lasse, die man die Juden in Frankreich geniessen läßt; dieselben Rechte, welche Katholiken in protestantischen Ländern geniessen; welche selbst die heidnischen Kaisere den ersten Christen, mitten unter den Verfolgungen wider sie, nicht versagt haben. Ich meyne diejenige Wohlthat der Gesezze, ihren Kindern ihr Vermögen zu sichern."

„Eigentlich erfoderte die Natur, diesem Punkt schon bey der Wiederrufung des Edikts von Nantes vorzusehen: er gehörte unter die Maaßregeln dieser Operation. Allein das Ministerium Ludwigs XIV. dachte, wann es darüber weggienge: so würde die verzweiflungsvolle Ungewißheit, worinn man die Protestanten wegen dem Schicksal ihrer Kinder liesse, sie um so eher bewegen, zur katholischen Kirche überzutretten."

„Unter

„Unterdessen ists handgreiflich, daß man nach dem Recht der Natur und der Menschlichkeit nicht befugt war, ihnen die Ehe zu verbiethen, noch sie wider ihren Willen zum Altar zu schleppen. Ausserdem war ihnen in der Verordnung, durch welche das Edikt von Nantes wiederrufen wird, selbst eine ungekränkte Existenz versprochen."

Um diesem Vorwurf also auszuweichen erwählte man lieber, anzunehmen, daß es keinen Protestanten mehr in Frankreich gäbe. So betrachtete man, vermöge einer unbegreiflichen Verblendung, die eitelste aller Einbildungen für ein Meisterstück der Staatskunst."

„Der Ausgang lehrte nur allzuwohl, wie sehr man sich betrogen hatte. Unterdessen erhielt sich dieses System gleichwohl, trotz der fehlgeschlagenen Hofnungen, die man darauf gebauet hatte, weil es von der Zeit geheiligt und von der Gewohnheit unterstützt war, bis auf unsere Zeiten. Vergebens schien man die Augen im Jahre 1736 zu öfnen. Die Verordnung, durch welche selbigen Jahrs die bisher verbothene Beerdigung der Protestanten auf die Gottesäcker aufgehaben wurde, schmeichelte dem Publikum, daß dieser Schritt ein Vorläufer wäre, um gleichen Verordnungen zum Vortheil der Ehe und der Taufen die Bahn zu brechen."

„Ein grosser Prinz, dessen Andenken in dieser Versammlung immer leben, und dessen Nahme der

Nation immer werth seyn wird; *) vornehme Ministere, und redliche und erleuchtete Obrigkeiten nahmen sich dieser Sache an. Aber umsonst. Ihren Maaßregeln wurde durch eine aneinanderhangende Kette widerwärtiger Gegenstände, oder vielmehr durch jene Hindernisse, wodurch das persönliche Interesse sehr oft über den öfentlichen Nuzen siegt, zernichtet."

„Immittelst vergrössert sich das Uebel immer. Man zählt seit 1740 wenigstens viermalhunderttausend heimliche Heyrathen. Welch eine reiche Quelle zu ärgerlichen Prozessen! Habsüchtige Leuthe machen ihren Anverwandten ihr Vermögen strittig, und geben sie bey Gericht an, um den Besiz desselben zu stehlen. Treulose Eheleuthe berufen sich, daß ihrer Heyrath die Gesezhaftigkeit abgehe, um sich von den Banden der Pflicht zu trennen. Die Gerichte, zwischen zwo Pflichten gedrängt, zwischen das Gesez der Natur und das Gesez des Staats, sind in Verlegenheit, was sie thun sollen. Sie wissen sich nicht besser zu helfen, als indem sie sich von beyden zugleich entfernen."

„Die Verordnungen, welche Ludwig XIV wider die Protestanten erlies, sind demnach nicht so sehr in Abgang gerathen, wie man spricht, um nicht eine Revision zu verdienen. Sie sind ein an einem Faden über ihren Häuptern hangendes Schwerd.

Der

*) Der verstorbene Prinz Eguy.

Der Eigennuz und der Aberglaube sind immer bereit sich seiner zu bedienen. Und troz der Wachsamkeit der Regierung ists ihnen schon allzuoft gelungen. Wie würde es erst aussehen, wann das Schicksal das Ruder der Monarchie in weniger kluge und weniger menschlich gesinnte Hände fallen lassen sollte!"

„Nein. Die Sicherheit der Bürgere mus nie von dem ungewissen Wechsel des Ministerium abhangen. Nichts als die Sanction der Gesezze kan ihr eine gründliche Dauer versichern. Diese ist das einige Mittel, Frankreich einige Millionen Bürgere wiederzugeben, welche Furcht und Tiraney daraus vertrieben haben; und zu gleicher Zeit den neuen Auswanderungen, welche fortwähren, vorzubeugen."

„In der That: sollte es den Protestanten unbekannt seyn, mit wie viel Eifer man sie in fremden Ländern erwartet, und wie viel Arme geöfnet sind, sie aufzunehmen? Sollten sie die Freiheit, welche ihnen das einst wieder ruhig gewordene Nordamerika anbiethen wird, miskennen? Diesem Zeitpunkt vorzueilen erfodert das Interesse Frankreichs. Es wäre allzuschnöd, in einem Jahrhundert, worinn die bürgerliche Toleranz zu einem Grundsaz angenommen, wo sie, sowohl in katholischen als protestantischen Ländern, zum Staatsgesez und zum öfentlichen Glaubensartikel des Publikum worden ist, die Verfolgung gegen sie fortzusezen."

R 5 „Wah-

„Wahren Weltweisen, aufrichtigen Freunden des französischen Ruhms und ihres Vaterlands, sey demnach der Wunsch erlaubt, die Weisheit des Königs möchte veranlasset werden, jenes angemessene Mittel endlich zu bewerkstelligen, wodurch ohne den Vorzügen, welche der Preis der Gemeinschaft mit den Lehren der wahren Religion seyn sollen, Abbruch zu thun, den Protestanten wenigstens mehr als eine pretarische und ideale Existenz eingeräumt werden möge."

„Die Hochachtung, welche der Staat sich selbst schuldig ist, mit den Vorzügen, die er diesen neuen Bürgern einräumt, vermöge einer klugen Gesezgebung, zu vereinigen: die Protestanten begünstigen ohne den Katholiken Abbruch zu thun: kurz, die Rechte des Staats mit dem Recht der Natur und der Menschen zu verbinden: diß, meine Herren, mus unsere Angelegenheit seyn."

Der Glaubenseifer hatte sich einen nicht minder berühmten Redner zum Organ erwählt, um sein Interesse zu vertretten. Bey der nächsten Consultation trat gegen die Rede des Herrn von Bretigneres ein anderer Parlamentsrath mit folgender auf.

„Ohne Zweifel, meine Herren, ist die Mässigung der Gesezze gegen die Protestanten ein Gegenstand, wozu die Menschlichkeit aufruft. Unterdessen hängt vor der Art hiebey zu Werk zu schreiten,

Allen

Alles ab. Eine allzuweit ausgedehnte Freiheit kan fürs Wohl des Staats eben so schädlich seyn, als bisher die übertriebene Strenge war. Wann die Ministere Ludwigs XIV im Exzeß fehlten, könnten wir auf der Gegenseite nicht den nehmlichen Exzeßfehler machen?

„Es ist viel vom Unterschied zwischen der geistlichen und der bürgerlichen Toleranz gesprochen worden. Vermöge der öftern Wiederholung dieser Worte hat man sich daran gewöhnt, das Daseyn eines solchen Unterschieds wirklich zu glauben. Unterdessen giebt die Vernunft, daß nur eine einige Gattung Toleranz seyn kan. In ihre abgemessenen Gränzen eingeschränkt macht sie, so wie alle andern Tugenden, das Glück der Menschen, den Ruhm und die Sicherheit der Staaten. Bis zur Ausschweifung getrieben hört sie, im Gegentheil, auf Tugend zu seyn, und wird, so wie alle Schwachheiten, der Gesellschaft und dem Staat schädlich. Alsdenn erweckt sie nichts als entweder Rebellen oder Schlachtopfer."

„Fragt man, worinn diese angemessene Gränzen bestehen? so antworte ich. Alles was sich Regierung nennt, das erfodert eine Zusammenstimmung, eine Einigkeit, eine allgemeine Unterwerfung, ohne welche weder Ruhe noch Glück möglich ist. Ein Prinz, der nicht versichert ist, daß das Gesetz, welches er ausgehen läßt, von einem Unße des Reichs zum andern allgemeine Folge erhält, ist wegen der Ruhe seiner Staaten niemals in Gewißheit."

„Die Unbequemlichkeiten, welche aus dem Gegentheil entspringen, sind immittelst in bürgerlichen Dingen noch minder gefährlicher. Das Ansehn des Throns, die obristherrliche Macht kan noch Hilfe schaffen. Aber in der Materie der Religion sind sie von äusserster Wichtigkeit. Der Glaube kan nicht gezwungen werden. Alle und jede Religionen schreiben ihren Ursprung von Gott her. Alle haben einen diesem erhabenen Titel würdigen Stolz. Jede prätendirt für sich, die wahre zu seyn. Vergebens würde sich also die oberherrliche Macht bemühen, Einigkeit, Zusammenstimmung und Unterwürfigkeit zwischen ihnen zu bewirken. Dann einer der ersten Grundsäze, welchen jede Sekte mit der Milch einsaugt, ist, daß sie die Lehre der übrigen verabscheuet."

„Nun sind alle Religionen einander in ihrem äusserlichen Gottesdienst und ihren heiligen Gebräuchen so sehr entgegen wie in ihren Lehrsäzen. Immittelst giebts keinen allgemeinen Richterstuhl, um in ihren Streitigkeiten zu entscheiden. Die weltliche Macht muß sich also ins Mittel legen, wann es zu Ausbrüchen, zu Thathandlungen kommt. Diese kan, den gesundesten Grundsäzen der Politik zufolg, keiner andern als der einheimischen, des

herr-

herrschenden Religion beystehen. Hier sind die Gränzen der Toleranz.„

„Der Protestant, der Musulmann, der Gueber, der Jud soll ohne Unterschied ruhig im Staat leben, und seine Existenz geniessen: so lang er sich friedlich beträgt. Die Polizey soll sich nicht darum bekümmern, ob er im Innern seiner Wohnung Psalmen singt; oder ob er sich wascht; oder ob er vor dem Feuer kniet; oder ob er, wann er sein Gebeth verrichtet, das Angesicht nach Genf, oder nach Mecca, oder nach Jerusalem richtet. So lang seine Thür verschlossen ist, so lang er das Publikum durch seine Farzen nicht stöhrt: so mus man seinen Irrthum und sein Geheimniß respectiren."

„Aber sobald er öffentlich predigt; sobald er die Gemüther gegen andere Religionen, die im Staat neben ihm wohnen, aufwieglet: so verlezt er die öfentliche Ruhe. Alsdenn ist er strafwürdig."

„Wann dieses nicht die wahren Grundsäze, worauf sich die Theorie der Toleranz beziehen sollte, sind: so sind es doch diejenige, welche in der Practik von allen auf ihre Ruhe und Sicherheit aufmerksamen Nationen angenommen waren."

„Ueberall, wohin man seine Augen auf der Erde wendet, giebts eine herrschende Religion, welche alle übrigen Sekten von Aemtern und Würden ausschleußt. Selbst in dem uns zum Muster der

Toleranz

Toleranz so sehr angepriesenen Engländ kan niemand der wahren Nationalvortheile theilhaftig werden, der sich nicht zur englischen, das ist zur herrschenden, Kirche bekennt, der nicht die berühmte Eidsformel *) ablegt."

„Eben so verhält sichs in der Schweiz. Die Nonconformisten sind von allen bürgerlichen Aemtern ausgeschlossen. Blos der angenommenen Religion jeden Kantons ist die freye Uebung des Gottesdiensts erlaubt. Die übrigen geniessen eine blos physische Existenz."

„In den meisten protestantischen Ländern ist die katholische Kirche mit besonderer Strenge, und sogar vor allen andern Gattungen von Sekten, z. B. den Menoniten, den Widertäufern, den Juden ꝛc. behandelt."

„Wann diese demnach in jenen Reichen, wo sie zu Haus ist, sich aller Privilegien einer sieghaften und obherrschenden Kirche bedient: so würde das Recht der Wiedervergeltung schon hinlänglich seyn, ihr Betragen zu entschuldigen."

„Hier ist nicht der Ort, den Karacter der Umstände zu untersuchen, welche zur Wiederrufung des Edikts von Nantes Anlaß gaben. Ohne Zweifel muste man dem Königreich nicht ohne Ursach so viel nützliche Bürgere entziehen. Ohne Zweifel muste

man

*) The Test.

man nicht ohne Noth soviel französische Unterthanen unglücklich machen. Ohne Zweifel war es wider alle Klugheit eine Menge fleisiger Landwirthe, geschickter Künstler und ämsiger Handwerksleuthe aus dem Lande zu vertreiben, und sie zu nöthigen, ihre Talente andern Nationen zuzutragen.„

„Aber, meine Herren, ein Anderes ist, die Leuthe aus dem Lande jagen; und ein Anders, sie zu seiner Tafel einladen. Der Mittelweg zwischen diesen beyden Stücken ists, was man der Staatsverwaltung empfehlen mus."

„Ich habe nicht nöthig, ihnen zu erklären, worinn dieses Medium bestehet. In der Verordnung Ludwigs X.V dasjenige aufheben, was grausam und unnützlich daran ist; die Religionsübungen der Protestanten in eine blosse Privatandacht einzuschränken; ihnen weder öfentliche Tempel, noch Gepränge, noch Sacramente zu erlauben; ihre Geistlichen in Bürger zu verwandlen; der katholischen Religion allein Vorzug, Oberherrschaft und Freiheit zu lassen; kurz den Protestanten alle Vortheile zu verweigern, die den Katholiken in protestantischen Ländern verweigert sind; hingegen ihnen die heiligen Rechte der Natur, die eben so heiligen Rechte des Eigenthums, die unverjährten Gesetze der Menschlichkeit und alle übrigen Vorzüge einzuräumen, welche sie zu nützlichen Bürgern machen können, ohne zu befürchten, daß sie empöverische Sektirer werden: diß, meine Herrn, liegt eigentlich unserer Pflicht ob."

Man kan nicht sagen, daß weder in der einen noch andern dieser zwo merkwürdigen Reden eine Spuhr von Fanaticismus, von Religionshaß athmet: sie scheinen vielmehr beyde auf die gesündesten Maximen der Toleranz und der Politik gegründet zu seyn. Und sie vereinigen sich durch verschiedene Wendungen in eben demselben Zweck.

Dieser Zweck ist, daß man den Protestanten von Neuem einen wirklichen, durch die Gesezze versicherten Siz in Frankreich eröfnen; daß man sie aller Vortheile der bürgerlichen Toleranz in ihrem ganzen Umfang fähig machen solle.

In der That kan man zu seiner moralischen Existenz mehr nicht verlangen. Unter dem Schuz der Gesezze gebohren werden, heyrathen, leben und sterben; das Seinige in Ruhe geniessen; gültige Contracte machen, und seinen Kindern ihr Erbtheil versichern können, ist Alles, was man zum bürgerlichen Leben bedarf. — Alles was der fremde Sectirer eines Staats von den billigsten und angemessensten Grundsäzen einer toleranten Politik fodern kan.

* Dann es ist in einem sehr heillosen Büchelgen angemerket, *) aber um nichts desto minder in
der

*) Anselmus Rabiosus.

der Erfahrung gegründet, daß Staat und Kirche niemals von einander getrennt werden können, und daß eine herrschende Religion unentbehrlich nöthig ist. Nie hat der Aufenthalt einer geduldeten Kirche in einem Staate Zwietracht erregt. Die mitherrschenden Kirchen, die sogenannte Parität ists, welche die Eifersucht und den Partheygeist unterhält, und die Menschen ohnverträglich und aufrührisch macht.

Diß bestättigt die Geschichte der weisesten Nationen selbst. Sie sinds, die uns den wahren Typ einer wohlbeschaffenen Toleranz gegeben haben.

Die Römer liessen zu, daß man der Göttin von Pessinunte in den Mauren der Stadt opferte: aber nicht eher, als bis sie zuvor durch einen feyerlichen Rathsschluß unter die Landsgottheiten aufgenommen war. Ohne dieses würden die Flaminier, die Salienser sich wider jeden Altar empört haben, den man einer andern Gottheit als dem Jupiter divum atque homiuum Pater, oder der Vesta, Magna Parens, erbauet hätte.

Sie verfolgten die Christen nicht eher, als bis sich diese der weltlichen Obermacht des Staats entziehen wollten; bis ihre Priester das Volk aufhezten; bis sie den Tribut verweigerten; bis ihre heimliche Gemeinschaften und Versammlungen dem Staat verdächtig und gefährlich wurden. Alsdenn wur-

wurde die öfentliche Ruhe so bringen, daß selbst die menschenfreundlichsten und tugendhaftesten unter allen Kaisern, ein Antonin und ein Julian, sich genöthigt sahen, Zwangsmittel zu brauchen.

Zu Athen war, wie man weis, ein Altar für den unbekannten Gott. Aber es war eine bloße Privatandacht. Man weihete dem unbekannten Gott weder eigene Festtäge, noch Prozessionen, wo man sein Bild öffentlich umtrug, wie dem Apoll, der Diana, dem Herkules ꝛc. ꝛc.

In der Türkey, in Persien, in den Staaten des Moguls duldet man die armenischen, die griechischen, und selbst die christlichen Kirchen. Allein diß geschiehet blos, weil die Jslami eine solche Verachtung für diese Religionen haben, daß sie ihnen keinen Karacter eines Gottesdiensts, zutrauen, und sie blos für Harlekinaden halten, worüber man zu Mecca, zu Baku, zu Lahor spottet. Im übrigen stehen diese Secten unter der Jurisdiction der Cadis und der Beglerbegs. Sobald sie sich unterstehen, der Religion Mahomeds in Weg zu tretten: so rottet man sie aus.

Es würde überflüssig seyn, diese Beyspiele zu erweitern. Wir kehren zur Geschichte der Wiederherstellung des Edikts von Nantes zurück.

Diese interessante Speculation soll nun, wie die neuesten Zeitungen mitbringen, unter der Regierung

gierung Ludwigs XVI, wirklich erfolgt seyn. Unstreitig ists eines der größten Monumente in der Staatsgeschichte dieses klugen und erlauchten Monarchen; eine Begebenheit, die in den Tagebüchern Frankreichs herfürschimmern wird.

Wie wird nun der Ausschlag beschaffen seyn? Diß ist die wichtige Frage, die ganz Europa macht.

Es scheint, daß, den Antheil den die Menschenliebe und Tugend der Regenten hieran haben, abgezogen, ohngefähr jene Vorstellungen der Sache den Betrieb gegeben haben: daß die Wiederrufung der französischen Protestanten, bey gegenwärtigen Differenzen mit England, ein Coup de Main seyn würde; daß die Rückkehr dieser Leute den Staat mit Fabrikanten und Soldaten bereichern; daß ihre nach Frankreich bringenden Reichthümer den Geldumlauf vermehren, und zu einer neuen Ressource für den Staatskredit werden dörften; daß durch die hierdurch veranlassende Emigration die übrigen europäischen Staaten soviel im Gleichgewichte verlöhren, als die Uebermacht Frankreichs zunähme. ꝛc. ꝛc.

Diese Betrachtungen gehören auf die Wage der Politik. Gewiß ists, daß die Begebenheit an sich selbst unserm Jahrhundert in jeder Hinsicht zum Ruhm gereicht, und daß, in philosophischem Betracht, alle Nationen dazu jauchzen sollten.

S 2 Unfehl-

Unfehlbar wird eine Menge aus der niedrigen Klasse, z. B. Handwerksgesellen, Fabriquarbeiter, Soldaten, Matrosen, Landbauer ꝛc. ꝛc. den Ruckweg ergreifen, und Frankreich bevölkern. Dann wer irgend sich einigermassen in Europa umgesehen hat, der weis, daß die Nachkommenschaft der ehemaligen Refugies, wann sie auch bis in die dritte und vierte Generation zurückgekommen ist, an allen Enden in Europa mit einem solchen Enthusiasmus gegen den französischen Himmel hängt, als einst die Israeliten gegen das Land ihrer Väter hiengen.

Und man weiß, daß sich, troz aller Prahlereyen der Polizey, die Gränzen eines Lands nicht so genau schliessen lassen, wie unsere Hausthüren.

Ob aber die angesessenen Nachkommen der Refugies fremder Länder, die Banquiers, die Fabrikinnhaber, die Staatsmänner, die Generale, kurz diejenigen Männer, in deren Händen die eigentlichen Reichthümmer, die Industrie, die Talente ruhen, sich entschliessen dörften, ihre gegenwärtigen Etablissements zu verlassen, und sich einem unsichern Schicksal in Frankreich anzuvertrauen: das z. V. . . . . . . Wenigstens würde es den Staatsstreich verewigen.

Suchet

Suchet: so werdet ihr finden.

Ein litterarischer Beytrag.

Sehr verständige Männer waren der Meynung, wann man die Weisheit der Alten finden wolle: so müsse man sie in ihren Symbolen und Sprüchwörtern suchen. Nichts ist gewisser, als daß die sogenannten Hieroglyphen, und selbst die Fabeln des Alterthums, nichts anders als Bilder sind, worinn die Weltweisen die erhabensten Geheimnisse der Natur und der Politik verhüllten; daß sie Heiligthümer der Wissenschaft und der Religion waren.

So dachten alle Nationen, von den Chaldäern, den Erfindern der Hieroglyphen, an bis auf die Perser, die Braminen, die Römer, die Griechen und die heutigen Araber, welche die genealogische Reihe ihrer Erben umgränzen.

Wenn die Abendländischen Europäer durch die Vorsehung von dem fruchtbaren Einfluß der

Sonnenstrahlen, welche die Einbildungskraft jener
Nationen ausreifte, weiter entfernt worden sind:
so hat sie ihnen diesen Nachtheil desto reichlicher
durch die Vorliebe zu sich ersetzt.

Diese Vorliebe ists, welche ihnen für Alles,
was nicht von ihnen herkommt, eine Verachtung
einflößt, und sie bewegt, die Uebrigen Barbarn zu
nennen.

Unterdessen sind wir überzeugt, daß wir das
Wenige, so wir wissen, aus den Werken der Alten haben; daß wir auf dem Pfade des Genie um
keine Linie vorgerückt sind; daß wir die Masse der
allgemeinen Erkenntnisse nicht mit einem einzigen
neuen Begrif vermehrt haben.

Noch mehr, unser Gefühl sagt uns, daß uns
zähliche nüzliche Wahrheiten vor unsern Augen
noch verborgen liegen, welche die Alten besaßen.
Unsere Mathematik hat noch nichts herfürgebracht,
so den Maschinen Archimeds gleicht. Unsere Politik weiß noch nicht, worinn die Kunst bestehet,
durch welche die Alten die Menschen so glücklich
und so leicht führten. Unsere Moral hat nichts
gesagt, was an die Sprüche Sirachs oder an die
Sentenzen des Ben-Syra reicht.

Ein

Ein Werk also, dessen Bestimmung ist, den Geist der alten Weisen aufzusuchen, den Verstand ihrer Symbolen und Fabeln aus dem Abgrunde der Finsterniß herfürzuziehen, und uns in das Heiligthum ihrer Geheimnisse einzuführen, ist das wichtigste, das seltenste, das merkwürdigste, das vielsprechendste Werk, welches unsere Zeit herfürbringen konnte.

Dieses Werk wird von Paris angekündigt. Sein Titel ist:

Archives mytho - Hermetiques.

Vermöge dieses in periodischen Blättern erscheinen sollenden Werks unternimmt eine Gesellschaft berühmter Weltweisen jene grosse, jene interessante Idee, die Mythologie der Alten zu entzifern, und die Weisheitlehre der ältesten Völker ans Licht zu stellen.

Bis jezt ist nur die Ankündigung hievon erschienen. Der ihr beygefügte Prospectus enthält die anziehendsten Stellen.

„Eine ernsthafte und lang überdachte Prüfung der Bewegungsgründe, welche die Alten gehabt haben können, Kenntnisse, die für die Menschlichkeit so kostbar sind, zu verbergen, vereinbart mit
einem

einem eifrigen Studium der Grundsäze, auf welche diese Kenntnisse gebauet sind — Grundsäze, die in ihren Schriften mit Fleiß zerstreuet sind, und nur mit einer prüfenden Geduld zusammengesammelt und als ein Ganzes übersehen werden können — sezen uns in den Stand, die Wichtigkeit ihrer Gründe einzusehen, sie vor den Augen des Volks zu verschleyern."

„Die Morgenröthe des schönen Lichts, welche bisweilen in den folgenden Jahrhunderten ausbrach, schien dem unsrigen zu verkünden, daß es erleuchteter werden würde. Ist man auch noch nicht zu einer gänzlichen Enthüllung dieser verborgenen Wissenschaften gekommen: so herrscht doch das Vorurtheil nicht mehr so allgemein, daß sie undurchdringlich wären. Man fängt an, einzusehen, daß es möglich ist, dazu zu gelangen."

„Diejenigen so uns verstehen, werden einsehen, unser Vorhaben sey, die Mythologie zu enthüllen, und sie auf die hermetische Philosophie anzuwenden, die sie einzig und allein zum Zweck hat. Diese Wissenschaft ist der schwarze Wald, worinn jener goldene Zweig wächst."

„Auf den Grund dieser alten und wichtigen Symbolen baueten schon vor uralten Zeiten, zwischen Kompaß und Winkelmaß, wahrhaft brüderliche und patriotische Gesellschaften, die sich seit einigen

nigen Zeiten in Europa ansehnlich erneuert und ausgebreitet haben. Unser Archiv wird also auch Denjenigen von Nuzen seyn, die sich mit der Instrumentalchymie beschäftigen."

Ich habe tausendmal gedacht, was eigentlich das Geheimniß der Freymäurer seyn möge. Diese Schrift erinnert mich, daß, es sey immer was es sey: so kan es kein wichtigeres, kein grösseres, kein würdigeres Geheimniß seyn, als daß sie, entweder vermöge einer uralten Erbschaft, oder vermög der auserlesensten Sammlung von Begrifen, den Verstand der alten Symbolen wissen; und daß eine Loge eigentlich nichts ist, als der geheiligte Ort, worinn dieses geheime Feuer aufbewahrt wird.

Dann man entferne sich auch so sehr von Pedanterey als man will: so mus man gestehen, daß die Symbole einen gewissen besondern, überraschenden und lehrreichen Ausdruck an sich haben, den alle Umschreibungen, aller Wiz der neuern Kunst nicht erreicht.

Die wenigen, die wir verstehen, überzeugen mich davon. Nie habe ich ein begrifvolleres, ein nachtenklicheres Bild der Allwissenheit Gottes gefunden, als der Spruch des Mahomed.

Er der in der schwärzesten Nacht eine schwarze Ameise auf einem schwarzen Marmor kriechen siehet.

S 5   Ohne

Ohne Zweifel muß die Zeit lehren, wie ein so vielversprechendes Werk der Erwartung des Publikum zusagen wird. Inzwischen ist schon der Entwurf denkwürdig.

Der Zweck der Verfaßere ist also „die ernsthafteste und umfassendste Prüfung der hermetischen Philosophie, durch Erklärung der Allegorien und Geheimnisse der Alten." Es ist merkwürdig, daß während man in Frankreich die Räthsel der hermetischen Lehre zu entwickeln, und die wahren Grundsäze derselben von den Sophismen und Thorheiten worein sie verwickelt wurde, abzusondern sucht: so macht man in Deutschland eine neue Auflage von Jakob Böhme Schriften.

Es scheint, die Deutschen wollen den Franzosen den Text zu den Noten liefern.

Zur

Zur weitern Beförderung.

Ein Billet an den Verfasser der Chronologen.

So oft ich die altfränkische Mode, einander zuzutrinken, bey einer Tafel oder bey einem Clubb wiederholen sah: so oft ich die Ausdrücke, auf ihre Gesundheit — Sie sollen leben ꝛc. ꝛc. hörte: so wurde ich allemal zum Nachsinnen bewogen, woher der Ursprung des Gesundheittrinkens rühren möge. Und es ahndete mir immer, diese Gewohnheit dörfte irgend einem Mißverstand, weil die Sottise der allgemeine Typ unseres Sittensystem ist, ihr Daseyn schuldig seyn.

Ein Ungefähr brachte mich heut auf die Wahrheit meiner Vermuthung. Ich finde in der neuesten

sten Reise eines Ungenannten nach Schottland, daß diese Nation, welche die uralten Sitten ihrer Voraltern noch am meisten erhalten hat, die Gewohnheit des Zutrinkens noch heut zu Tag so besizt, wie sie einst in ihrer ursprünglichen Einfalt war.

Wann die Schotten bey einer Zeche beysammsizen, und Einen die Lust ankommt, zu trinken: so spricht er zu seinem Nachbar: Auf Dich! Dieser erwidert: auf meine Treu! Und zugleich zieht er sein Messer heraus, steckt es in den Tisch, und richtet sein Aug so lang auf seinen Freund, als dieser das Glas am Mund hat.

Es ist offenbar, daß dieses: Auf dich! eigentlich eine Bitte ist, sein Nachbar möchte inzwischen den Schuz für sein Leben übernehmen, während er trinkt. Man vergleiche hiemit die noch heutigs Tags bey den Deutschen und andern Europäern im ähnlichen Falle hergebrachten Redensarten: ist ein Wort — sollst leben — es gilt ꝛc. ꝛc. So hat man den Beweis unumstößlich.

Eine

Eine der allerbarbarsten Ursachen ist also der Ursprung dieser in der feinen Welt so lang herrschend gewesenen Mode. Die allerlasterhafteste Verfassung war der Grundsaz einer Gewohnheit, die man Jahrhunderte lang zu den Pflichten der guten Lebensart in Europa zählte.

So inconsequent sind alle unsere Gebräuche. So wenig denken wir über das, was wir thun, und was wir Sitten nennen, nach. Wann wir den Ursprung jeder Gewohnheit, die wir ausüben, aufsuchen: wann wir bis zur Quelle unserer Moden und unserer Lebensregeln zurückgehen sollten: so würden wir beschämt seyn.

Es ist nicht genug, daß der Mißbrauch, von welchem ich rede, die Menschlichkeit und die Sitten beleidigt: es ist nicht genug, daß es wider die gesunde Vernunft lauft, in unsern Zeiten und in unsern Gesellschaften einen Bürgen für die Sicherheit seines Lebens zu bedörfen. Das Zutrinken interessirt, wie man siehet, das Amt der Polizey. Ihr liegt ob, eine Gewohnheit gesezmäßig abzuschaffen,

schaffen, die die öfentliche Sicherheit verdächtig zu machen sucht, und die Regierungsverfassungen unseres Jahrhunderts beschimpft.

Und blos in dieser lezten Hinsicht geschieth's, daß ich gegenwärtige Reflexion ihnen zur Einverleibung in die Chronologen zu empfehlen mir die Freiheit nehme.

Wilhelm Freiherr von M***

Vom Costüme.

Die Geschichte der Kunst, von den Griechen an bis auf uns, ist eigentlich die Geschichte der verderbten Natur. Dieser Geschichte hat man die Ueberschrift gegeben: Costüme.

Vermög der Regeln, welche dieses Wort vertheidigt, galoppiren die Pferde bergan: die Könige im achtzehnten Jahrhundert tragen römischen Habit: und die heiligen Theresen, in den Kirchprozessionen, sind mit einer baumwollenen Perücke aufgesezt.

Unstreitig ist die Abschaffung der Steifröckchen auf dem Theater eine wichtige Epoche. Seitdem schreyen unsere schönen Geister, daß sie die reine Natur gefunden hätten.

Nichts kan wahrhafter seyn, als wenn Preville in der Adelaide mit einem Federhut mit niedergeschlagenen Krempen, und einem Degengehäng über die Schultern, erscheint. Wann er einen Turban auf hat, und die Aerme bis an Ellenbogen

gen mit fleischfarbem Taffent bekleidet: so ist er ein natürlicher Sultan.

Welche Erfindung! welche Natur! Madam Vestris im Gengiskan. Die Aerme entblößt: ein kurzes Corset, ganz simpel, ohne Puffen, ohne Falbulas: offene, fliegende Haare — Ach: hier ist eine Sineserin selbst!

Eine lange Person, mit einer Tiranmiene, in einem weissen atlasnen Mantel, einem herabhangenden Federbusch, kurze Stiefel, und einen grossen Degen an der Seite. — Wer erkennt nicht Cromweln? — Inzwischen ists Herr Stephanie der jüngere.

Und alles diß vermög des Costüme? Die Natur ist also nicht mehr, was sie ist. Sie ist nicht mehr jene einfältige, flache Dirne: sie ist eine Buhlerin, die uns täuscht: eine feine Betrügerin, die uns das Falsche fürs Wahre giebt, ohne uns roth zu machen.

Allein mus man deswegen glauben, daß wir der Vollkommenheit näher gerückt wären? Es ist wahr, das Costüme ist eine Erfindung, die einen mannigfaltigen Nuzen hat. Das Costüme ists, was uns mit den Widersprüchen in unsern Moden und in unsern Schauspielen aussöhnt. Alles mus

sich

sich unter das Zepter dieser gebietherischen Schöne beugen.

Wann der Einsiedler Paul in einem rosenfarben tafetnen Schlafrock mit flittergoldenen Spizen besezt, sich durch die Straßen zu Cöln herumtragen läßt; wann die heilige Martha in einer Schäferkleidung auf einem himmelblau sammten Tabouret sizend, ihm nachfolgt — so ists Costüme.

Wann Zaar Peter I im Galopp einen Felsen hinanreuttet: wann Voltaire in dem Kleid eines griechischen Archonten zu den Füßen der Säule stehet, und seinem Flug nachsiehet: so sprechen die Falconet's, es ist Costüme.

Die Gesezze des Costüme sind von unendlichen Folgen. Ohne sie müsten uns die meisten unserer Schauspiele unerträglich seyn.

Wie würde man mit Gebuld den König Lear in deutscher Sprache, den Tatar Orosmann in französischen, und den Römer Brutus in englischen Versen beklamiren hören, wofern uns ihre Airs nicht betrögen?

Ich bin überzeugt, das Costüme ists ganz allein, was unsere Sitten, unsern Geschmack und unsere Politik beherrscht. Es giebt nichts, wohin man

4r Band. T

man es nicht brauchen kan. Als die Duchesse ***
einst den verstorbenen Abbt Terray bat, ihr sein
berühmtes Lusthaus in Notre Dame des Champs
zu Paris zu zeigen: so wurde sie hinter dem verborgenen Vorhang eines prächtigen Betts ein ge-
mahltes Bild, welches einen ganz nackten Frauen-
zimmerleib vorstellte, gewahr . . . Ah! fi donc,
Monsieur l'Abbé! rief die erröthende Dame —
Madame, c'est le Costume, erwiderte der Abbé
kaltblütig.

Den Chronologen gewidmet.

Von Wilhelm Freiherrn von M***

Ist's

Ist's recht, oder nicht?

Ein Problem aus der Polizeykunst.

„Demnach die gnädige Herren und Obern mit
„nicht weniger Bestürzung haben gewahren
„müssen, wie daß in diesem Jahr von Ostern hin-
„weg bis zur ordinari Landsgemeind viele Tänze
„in verschiedenen Dorfschaften das Lands ange-
„stellt, viel dazu eingeladen, andere dazu angelockt,
„und anduch der Weg zu mehrern höchstärgerli-
„chen Treib- und Trölwesen gebahnt worden, wo-
„durch anstatt der Fortdauer und gesegneten Fol-
„gen zu wahrer Wohlfahrt des Vaterlandes nur
„schwehre Strafen Gottes zu besorgen stehen; Als
„haben die gnädigen Herren eines wohlweisen
„Landraths durch öfentliches Mandat befohlen,
„daß hinfüro und in Zukunft, bis nach vollende-
„ter Nachgemeind, das Tanzen im ganzen Land, zu
„Tag und Nacht, des Gänzlichen hochobrigkeitlich
„verbothen seyn solle.

„Wer ein solches übertretten würde, der soll in
„25 fl. verfällt seyn, und dem Kläger der halbe
„Theil von der Buße gefolget werden.   Uri.
„Von wegen unserer gnädigen Herren und Obern.
„Den 18 October 1779.

Diese Verordnung ist die heutige Satire der Gesellschaften. Man spottet, man divertirt sich über den Einfall der Herrn von Uri, den Tanz in einem Jahrhundert abzuschaffen, wo man von nichts als Menschlichkeit, von Lux, von Verbreitung der gesellschaftlichen Freuden spricht, und wo man die Lettres sur la danse par Monsieur Noverre hat.

Ob aber ihre Verordnung um deswillen weniger in den Augen der Denker und der Weltweisen einer Betrachtung würdig ist, das läßt sich fragen.

Die Frage: soll man dem Volk das Tanzen erlauben? ist gänzlich überflüssig. — Die Vermehrung der Lebensfreuden ist ein geheiligter Kanon in der Staatslehre. — Aber die Frage: ist das Tanzen dem Volk nüzlich? ist eben so wenig für die Moral als für die Physiologie gleichgültig.

Der Zweck, den die Politik bey der Ernuinterung der öfentlichen Belustigungen hat, ist eigentlich der, die Menschen über ihr Elend vergessen zu machen: und in dieser Rucksicht ist der Tanz eines der vornehmsten Mittel. Er berauscht mehr als der Wein und die Comoedie la-moyante.

Aber wie? Kan man von Bevölkerung, von Kraftgefühl, von Nerfendrang und allen den Schönheiten, die die heutige Sprach eingeführt hat, reden,

reden, ohne zu bedenken, daß die Volkstänze eine der schädlichsten Uebungen für die Natur sind?

Die Herren zu Uri verdienen die Spötterey der
feinen Welt, für den Einfall in einem Anherren-
kleid in der Gesellschaft zu erscheinen. Diesen
Irrthum müssen sie billig bezahlen.

Anstatt, sich auf die Strafe des Himmels zu
beziehen; ein Argument, das mit nichten in den Ton
unseres Jahrhunderts paßt, hätten sie sagen dörfen:
weil das Tanzen eine unnüze Verschwendung
der Kräfte für junge Leuthe ist; weil es den
Körper allzustark erschöpft, und gegen das
ökonomische Wohl armer Länder streitet.

Diß ist der Geist der Gesezze wider den Tanz.
Diß ists, was die bewährtesten Grundsäze der
Physiologie bestättigen: was die Herren zu Uri
von der Spötterey der kleinen Geister gerettet haben würde.

In der That die Volkstänze unserer Zeit sind
zu einer der heftigsten Anstrengungen des menschlichen Körpers worden. Alles was die Natur ra-
sendes, stürmisches und wüthendes hat, das vereinigt sich in einem niedersächsischen Schleiffer, oder
in einem schwäbischen Walzer.

Der Kopf schwindelt dem Zuschauer, wann der Baurenbursch sein Mensch, eine Trutschel von wenigstens anderthalb Zentner, in die Luft wirft, einen schwebenden Kreis mit ihr über seinem Kopf macht, und sie mit einer Kraft niedersezt, daß der Erdboden widerbebt.

Diese Bewegung übertrift alles, was sich denken läßt. Die stärkste Feldarbeit kommt ihr nicht bey. Man kan nichts Angenehmeres, nichts dem Bau des menschlichen Körpers würdigeres sehen, als eine Menuette oder Polonaise: und nichts entsezlicheres, als einen Kirchweihtanz.

Es ist nicht mehr Belustigung. Es ist Gladiatorenarbeit. — Aber weiß man nicht aus der Geschichte Roms und Athens, daß die Gladiatoren frühzeitig alt, gichtbrüchig und Krüppel wurden, und insgemein unfruchtbare Ehen hatten?

Die Legislation zu Uri hat also nur im Ton gefehlt. Dann in der That, warum sollte der Himmel über die Menschenfreuden neidisch seyn? Man mus ihn nicht zu schwarz machen. Sah er etwan seinem Liebling David nicht mit Entzücken zu, als er vor der Bundslade tanzte?

Allein wann man zu Uri unter dem Begrif der Strafe des Himmels das Argument der Sitten meynt: so irret man sich nicht ganz.

Man

Man mus nicht über Alles lachen, worüber man lachen kan. Wann der Tanz bey der schönen Welt zu einer angenehmen Zerstreuung dient; wann er selbst zur Erziehung gehöret; wann er den Körper bilden hilft; wann er die Leidenschaften der Seele mässigt; so ist er beym Pöbel eine Gelegenheit zur Ausschweifung, zum Trunk, zur Eifersucht und Schlägerey. Er macht aus Kraftsmännern eine Bande Gauckler und Pickelhäring.

Ich will zugeben, daß der Tanz nicht nothwendigerweis jene Folgen in Absicht der verliebten Bewegungen mit sich führe, die man von den Katzeln predigt. Aber er führt sie zufälligerweis mit sich. Dann er entzündet den jungen Schönen die Köpfgen; und wann es im obersten und im untersten Stockwerk zugleich brennt: so liegt der mittlere Theil des Hauses nicht weit vom Abbrennen.

Die Verordnung zu Uri ist also nicht so inconsequent, wie man glaubt. Den barbarischen Jargon daran abgezogen, verdient sie immer die Reflexion des einsichtvollern Publikum. Es scheint sogar, das sie in einem Bezirk, wo man mit den Menschen ökonomisiren mus, wo die Zeit des Landmanns einen Werth hat, ein Meisterstück der Polizeykunst sey.

Wenigstens ists im Alphabet der Polizey ein Lehrsaz, daß alle Beschäftigungen, welche dem menschlichen Körper Gefahr drohen, gegen die öfentliche Sicherheit laufen. Nun ists unmöglich, daß dermaßen heftige Angrife auf den Körper, wie unsere heutigen Volkstänze sind, nicht der Gesundheit schaden sollten. Es ist unmöglich, daß eine die ganze Nacht hindurch währende Erschöpfung den jungen Mann des andern Tags nicht zur Arbeit unlustig mache.

Unterdessen versezt man, daß der Schweiß nothwendig; daß er bey der groben Kost des Landvolks ein wesentliches Mittel der Gesundheit sey. Gut. Giebt die Feldarbeit dem Landmann nicht Gelegenheit im Ueberfluß, zu schwizen? Das was im heftigen Tanz am meisten zu leiden scheint, ist die Brust — gerade das wichtigste Gefäß beym gemeinen Mann.

Was soll man also dem Volk geben? Es ist billig, daß es an den Freuden des Lebens theilnehme, daß es Gelegenheit habe, sein Elend auf einige Augenblick zu vergessen. — Was?

Lasset

Laſſet ihm die Geiger und Pfeiffer. Vermehret dieſes nüzliche Geſchlecht. Aber gewöhnt die Unterhaltungen der Landjugend an Geſänge, an Lieder, und — wann ihr könnt — ſogar an Schauſpiele. Laßt die Volkslieder, dieſe rühmliche Erfindung Deutſchlands, emporkommen. Gebt euren Bauren neue Auflagen von den Muſenallmanachs zu Gotha und Leipzig ꝛc. ꝛc.

Präget ihnen folgende vortrefliche Strophe aus dem Leztern ein.

Wann mit leiſen Hutfilzſöckchen
Meine braune Trutſchel geht,
Und ihr rothes Büffelröckchen
Um die dicken Schenkel weht;
Ueber Zäune, Steg und Brücken,
Jeden ausgeſchlagnen Tag,
Humpl' ich denn auf beyden Krücken
Ihr mit Sack und Packe nach.

Wär' ich nur ein Dorn der Hecke,
Welche ſchlau ihr Röckchen rizt!
Nur ein Tröpfchen von dem Drecke
Der an ihre Waden ſprizt!

Wär' ich nur das Fledermäuschen,
Das um ihre Müze schwirrt!
Nur das kleine Silberläuschen,
Das von Ohr zu Ohr ihr irrt.

Und wann euch die Maccaroni auslachen, so sprecht zu ihnen: wie, meine Herren, ihr wollt so weise seyn, und sprecht soviel von der Schaubühne, und wollt Alles in der Welt verfeinern — und seyd doch noch nicht auf den Einfall gekommen Schauspiel unter dem gemeinen Volk einzuführen?

Sultan Mollah=Ezid.

Oder

das Glück von Ragusa.

Eine Erzählung
aus der Geschichte des heutigen Jahrhunderts

— So geh' Grausamer! Erzähl den Töchtern Arabiens, welche die heilige Huth beym Grab des Propheten verrichten, daß du deine Lelia mitten im zärtlichsten Schmerz ihrer Liebe verlassen hast.

Diß war das lezte Wort, welches die Sultane Lelia ihrem Gemahl, dem Sultan Mollah-Ezid sagte, als er Marokko verließ, um die Wallfahrt zum Grab Mahomets, die er verlobt hatte, anzutretten.

Ganz Europa weis, daß Sultan Mollah-Ezid ein Sohn des Kaisers von Marokko ist, und daß er diese Reise im Herbst des Jahrs 1779, in Begleitung des Groß-Scheicks, Reichsministers von Marokko, und mehr als 2000 Pilgrime, unternahm.

— Seh

— Leb wohl, geliebte Lelia: versezte der Prinz. Preiß sey Gott, dem Schöpfer und Regierer, welcher seine aufrichtigen Knechte auf den rechten Weg führet, und sie begleitet; der sie erinnert, daß sie seinem auserwähltem Apostel, über welchen der Friede des Himmels ruhe! folgen, und den Seegen, so um sein Grab wehet, erwerben. — Sey versichert, daß ich dir mein Herz, welches dich anbethet, zurückbringe.

Niemals ist ein Prinz zärtlicher geliebet worden, als Sultan Ezib: und die kläglichen Vorwürfe der Sultane Lelia rührten blos daher, weil sie ihren Gemahl gern auf dieser Reise begleitet hätte. Ein Punkt, den sie sich von ihrem Schwiegervater, dem Kaiser zu Marokko, welcher sie aufs innigste hochschäzte, zu erschmeichlen hofte.

Auch glaubt man, daß der Monarch ihr wirklich willfahrt hätte, wann ihn nicht gewisse Staatsraisons, hauptsächlich aber die Vorstellung seiner Vertrauten, daß er die Lelia gleichsam zum Unterpfand der Treue seines Sohns bey sich behalten sollte, abgehalten hätten. Dann es ist bekannt, daß Sultan Mollah-Ezid kurz vor seiner Abreise mit seinem Vater in Uneinigkeit gerathen, und dem Reich eine Art von Empörung bevorgestanden war.

Der Sultan reiste also von Marokko ab, und Lelia verschloß sich in ihr Harem. Unterwegs riß eine Krankheit in seinem Gefolg ein: desgleichen vermehrte sich dasselbe durch den Zufluß einer Menge Armen so, daß es zu beschwehrlich wurde, den Weg zu Land fortzusezen. Der Prinz beschloß also ein Schif zu miethen, und seine Kranke darauf zu sezen: mit dem Rest seines Gefolgs aber sich in die grosse Caravane, die jährlich nach Mekka gehet, zu werfen.

Vergebens hatte er sich einige Wochen auf die Hofnung verlassen, die ihm der Bey zu Tripoli gemacht hatte, ein Schif aufzutreiben. Dem Bey fehlten die Mittel, sein Versprechen zu erfüllen. Hierdurch wurde der Sultan, der für sein Volk großmüthig besorgt war, in den äussersten Verdruß gestürzt.

Er wuste nicht, was er thun sollte, als sich ihm plözlich ein junger Kapitän, der mit einer ragusanischen Felukke im Hafen zu Tripoli lag, antrug, ihn und sein Gefolg, wohin der Prinz befehlen würde, ohne Entgeld zu führen. Ueber diesen

Antrag

Antrag war der Sultan äufferſt vergnügt. Er kam ihm zur gelegenſten Zeit, und er beſchloß, ſelbſt auf das Schif zu gehen, um dem fremden Kapitän zu danken.

Er begab ſich, von ſeinem Bruder und einigen Emirs begleitet, in die Feluke, und umarmte den Kapitän. Aber welche Ueberraſchung als der Kapitän ſeinen Mantel wegwarf, und dem Sultan zu Füſſen fiel. Er ſah ſeine geliebte Lelia in der Perſon des Schiffers. — Mein Ezid — mein Gebiether! rief ſie, indem ſie ſeine Knie umfaßte. — Meine Lelia — Preiß meiner Augen! antwortete der entzückte Sultan.

Lelia hatte, ſeitdem ihr Gemahl von Hof abgereiſt war, unermüdet an ihrem Swiegervater gearbeitet, ihr zu erlauben, dem Prinzen noch einmal das Lebewohl zu ſagen. Es gelang ihr endlich, durch die Vorſtellung, daß ihre Perſon und ihre zärtliche Liebe mehr ausrichten würden, den Sultan in ſeiner Pflicht zu beſtärken, als irgend ein anderer Grund, den Kaiſer zu bewegen, daß er die Einwilligung gab, Lelia ſollte in gröſtem Geheim,

unter

unter der sichern Aufsicht vertrauter Bedienten bis nach Tripoli gehen, um den Prinzen nochmal zu sehen.

Als sie zu Tripoli ankam: so erfuhr sie sogleich die Verlegenheit, worinn der Sultan war, ein Schif für sein Gefolg aufzubringen. Sie verabredete mit einem vor Anker liegenden ragusanischen Schiffer gewisse Conditionen, vermög deren er sein Schif zu ihrem Belieben abtrat. Dieser Mann nennt sich Kapitän Jakob Johann Lukas Cassilary von Ragusa.

Ueber diese zärtliche List war der Sultan Mollah-Ezid so durchdrungen, daß er dem Kapitän Cassilary die lebhaftesten Merkmale seiner Dankbarkeit widmete. Es ließ sogleich im Nahmen des Kaisers, seines Vaters, ein von seiner eigenen Hand unterzeichnetes Patent ausfertigen, wodurch der ragusanischen Nation von nun an alle Arten von Privilegien im maroccanischen Reiche versichert, und allen Seeräubern befohlen wurde, die ragusanische Flagge zu respectiren.

Es

Es lag ein ragusanisches Schif, unter dem Kapitän Nikolaus Papy von Ragusa, zu Alexandria vor Anker, das mit einer reichen Ladung nach Algier bestimmt war. Aus Furcht vor den Kapern von Salee aber waren die Korrespondenten im Begrif, das Schif wieder auszuladen. Sultan Mollah-Ezid erhielt in Cairo hievon Nachricht. Sogleich schickte er dem Kapitän Papy einen eigenen Paßport durch einen Courrir, damit das Schif, mit aller Sicherheit vor den marokkanischen Freybeuthern, auslaufen konnte.

Auf solche Art trug sichs zu, daß die Republik Ragusa eines der schäzbarsten Privilegien in unserm Jahrhundert erhielt — So verrichtet öfters die *** erhebliche Begebenheiten in der Politik.

Deutschlands Antheil am Krieg wegen Amerika.

La Politique, semblable à l'insecte insidieux qui fabrique ses filets dans l' obscurité, a tendu sa toile au milieu de l' Europe et l' a comme attachée à toutes les cours. On ne peut toucher à un seul fil, sans les tirer tous.

l' Abbé Raynal.

Dem Aufschluß der Zeit bleibe es überlassen, was die Unabhängigkeit der amerikanischen Provinzen für einen Einfluß in die Handlung nehmen mag. Er kan von keiner sonderlichen Erschütterung seyn. Der Handel hat die Natur des Wassers: wann er in seinem Becken bewegt wird, so sucht er von selbst wieder seine Fläche.

So lang Deutschland blos einen leidenden Handel führt: so lang keine Seemacht in einer seiner Provinzen an der Nordsee, am baltischen Meere oder anderwärts entstehet: so wird sein Interesse am Schicksal der Handlung immer gemässigt bleiben.

Die Zeiten sind nicht mehr, wo die Mercatores Romani Imperii Gesandtschaften von Königen empfien-

pflegen; wo eine deutsche Handlungsgesellschaft
die Ostsee beherrschte; Flotten vor Lisbon schickte;
Liefland eroberte; Dännemark feilbot, und die
Engländer nöthigte, den Frieden mit 10000 Pfund
Sterling zu erkaufen. Jene glänzende Zeiten,
welche, wie man spricht, Deutschland gewiß zum
Meister von beyden Indien gemacht haben, und das
römische Reich zur Universalmonarchie erhoben haben würden, wann es nicht die übelbeschafne Politik seiner eigenen Monarchen verhindert hätte.

Einst hielt Deutschland das Zepter der Handlung in seinen Händen. Zwo Compagnien, wovon
die eine die nordlichen Küsten Deutschlands und die
andere die südlichen bewohnte, beherrschten den europäischen Handel. Diese Gesellschaften, die unter
dem Nahmen des hanseatischen Bunds berühmt
sind, errichteten Verträge mit Königen. Sie besaßen den ausschließenden Handel auf Rußland,
Pohlen und Dännemark. Sie führten den Handel
nach der Levante, und durch ihre Hände giengen
die Schäze von Asia und Afrika. Sie nöthigten
Philipp den IV, den Engländern alle Handlung auf
den französischen Küsten zu verbiethen. Sie be-
haupteten die Handlung im Sund gegen die Hollän-
der mit vierzig Kriegsschiffen. Von ihnen allein
lebte der englische Handel.

Wie sehr haben sich diese Umstände geändert.
Heut zu Tag lebt der deutsche Handel ganz von dem
Engli-

Engländern. Damals gab Deutschland allen Nationen Gesezze: izt nimmt es sie von ihnen an. Wir sind so weit von jenem glorreichen Zeitpunkt entfernt, daß wir ihn kaum noch glauben. Wir staunen ihn mit Betäubung an.

Unterdessen sind wir bey diesem Wechsel nicht minder glücklich. Dann, wann der Dreyzack Neptuns das Zepter der Welt ist: so ist er auch die Geissel der Nationen. Ohne die Entdeckung von Amerika, ohne den Weg nach Ostindien, würde, wie die weisesten Männer unserer Zeiten einhellig sprechen, Europa weniger entzweyet, die immer brennende Fackel des Kriegs würde ausgelöscht: kurz die Menschheit würde minder unglücklich seyn.

Wer weiß, wenn es unsern Vorfahren vor vierhundert Jahren gelungen hätte, die Eroberung so sie von Lisbon in der Absicht unternahmen, um diesen wichtigen Stapel zu ihren vorhabenden Entdeckungen in andern Welttheilen in Besiz zu haben: wann es ihnen gelungen hätte, diesen Zweck zu erreichen, ob wir nicht gegenwärtig in eben den verdrüßlichen Umständen wären, worinn England ist.

Umstände, welche die Engländer vollkommen berechtigen, die Strophe im Trauerspiel Semiramis auf sich anzuwenden.

Auswärts bewundert man uns: wir selbst aber seufzen.

Es ist also an dem, daß die Angelegenheiten in Amerika, auf der Seite der Handlung, Deutschland nicht besonders interessiren.

Vermög des Staatssystem Deutschlands, und besonders vermög der Wahlkapitulationen der Thronfolger Kaiser Sigismunds, welche die grossen Handlungsgesellschaften ausdrücklich verbiethen, kan keine Unternehmung von der Art mehr entstehen. Die Nation ist fast blos an einen leidenden Handel mit den Engländern über Hamburg, oder mit den Holländern, gebunden. Dann was man auch von dem Handel der Danziger, der Bremer und Schlesier reden mag: so ist er nichts als ein Schatten Es ist blos ein Almosen, welches die übrigen Nationen verachten.

Und bey diesem Verhältniß sind wir vielleicht zu beneiden. Deutschland ist, seiner politischen Organisation nach, nicht fähig, innerliche Kriege, die sich aus der Mitbuhlerschaft seiner eigenen Glieder ereignen könnten, ohne wirkliche Erschütterung seines Körpers zu ertragen. Die Entfernung von den Reizen der Reichthümmer, welche der Handel verspricht, bürgt dem Vaterland seine Ruhe.

Ausserdem hat man eine Bemerkung, die sehr seltsam scheint, die aber mehr als einmal gemacht worden ist, daß, vermög einer unbegreiflichen Ka-
pritz

priz des Handels, die Eigenthümer selbst sehr oft weniger gewinnen, als die Käufer in der zweiten und dritten Hand. Die spanische Wolle ist in Holland wohlfeiler, als auf dem Plaze wo sie in Andalusien fällt. Die französischen Weine sind beym Stock theurer, als man sie in den Gasthöfen zu Brüssel und Amsterdam trinkt.

So fern man hingegen annimmt, daß von dem Ausschlag der amerikanischen Angelegenheiten die Obermacht in Europa abhange: so ist der Einfluß, welchen dieser Krieg für Deutschland haben kan, von Belang.

Die Lage des deutschen Reichs, und sein politischer Bau sind so beschaffen, daß es keinen natürlichen Beruf hat, jemals eine gesezzgebende Macht zu werden. Es wird ewig in der Reihe jener zwoten Potenzen bleiben, welche von denjenigen, denen man in der Grammatik der Politik den ersten Rang eingeräumt hat, das ist von den Seemächten, auf gewisse Art abhangen.

Die Geschichte beweist diese Reflexion durch mehrere Beyspiele von Karl V an, wo die Staatskunst in den Europäischen Kabineten eigentlich eine gewisse Bildung erwählte, wo sie einen Zeitpunkt anhebt. Die westphälischen Unterhandlungen; der Friede zu Ryßwik; der Vertrag von Utrecht; die pragmatische Sanction Karls VI; und

U 3 der

der ganz neuerliche Tractat zu Teschen sind so viel Urkunden, daß Deutschland immerzu eine untergeordnete Rolle spielte, daß es immerzu das Pupill grösserer Mächte war.

Nun liegt nichts daran, ob es diese oder jene Potenz sey, welcher wir die Ehre abtretten, sie unsern Vormund zu nennen. In der Ordnung der Natur ists gleichgültig, von wem man Schuz empfängt, wofern man ihn nur empfängt. Aber in der Ordnung der Politik ists anders. Zufolg der Grundsäze derselben muß man den Schuz des Reichesten, des Mächtigsten — und vornehmlich des Bewährtesten — vorziehen.

Daß der gegenwärtige Krieg zwischen Frankreich und England nichts als ein Streit des Ehrgeizes mit der Obermacht, oder vielmehr ein Spiel um die Alleinherrschaft sey, das ist von einer unläugbaren Evidenz.

Diese Betrachtung ist hinlänglich, alle europäische Nationen auf das Schicksal der amerikanischen Pflanzungen aufmerksam zu machen. Der Krieg endige, wie er wolle; so verändert Europa seinen Meister.

Wann nun die Vorsicht diese Veränderung beschlossen hat: was wird das deutsche Reich dabey empfinden? Dieß ist die Frage, welche jeder deutscher

scher Bürger, als Patriot, als Glied eines Nationalkörpers, an sich selbst zu machen befugt ist.

Sie hängt von verschiedenen wichtigen Reflexionen ab. Eine der vornehmsten darunter ist diejenige, welche Art von Verfassung das brittische Reich annehmen wird, wofern sich die gegenwärtige verändern sollte.

Die Zeit ist mit grossen Begebenheiten schwanger, spricht Lord North. Daß der Krieg, an sich selbst, für England übel ausschlagen dörfte; daß England nicht sein Interesse in Amerika: es sey entweder durch einen siegreichen Schwung seiner Waffen, oder aber mittelst einer Nationalallianz mit den vereinigten amerikanischen Staaten; kurz, daß der Ausschlag des Kriegs, er sey beschaffen wie er wolle, nicht die Macht Englands vermehren sollte: das ist im Geiste der Hellsehenden eine minder wichtige Besorgniß, als jene, ob die wirkliche Gährung des Staats nicht beytragen dörfte, den Entwurf, womit sich ein Theil der englischen Nation schon lang beschäftigt, die Haushaltung auf einen andern Fuß zu sezen, ins Werk zu bringen: ob nicht der gegenwärtige Krieg zu einer der wichtigsten innerlichen Staatsrevolutionen in England Anlaß geben könne.

So lang man sich im deutschen Publikum mit dem Gassenhauer trug, daß Frankreich eine Universalmonarchie im Schild führe; daß es ein

Erb-

Erbfeind Deutschlands wäre — weil es von seiner Politik genöthigt war, Kriege mit dem Haus Oesterreich zu führen, und weil die schwache Politik unserer Vorältern sie hinderte, das Interesse des Hauses Oesterreich von dem Interesse des römischen Reichs zu unterscheiden — kurz so lang die Gespräche des *Sizli Puzli* der Catechismus der deutschen Nation waren: so mußten freylich die Unternehmungen, welche England bey verschiedenen Gelegenheiten für Deutschland, oder eigentlich fürs Haus Oesterreich, bewies, wie die Streiche einer Schuzgottheit aussehen, deren Verehrung ein Nationalheiligthum zu seyn schien.

Unterdessen ist es immer unter den europäischen Nationen ein Prinzip gewesen, das deutsche Reich bey seiner angenommenen Staatsverfassung zu bewahren: und, wann ich mich nicht irre, so ist der Grundsaz, das deutsche Staatssystem, so wie es ist, zu behaupten, gegenwärtig eine allgemeine Maxime im Codex der europäischen Höfe.

Man müste sich sehr betrügen, wenn man glauben wollte, daß diese Maxime von einer Krone miskennt worden, welche, vor allen andern gegenwärtig lebenden europäischen Mächten, im Besiz einer klugen Politik war. Der Krone Frankreich liegt vielleicht mehr als irgend einer andern europäischen Potenz daran, das deutsche Reich bey seiner gegenwärtigen Staatsverfassung zu erhalten.

Seine

„Seine Lage in Ansehn Italiens, der Niederlande, Pohlen ꝛc ꝛc. machen Deutschland zum Mittelpunkt des Friedens und des Gleichgewichts in diesen Staaten.

Die Ruhe in Deutschland wird immer ein wesentlicher Gegenstand der französischen Politik bleiben.

In der That, wann der Antheil, welchen die brittische Krone, wegen der Besitzungen des Hauses Hanover, an Deutschland hat, dieselbe mit desto festern und natürlichern Banden an das Schicksal der deutschen Monarchie zu knüpfen scheint: so entfernt hingegen der Fall, daß Frankreich nichts auf deutschem Boden besizt, die Nation von der Furcht, es dörfte ihm, durch seine eigene Verbrüderung, einst gefährlich werden können.

Diese Betrachtung sezt die politische Lage der Deutschen bey gegenwärtigem Krieg ziemlich ins Ebenmaaß.

Die geographische und politische Grundverfassung des französischen Reichs ist von einer solchen Natur, daß dieser Staat, solang die menschlichen Schicksale bey ihrem gemeinen Lauf bleiben, immer seine Grösse erhalten wird. Frankreich wird, so lang es die gesunde Politik leitet, niemals von seiner gegenwärtigen Stufe fallen. Seine Dauer wird

wird seinen Freunden immer ein wichtiger Bürge des Schuzes seyn.

Wofern demnach durch einen möglichen Umschwung der Dinge das Uebergewicht der Herrschaft in Europa jemals auf die Seite des Hauses Bourbon fallen: oder wofern durch eine mögliche Veränderung im Staatssystem Englands die brittische Politik vom deutschen Reiche zurück gezogen werden sollte: so wird Deutschland immer weniger, als irgend ein anderer unter den Staaten Europens, vom Ausgang des heutigen Kriegs zu befürchten haben.

Die

Die Einführung der Provinzialverwaltungen in Frankreich.

Eine Epoche
in der Geschichte der europäischen Finanz.

Nichts scheint simpler zu seyn, als das Finanzwesen. Einnehmen und Ausgeben; über diese Verrichtung ein ordentliches Buch führen, erfodert dem Ansehn nach einen sehr geringen Aufwand von Geisteskräften. Nichts ist inzwischen verwirrter: nichts weitläufiger. Durch eines der traurigsten Verhängnisse von der Welt ist die Finanz zur vornehmsten und zugleich zur künstlichsten aller menschlichen Beschäftigungen worden.

Die Finanz ist heut zu Tag eine besondere Wissenschaft. Sie hat ihre Theorie, ihre Sprache, ihre Kunstwörter und ihre Geheimnisse. Eigentlich sollte sie nichts seyn, als die Hausmagd in der Oekonomie der grossen Herren. Sie hat sich aber des Rangs eines Oberhaushofmeisters angemaßt. Vermög der Regel dieses Postens ruinirt sie selbst ihre Herren.

Amien

Amian Marcellin nennt die Finanz ein Insect, das auf den Blättern eines Baums wächst, sich ernährt, und ihn aufrißt, bis er verdorrt. Sollten die Römer also die Finanz schon gekannt haben?

So lang der römische Senat noch aus emsigen Bürgern bestund: so lang die Consuln an ihrer Tafel sich noch mit Rüben begnügten: so lang die Soldaten noch ohne Sold dienten: so lang die Republik noch in die Mauren der Stadt Rom eingeschlossen war, so fand vermuthlich die Finanz wenig Arbeit und wenig Raub.

Aber so bald Karthago zerstöhrt war: so bald sich die Helfte der Welt unter das römische Joch beugte: so bald die römischen Ritter auf seidnen Polstern, beym Falernerwein, sich die Elegien Catulls und die Dithyramben des Anacreon vorsingen liessen: so entstunden Rentmeister, Kriegskommissare, Proviantverwalther, Generalpächter und Kammerräthe in Menge, welche sämmtlich den Nahmen Publikaner trugen.

Man weiß den Finanzstreich eines Landschreibers unter der Regierung Augusts. Er verwaltete die eroberte Provinz der Gaulen. Nachdem er wahrnahm, daß die Steur monatweis abgeführt ward: so führte er einen neuen Kalender ein, vermög dessen das Jahr in vierzehn Monaten bestund. Eine Operation, wodurch er mit Einem Zug die Einkünfte der Kammer um ein Sechstheil vermehrte.

Die-

Dieses ist das erste berühmte Exemplar ii allen folgenden Finanzprojecten, die seitdem entstunden. Von nun an wurde die Finanz ein Zweig der Politik.

Sie wurde durch die im Gefolge Katharinen von Medicis sich befundenen Italiäner anfänglich nach Frankreich gebracht, nachgehends in dem ganzen übrigen Europa ausgebreitet. Bis jezt hatten zwey Register, das eine für die Einnahme, das andere für die Ausgaben, und eine hölzerne Kiste das ganze System eines europäischen Generalfinanzverwesers ausmacht. Nun verwandelte sich die Finanz in eine gedoppelte Buchhaltung, und in eine unermeßliche Menge von Beamten, von Schazmeistern, Verwaltern, Kassirern, Gegenschreibern, Einnehmern und Bütteln.

Hauptsächlich hatte sie ihren Mittelpunkt in Frankreich festgesezt. Die französische Finanzverfassung dient zum Muster der Finanzgeschichte aller europäischen Staaten überhaupt. Sie enthält Alles, was die Finanz Grausames, Verwirrtes und Uebels an sich hat, seitdem es verschwenderische Tiranen, listige und raubsüchtige Rentmeister und unglückliche Unterthanen auf der Erde giebt.

Eine ungeheure Anzahl Generalpächter, Schazmeister, Einnehmer, hatten sich, seit Kolberts Zeiten, der Finanz bemeistert. Sie drückten das Land,

Land, wie so viel Hyänen, welche schußfrey leben. Der König war unter ihren Händen nichts als ein Pupill, von dessen Vermögen sie sich bereicherten, und der von ihrer Gnade abhieng: das Land aber ein Schaf, dessen Wolle sie unbarmherzig schunden, und bey dessen Milch sie schmaußten.

Der Geschmack der Finanz in Frankreich lenkte sich in den leztern Zeiten vornehmlich auf eine Gattung Speculation, die den Namen Agiotage erhielt. Ein Tausch zwischen Pappieren und Geld, und zwischen Geld und Pappieren, der zu gleicher Zeit einer der feinsten und grösten Wucher ist.

Vermöge dieses Kunststücks lassen die Finanzbeamten, die königlichen Gelder, so unter ihren Händen sind, für ihren eigenen Nutzen rouliren. Hierdurch sind sie im Stand, dem Staat im Nothfall Vorschuß zu thun. Sie verkaufen dem König ihren Kredit.

Ihre Politik ist, mit Hilfe des Ministers, den sie immer in ihren Banden haben, zu trachten, daß der Staat beständig Geld bedarf, und daß die Fonds ihrer Kassen immer von den darauf ruhenden Ausgaben übertroffen werden. Alsdenn verhandeln sie ihre Pappiere für theur Geld dem König, und lösen solche durch ihre Unterhändlere gegen baare Münze mit Gewinn wieder ein.

Dies

Dieses Manövre bereichert sie unermeßlich, und macht ihre Existenz zugleich ohnentbehrlich. Der König findet sich in dem Fall eines Mündels, der für fünfzigfache Verschreibung Geld bey Wucherern sucht, um seine heimliche Ausgaben zu bestreiten.

Man hat ausgerechnet, daß jeder Thaler, bis er von dem Innersten der Provinz in des Königs Casse kommt, dem Monarchen 3¼ Thaler kostet, und daß er durch ohngefähr 300 Beamtenhände gehet.

Die Bedrückungen, Mißbräuche und Violationen, welche in unübersehbarer Menge aus einer solchen Verfassung entspringen müssen, waren immerzu einer der wichtigsten und dringendsten Gegenstände der Landesklagen in Frankreich. Die Vervielfältigung der Abgaben, die Verwirrung der Staatscasse, die Menge der Finanzbeamten, die Gewaltthätigkeiten ihrer Untergeordneten waren ein Uebel, welches das Reich desolirte. Es war in der ganzen Menge Uebel, welche die französische Staatsregierung enthält, das beschwerlichste und verhaßteste.

Die Provinz Normandie trug im Jahr 1772 dem König an, ein Drittel ihrer ordentlichen Schuldigkeiten, als ein Surrogat, zu erlegen, gegen die Erlaubniß ihre Steuer gerade zu in die königliche Schatzkammer zu liefern.

Der

Der Allmanach der Hierarchie der französischen Finanz ist eben so interessant, als der Neugierd würdig.

Zuoberst stehen die Generalpächter. Ihr Wesen ist simpel, viel einnehmen, und Etwas ausgeben. Sie haben in der Staatsverwaltung keinen andern Nuzen, als daß sie einen bestimmten Fond versichern. Man muß gestehen, die heutigen Generalpächter unterscheiden sich sehr von ihren Anherren. Einst war der Nahme Generalpächter ein Muster der Satyre, wann man den Reichthum lächerlich machen wollte. Wann man das Glück mit der Dummheit, mit dem Geize, mit der Unverschämtheit gepaart mahlen wollte: so nannte man einen Turcaret. *) Allein seitdem man die Nahmen Helvetius und d'Aucourt**) unter ihnen zählt: so hat man das Vorurtheil von der Ungezogenheit der Generalpächter verändert.

Die berühmtesten unter ihnen sind heut zu Tag, Borda. Bouret, der sich vom Lakeyen bey dem Gesandten zu Konstantinopel, Herrn von Feriol, zum Obereinnehmer zu Rochelle, und von diesem zum Generalpachter, aufgeschwungen. Valroche, Bruder des vorigen. D'Ange. Lavoisier, ein Gelehrter. Loiseau de Berenger, welcher seit seiner

*) Der Held in dem Lustspiel des le Sage, worinn die Generalpächter nach dem Leben gezeichnet sind.
**) Mitglied der Akademie der Wissenschaften.

ner Erschaffung zum Generalpächter, sich noch keinen Wagen beygelegt, weßwegen man ihn zu Paris den fermier géneral à pied nennt. Poujaud, dem man den Zunahmen Extendeur (Erweiterer) beygelegt hat, wegen seinem wunderwürdigen Talent, neue Auflagen auszudenken. Die übrigen 53 Mitglieder haben kein anderes Verdienst als ihr Geld.

Auf die Fermiers folgen die Obereinnehmer (Receveurs generaux): Diese leihen Etwas und empfangen Viel. Ihre Bestimmung ist eigentlich, diejenigen königlichen Einkünfte, welche ausser dem Kreiß der Ferm liegen, z. B. die Strafen, die Confiskationen, die Steuern ꝛc. ꝛc. von den Untereinnehmern der Provinzen zu empfangen, und sie in den königlichen Schaz zu tragen.

Hierunter sind nun Hardouin, der Erfinder eines neuen Cadasters; Wátelet, Mitglied der französischen Akademie und Urheber eines berühmten Gedichts über die Mahlerey; Boutin, dessen Gärten wegen ihrer geschmackvollen Anlage berufen sind; Bergeret, ein enthusiastischer Freund der schönen Künste, die merkwürdigsten.

Die Thrésories generaux sind eine dritte Gattung Blutegel. Sie beschäftigen sich mit den Ausgaben. Ihre Anzahl ist schlechterdings unergründlich. Sie theilen sich in zwo Linien: Gardes du Thrésor royal (Oberschazmeistere) und Thrésoriers des Caisses. Zum Beyspiel: Le thrésorier des parties casuelles;

le thrésorier de la caisse des arrérages; le thrésorier de la caisse des amortissements &c. &c Sie sind die wahren Fiskalgenies. Sie halten das grosse Becken in der Hand, wodurch die ganze Circulation der politischen Maschine fließt.

Hier sind die beträchtlichsten unter ihnen. Savelette de Magnanville, wegen seiner prächtigen Tafel und der Schaubühne, die er in seinem Haus unterhält, berufen. Le Seurre, Meister in der Kunst die fiskalische Torturen zu vermehren. Nouette, Erfinder einer neuen Pappiermühl, (das ist, Urheber einer neuen Gattung Staatskreditbillets.) Gagny, ein aufgeklärter Liebhaber der Künste und Beförderer der wahren Wissenschaften.

Nun folgen die Payers des Rentes (Rentenverwalther). Sie sind an der Zahl 64. Jeder hat eine Million zu verwalthen, wofür er jährlich 40,000 Livres Besoldung zieht.

Die Reihe aller dieser Vampyren schließt der Hofbanquier. Seit der Existenz dieser Stelle zählt man fünf Männer, die solche nacheinander besessen, und deren erworbene Reichthümer zusamm auf zweihundert Millionen ausgerechnet worden sind. Samuel Bernard, von jüdischem Ursprung; Montmartel; de la Borde; Magon de la Balue; Beaujon, itzt lebend.

Um

Um die Niedrigkeit, aus welcher alle diese Plutone fast insgemein entsprungen sind, zu verbessern, erwerben sie sich Adelsbriefe, Titel, kauffen Herzogthümer, Grafschaften, verheyrathen ihre Töchter an Pairs, und machen ihre Söhne zu Ducs und Marquis.

Dieses gab zu einer pikanten Parodie Stof, welche bey Gelegenheit des Streits zwischen den französischen Prinzen, und dem Hause Lothringen bey der Vermählung der Dauphine parfiel. *)

  Sire, les grands de vos états
  Verront avec beaucoup de peine
  Qu'une princesse de Lorraine
  Sur eux au bal prenne le pas.

---

*) Man behauptet, bey der Vermählung der Madame Dauphine, itzt regierenden Königin, hätte sich eine ernsthafte Combustion unter dem französischen Adel ereignet. König Ludwig XV. soll, aus dem Beweggrund, weil das Haus Lotharingen mit Oestreich anverwandt ist, beschlossen haben, daß die Mademoiselle de Lorraine auf dem Bal parcé, unmittelbar nach den Prinzessinnen vom Geblüt, tanzen möge. Hierüber kamen die legitimirten Prinzen und die hohe Noblesse in Bewegung. Da das Haus Lothringen in der Etiquette des Hofs, als unter die fremden Prinzen gehörig, betrachtet wird; so glaubte der französische Adel, daß hierdurch den Vorzügen seines Geblüts und seinen Rechten Eintrag geschehe. Man machte dem König eine förmliche schriftliche Vorstellung dagegen. — Und diese Vorstellung gab das Sujet zu obiger Parodie.

Si votre majesté projette
De les fletrir d'un tel affront
Ils quitteront la cadenette *)
Et de la cour s'exileront.

Avisez-y la ligue est faite:
Signé *l'Evéque de Noyon,
La Vaupaliere, Beaufremont,
Clermont, Laval et de Villette.* **)

Der fruchtbaren Regierung Ludwigs XVI. war es aufbehalten, die Wünsche der Nation zu befriedigen und in dem System der Finanzhierarchie mit schöpferischer Macht eine Aenderung zu erwecken.

Der erste Schritt hiezu, welcher die Einführung der Provinzialverwaltungen zur Absicht hat, ist zwar nur ein Versuch: aber ein Versuch, der die Tinctur eines raffinirten Projekts und alle Anzeichen eines glücklichen Ausschlags an sich trägt.

Um

---

*) à la Cadenette war die damalig herrschende Weise in dem Haaraufsaz.

**) Das Salz dieses Epigrams bestehet in dem Kontrast der Nahmen. Der Bischof zu Noyon ist gegenwärtig der älteste Pair von Frankreich und aus einer der erlauchtesten Familien des Reichs, den Broglio's. Clermont, Laval sind altblätige, grosse Häuser. Der Marquis de Villette hingegen ist der Sohn eines kürz verstorbenen Schazmeisters, des Herrn von Raninay, welcher das Marquisat dieses Nahmens kaufte. ꝛc. ꝛc.

Um die ganze Stärke und Schönheit dieser Anstalt zu fühlen, muß man das hierüber ergangene königliche Mandement in seinen eigenen Worten lesen. Es ist ein wahres Denkmal einer gesunden und aufgeklärten Politik; ein Meisterstück in der Kabinetsprache; und es wird in der Geschichte ewig ein erhebliches Zeugniß von der Milderung unserer Zeiten seyn.

„Mitten unter Staatsbegebenheiten, welche aller seiner Aufmerksamkeit würdig sind, läßt der König niemahls die grossen Gegenstände ausser Augen, durch welche die innerliche Verwaltung den Wohlstand seiner Unterthanen befördern kan. Und wann ausserordentliche Ausgaben, deren Ende Seine Majestät noch nicht bestimmen kan, nicht erlauben, die Menge der Auflagen zu vermindern: so wünschet Sie dennoch sehnlich, von nun an die Mittel vorzubereiten, die Last davon zu erleichtern, theils durch billige Modifikationen deren sie fähig ist, theils noch mehr durch die Weisheit und die Gleichheit der Vertheilung."

„Seine Majestät hat die geringen Erfolge bemerkt, welche man seit langer Zeit in diesem Stück gemacht hat; und da Sie ihre Aufmerksamkeit besonders auf die Vortheile gerichtet hat, welche weislich eingerichtete Provinzialverwaltungen gewähren können: hat Sie mit Freuden gesehen, daß, wenn die Bedürfnisse des Staats für einige Zeit

viel

viel heilsame Vorschläge aufschöben, es doch eine Art von Wohlthat gebe, welche auch die schwehresten Umstände Sie nicht hinderten, Ihren Unterthanen angedeihen zu lassen."

„Der einstimmige und sich immer gleiche Gang dieser Verwaltungen, so wie Seine Majestät sie einzurichten gedächte; Ihre mehr auf alle Umstände sich vertheilende Aufmerksamkeit, der verschiedenen Kenntnisse, die Sie sammlen könnten, und durch welche Sie, mit Ausweichung alles Willkührlichen, eine gerechte Vertheilung der Lasten erzielen könnten; die Form der Abonnementer, die, mit Bestimmung der Summe, welche von jeder Generalität gefordert wird, es allen Eigenthümern zur Angelegenheit machen würde, die Mißbräuche zu verhüthen, und die allgemeinen Hilfsquellen der Provinz ergiebig zu machen; die Publizität der Berathschlagungen und der löbliche Wetteifer der daher entstehen würde; die Handhabung der durch die Erfahrung bewährten Grundsäze und dieses Bestreben nach der Vollkommenheit der Anstalten, mehr als nach Aenderungen und nach Neuerungen; alle diese einer beständigen und zahlreichen Lokalverwaltung eigenthümlichen Mittel kommen Seiner Majestät als soviel Unterstüzungen Ihrer wohlthätigen Absicht vor,"

„Sie hat überdiß erwogen, daß in einem so grossen Königreiche die Verschiedenheit des Bodens, der

der Gemüthsarten und der Gebräuche, der Vollziehung und oft auch der Nuzbarkeit der besten Finanzgeseze Hindernisse in Weg legen könnten, wann diese Geseze allgemein und für alle Gegenden gleich wären. Und dieses mußte Seine Majestät auf den Gedanken bringen, daß vielleicht nur durch den erleuchteten Eifer von Lokalverwaltungen Sie umständlicher erfahren könnte, was für jede ihrer Provinzen schicklich wäre, und daß Sie also stufenweis, aber desto sicherer, zu den allgemeinen Verbesserungen gelangen könnte, mit denen Sie beschäftigt ist."

„Es könnte Seiner Majestät nicht verborgen bleiben, daß wenn alle Umständlichkeiten der Verwaltung in demselbigen Mittelpunkt gesammelt werden sollten, bey dem Mißverhältniß zwischen dieser Arbeit und den Kräften und der Muße des Ministers, den Sie mit ihrem Zutrauen beehrt, die Gewalt der Untergeordneten allzuweit müßte ausgedehnt, oder sehr wesentliche Angelegenheiten ohne genugsame Untersuchung müßten entschieden werden, da hingegen diese Angelegenheiten von weißlich geordneten Provinzialverwaltungen besser ergründet und richtiger abgewogen werden könnten."

„Da Seine Majestät übrigens Ihren Departementskommissarien zu allen Zeiten die wichtige Pflicht vorbehalten haben will, Ihren Rath über die Entwürfe und über die Berathschlagungen dieser Versammlungen zu benachrichtigen: so wird es sich

sich ergeben, daß da bey dieser neuen Einrichtung die Oberaufsicht und die Vollziehung sich in verschiedenen Händen befinden werden, Seine Majestät dardurch vermannichfaltigte Gewährleisten des Wohlstands und des Zutrauens Seines Volks erhalten wird."

„Da Seine Majestät Ihre wohlthätigen Aussichten weiter erstrecket, und da Sie die Menge der einander Verdrängenden von Systemen und von Meynungen bedenkt, welchen die Verwaltung der Finanzen ausgesezt ist, erachtet Sie, daß es eine der grösten Wohlthaten seyn würde, welche Sie Ihren Unterthanen gewähren könne, in Ihren Provinzen beständige Verwalthungen einzuführen, welche sich selbst immer verbessern, und dazu sich sowohl die immer zunehmende Aufheiterung der allgemeinen Grundsäze und die Lehren der Erfahrung nothwendig zu nüz machen würden."

„Endlich hat Seine Majestät noch mit Vergnügen betrachtet, daß indem Sie durch das Gefühl der Ehre und der Pflicht die vornehmsten Eigenthümer an die Verwalthung Ihrer Provinzen heftete, Sie sie dardurch desto mehr denselben zueignen, und also dem Wohl dieser Provinzen den Eifer und die Einsichten Derjenigen dienstbar machen würde, welche die Vortheile davon am meisten zu genießen haben würden."

„Und

„Und indem durch diese väterlichen Verwaltungen das Volk immer sorgfältiger seine Bedürfnisse beherzigt, seine Vortheile erwogen, seine Klagen untersucht sehen würde: so würden eben diese Verwaltungen als getreue Zeugen der gerechten und wohlthätigen Gesinnungen Seiner Majestät jenes Mißtrauen verbannen, welches die Ruhe der Steurbaren stöhrt, und Seiner Majestät jenen Zoll von Liebe und von Erkenntlichkeit darbringen, welche einem Monarchen so kostbar sind, der keinen andern Ruhm sucht, als das Glück seiner Unterthanen."

„Seine Majestät macht sich ein Vergnügen daraus, diese verschiedenen Betrachtungen Ihren getreuen Unterthanen anzuvertrauen. Aber geleitet von dem Geiste der Weisheit, der Ihr eigen ist, und von dem Wunsche durch die Erfahrung belehrt zu werden, will Sie lieber nur stufenweis sich dem Zwecke nähern, den Sie Sich vorgesezt hat, und hat beschlossen, dermahls nur in einer einigen Generalität eine Provinzialverwaltung einzuführen."

„Verschiedene Beweggründe haben die Wahl auf die Provinz von Berry gelenkt. Der schmachtende Zustand, in dem sie sich seit einiger Zeit, ungeachtet der natürlichen Quellen von Wohlstand befindet, mit denen sie gesegnet ist, macht dort die Nothwendigkeit eines thätigen Triebwerks besonders merkwürdig. Und wann auch eine neue Verwalwaltungsart die Schwürigkeiten finden sollte, die allen Anfängen eigen sind: so werden die Lage dieser Provinz und die Aussicht auf das Gute, so daselbst gewirkt werden kan, beytragen, Muth und Hofnung zu beleben."

„Der König, welcher, bey dieser von jedem Gedanken des Gewinns entfernten Anstalt, nichts als das Wohl Seiner Unterthanen zum Augenmerk hat, fordert nicht mehr als die nehmliche Summe, welche wirklich dermahlen in Ihren königlichen Schatz fleußt: also daß alle Vortheile, welche eine weise Wirthschaft, heilsame Einrichtungen oder eine bessere Vertheilung werden erzeugen können, gänzlich der Provinz zu ihrer Erleichterung zu gut kommen werden."

„Seine Majestät wird von nun an die wesentlichen Bedingnisse dieser Provinzialverwaltung vorschreiben, aber Sie wird noch nicht über die Nebenmittel der Ausführung verfügen, bis Sie durch die Gedanken der ersten Versammlung beleuchtet seyn wird. Sie behält Sich auch vor, die Verordnungen, die Sie gut befunden haben wird, zu allen Zeiten abzuändern und zu verbessern; und Ihre Absicht wird dabey immer gerichtet seyn, die Ordnung und die Handhabung Ihres Ansehens mit dem ausgebreiteten Vertrauen zu vereinigen, das sie dieser Verwaltung zu schenken gesonnen ist."

„Die-

„Diejenigen, welche nach und nach dazu werden berufen werden, werden ohne Zweifel dieses Zeichen des öfentlichen Vertrauens mit behöriger Empfindung zu schäzen und ihm auf eine Weise zu entsprechen wissen, welche sie der Gutheissung Seiner Majestät würdig machen wird."

„Seine Majestät wird insonderheit das Schicksal des gemeinen Mannes und den Vortheil der am wenigsten Begüterten unter den Steurbaren ihrer Beherzigung empfehlen Durch diesen Geist der Vormundschaft und der Wohlthätigkeit werden sie sich des Vertrauens Seiner Majestät würdig zeigen. Und Sie erwartet von ihrem Vertrauen desto mehr, weil sie immer eingedenk seyn werden, daß noch über das Gute, so sie ihrer Provinz dadurch erweisen werden, der Erfolg ihrer Verwaltung ein neuer Beweggrund werden wird, solche Anstalten auszubreiten; und daß also durch die Weisheit ihrer Rathschläge und ihres Verfahrens sie die Erfüllung dieser gemeinen und wohlthätigen Absichten Seiner Majestät beschleunigen werden."

„Und wann jemals, wider bessere Vermuthung, eigennüzige Absichten, Zwietracht oder Gleichgültigkeit, jene auf die Liebe des gemeinen Besten gegründete und es zu bewirken einzig vermögende Einigkeit stöhren sollten: so würde Seine Majestät dieses Ihr Werk wieder aufheben, und indem Sie mit Bedauren Ihren Hofnungen entsagen würde, doch

doch niemals es Sich gereuen lassen können, daß die Liebe, mit der Sie ihre Unterthanen umfaßt, Sie bewogen hätte, den Versuch von einer Verwaltung zu machen, welche seit so langer Zeit der Gegenstand der Wünsche von Ihren Provinzen ist, und worinn seine Majestät gewünscht hatte, neue Mittel zu finden, um das Glück Ihrer Unterthanen zu befördern."

„Im königlichen Staatsrathe, in Gegenwart Seiner Majestät, den 12 Jul. 1778."

Zufolge dieses königlichen Entschlusses nun werden die Auflagen und Abgaben der zum Versuch ernannten Provinz Berry künftighin von einer eigenen Provinzialversammlung, bestehend aus dem Erzbischof von Bourges, eilf Gliedern aus dem Stande der Geistlichkeit, zwölf adelichen Landeigenthümern und aus vier und zwanzig abgeordneten Gliedern des mittlern Standes (tierce état) worunter zwölf von den Städten und zwölf vom Lande, welche alle liegendes Eigenthum besizen müssen, regulirt, vertheilt und eingezogen.

Diese Versammlung thut sich alle zwey Jahre, jedoch nicht länger als auf Einen Monat, zusamm. Die Stimmen gelten nach der Anzahl der Köpfe und nicht nach dem Unterschied des Standes. In der Zwischenzeit aber wird eine Verwaltungskommission, aus dem Erzbischof von Bourges, sieben Glie-

Gliedern der Versammlung, zween Syndiks und einem Sekretär bestehend, niedergesezt, um die laufenden Geschäfte zu versehen.

Die Provinzialversammlung besorgt die Landstraffen, die Arbeitshäuser und alle Gegenstände, die der König noch überdiß für dienlich erachtet wird, ihr anzuvertrauen. Des Königs Wille ist, daß die Abgaben nicht erhöhet werden sollen über den Fuß wie sie wirklich stehen. Dem zufolg wird nicht mehr in den königlichen Schaz kommen, als was die gegenwärtige Anlagen, mit Abzug der Einzugskosten, der Nachlässe und Beystände für die Arbeitshäuser, betragen.

Der Endzweck der Provinzialversammlung ist, sich über die wirksamsten Mittel zu berathschlagen, um die Ungleichheit und das Willkührliche in der Besteurung zu verhüthen, die möglichste Gerechtigkeit in der Vertheilung, und die genaueste Spahrsamkeit in der Hebung zu erzielen. Deßgleichen Vorschläge zu ersinnen, wie der Provinz aufgeholfen, der Landbau verbessert, die Communication der Handlung erleichtert, und die Nahrungswege vervielfältigt werden können.

Und

Und um diesen Endzweck zu erreichen wird der König nicht nur der ordentlichen zweyjährigen Versammlung zween oder mehrere mit Dero Anweisungen versehene Kommissaren beyordnen; sondern der Intendant und Departementskommissar der Provinz hat ausserdem den Auftrag, von den verschiedenen Berathschlagungen der Provinzialversammlung und der Verwaltungskommission so oft die Einsicht zu begehren; als er es für den Dienst Seiner Majestät und das Wohl Ihrer Unterthanen dienlich erachten wird.

Empfindung beym heroischen Ballet.

Aus der Schreibtafel Achmet Isaac Bey's.

Um sich zu unterrichten macht, wie man weiß, Achmet Isaac Bey, ein junger Türk von gutem Haus, eine Reise durch Europa. Er hat Wälschland, Wien und Petersburg gesehen, und ist wirklich zu Paris.

Unlängst wohnte er der Abendgesellschaft der Mademoiselle l'Espinasse bey. Es ist bekannt, daß nach der Einrichtung dieser Gesellschaft jeder für seine Zeche etwas Neues mitbringen muß, es sey ein Gedicht, eine Zeichnung, ein Kunststück oder sonst was dergleichen.

Als die Gesellschaft auseinander gieng: so nahm Achmet ein Blatt aus seiner Schreibtafel und ließ es auf dem Tisch zurück.

Dieses Blatt enthielt folgende Zeilen in französischer Sprache.

Empfindung beym Ballet.

Ich sah' die Götter. Sie selbst säh' ich, frisirt chaussirt aus den Wolken herabsteigen.

Ich sah' den fürchterlichen Neptun in einem grün stofnen Schlafrock auf pappiernen Wellen ruhen.

Die

Die reizende Venus sah' ich im Domineglige mit Puffen à la Curle. Sie war von Liebesgöttern umgeben, die die ausgewachsene Grenadierslänge haben, und von Grazien, welche im fünften Monat ihrer Schwangerschaft sind.

Den Herrn des Donners sah' ich, wie er mit dem Ohre auf die Pfeife lauschte, wodurch ihm ein Aufwärter das Zeichen gab, wann er bonnern solle.

Eine Armee schröcklicher Krieger sah' ich in Bewegung, um einen Pallast von Preßpappier zu stürmen.

Schwerder sah' ich, welche die Leute tödten, ohne sie zu verwunden, und Dolche, womit man sich ersticht, ohne zu sterben.

Izt sah' ich zween Flüsse, vier Winde, und vier Bäume einen Tanz miteinander machen. Riesen sah' ich Wälder ausreissen, welche mit Pappe an die Erde geheftet sind.

Ich sah' die Hölle sich öfnen. Teufel in Boucles à la Mousquetaire aufgesezt, und frisirte Furien, mit rother Schminke auf den Wangen, sah' ich herfürkommen.

Ich sah' die liebenswürdige Diane auf die Jagd ziehen, und — was sieht man nicht! — Ich sah' das Wildbrät, hinter den Coulissen, dem Jäger nachlaufen.

Acten

Acten zur neuesten Staatsgeschichte von Genf.

Beschluß der Materie.
(Chronologen IV. Band, Seite 230.)

Unterdessen gleichwie dieses Geschäft in ein sehr wenig zahlreiches Conclave eingeschränkt war, und es das Ansehen hatte, als wenn die zwischen den Decemvirn der Republik herrschenden Mißhelligkeiten dadurch ein für allemahl erledigt würden: so konnte man sich wenigstens dieselbe Wirkung schmeicheln, welche jene Arzneyen haben, die indem sie die Stockung der Säfte an einzelnen Orten aufheben, zugleich den ganzen Körper verbessern. Man durfte hoffen, die Funken, welche aus der Reibung einer Delegation entsprungen, dörften ein heilsames Licht im Staat selbst anzünden. Kurz, wann die Delegation müde seyn würde, sich zu zanken: so würde sie damit endigen, sich zu vereinigen.

In der That genoß Genf während dem Intervall dieser Arbeit die vollkommenste innerliche Ruhe. Allein bald veroffenbarte sich die in der Delegation eingerissene Mißhelligkeit. Die unruhigsten, oder wenigstens die unerträglichsten Köpfe auf der aristokratischen Seite verließen zwar anfänglich das Schlachtfeld, unter dem Vorwand, daß sie sich zu schwach befänden. Unterdessen kam mit Hilfe einiger neuen Rekruten, die von einer sanftmüthigern Gemüthsart waren, gleichwohl der erste Theil der Nothdurft zu Stand, enthaltend die Grundlinien des Staatsrechts, welcher im Maymonat 1778 gedruckt wurde, und wovon jedem Bürger ein Exemplar zu seiner Ueberlegung und Anmerkungen zugestellt ward.

Zum Unglück war die Zeit, welche dem Entwurfswerk der neuen Gesezze eingeräumt wurde, auf zwey Jahre ausgemessen. Ein Zeitmaaß, welches zu einer Unternehmung von dieser Art unzureichend gewesen wäre, wann selbst die vollkommenste Ruhe geherrschet hätte. Da der zu Erschaffung eines neuen Gesezzbuchs nöthige Raum nicht von der Anzahl der Menschen abhängt, denen dasselbe zur künftigen Leitschnur ihres Lebens dienen solle; sondern von der Mannigfaltigkeit der Gegenstände: so hätte man, um die Jurisprudenz von Genf zu entwickeln, wenigstens so viel Zeit aussezen sollen, als für das weitläufigste Reich in der Welt nöthig wäre.

Und

Und bey diesem geringen Zeitraum wurde das an und für sich dornichte Geschäft noch durch unzählige Hindernisse von allerhand Gattung, durch die Abtrünnigkeit einiger Arbeitere, durch die Entmuthung der übrigen, verzögert: so daß es in allem Betracht einen reifern und verlängertern Termin erforderte.

Dem gemäs kam auch die Delegation wirklich, als der bestimmte zweyjährige Raum im Septbr. 1778 verflossen war, um eine Erstreckung ein. Zu solchem Ende trug man dem Rath der Zweyhundertter vor, dem Conseilgeneral deßhalb einen Vortrag zu machen. Und diese Bitte war mit der äussersten Klarheit, Unschuld und Mäßigung vergesellschaftet. Es schien, daß die Sache nicht einem Augenblick Bedenken unterworfen wäre.

Stellen sie sich unterdessen vor, mein Herr, was erfolgte. Es erschien ein Dekret, wordurch die gebethene Erstreckung ein für allemal abgeschlagen; die bisherige Gesezzcommission, und zwar mit harten Ausdrücken, gänzlich cassirt; jene Magistratsglieder aber, die sich dieses Werks angenommen, die neue Gesezverfassung begünstigt und dem Despotismus sich widersezt hatten, spöttisch durchgehechelt wurden.

Diß ist die aufrichtigste Erzählung des wahren Hergangs der Sache. Hieraus erhellet klar, daß
man

man die fremden Mächte surpreniren will, indem man sie gegen die Genfer aufbringt und mißvergnügt macht. Offenbar hinterhält man ihnen die wahren Umstände, und den eigentlichen Lauf der Sache. Ein für allemahl ists richtig, daß kei1 anderer Aufruhr in der Republik glimmet, als die Unzufriedenheit des Publikums über die schnöde Verwerfung seines Gesezzentwurfs von den Zweyhunderten; daß diese Verwerfung blos das Werk von höchstens einem hundert Personen ist; und daß alle übrigen Einwohnere von Genf einen Abscheu daran haben.

In diesem Zug von Despoterey ab Seiten einer Stelle, die dem übrigen Publikum in der Liebe zur Ordnung und zur Erhaltung der Gesezze durch ihr Beyspiel ein Muster geben sollte: in dieser offenbaren Verachtung für die vermittelnden Mächte: bestehet das Symptom zu den Unruhen, welche Genf drohen, und seine Nachbarn aufmerksam machen können, ganz allein.

Der tugendhafte Minister, auf dessen Schreiben sie sich beziehen, erklärt in solchem, daß die Meynung Seiner Majestät nicht im geringsten dahin gienge, der Unabhängigkeit der Republik zu nahe zu tretten. Unterdessen, wann in dieser Republik, deren Constitutional-Grundsaz darinn bestehet, daß sie nach der Mehrheit der Stimmen regieret werden solle, die Minorität gleichwohl

wohl Schuz zu Versailles, zu Bern oder zu Zürch findet; wann auf die geringste Bewegung, die sie durch ihre eigenen Kabalen zu veranstalten weiß, es ihr erlaubt ist, die vermittelnde Mächte aufzurufen, und durch Verläumdungen die Herbeykunft derselben zu betreiben; wann dergleichen Angrife auf die öfentliche Freiheit, fern von dem Bezirke der Stadt, die sie beunruhigen, für Züge des Patriotismus ausgelegt werden; die Vorstellung der Bürgere hingegen, so deren Ursprung einsehen und kennen, für eine Meuterey, welche den Eintritt der Nachbarn verdient: wo ist alsdenn die Unabhängigkeit der Republik?

Auf die geringsten Zweydeutigkeiten also, die innerhalb unsern Mauren entstehen, sollen wir solche mit Soldaten umringt, oder uns vielleicht noch drohendern Maaßregeln ausgesezt sehen? Wir sollen uns nicht nur thätlich unterdrückt sehen: eine Art von Unglück, worinn noch einiger Trost liegt; sondern wir sollen noch wissen, daß es aus einem Grunde des Rechts geschehe. Wir sollen die Verachtung für Friedensstöhrer, für Aufrührer fühlen. Wi sollen als heillose Bürger entehrt, als Rebellen bestraft werden. Und, um all dieses Elend und Schimpf über unsern Häubtern zu versammlen, soll es nichts erfordern, als eine kühne Delation, eine verrätherische Anrufung der Verträge, die die Grundlage unserer eigenen Rechte, und das Ziel unserer Hofnungen sind!

Y 3 Wie!

Wie! Sind wir's, sinds die Bürgere, welchen man den Vorwurf machen muß, daß sie den Tractat von 1738, ein von den drey vermittelnden Mächten bestättigtes Geschäft, gekränkt hätten. Was bedingt dann dieser Tractat? Nichts anders, als die Confection eines Gesezzbuchs. Je nun, und was suchen wir? Ein Gesezzbuch. Ein Gesezzbuch, welches die Zweyhunderter verbringen wollen; ein Gesezzbuch, woran eine von der Republik angeordnete Commission wirklich den Anfang gemacht hat, und welches ein abhängiges Tribunal derselben wieder zernichten will; ein Gesezzbuch, welches uns, welches unsern Beschüzern, welches den großmütigen Mächten, die sich um unser Schicksal anzunehmen geruhen, nothwendig geschienen, welches aber eine einzelne Gesellschaft aus eigener Macht unterdrücken will, indem sie das Publikum, so seine gekränkte Rechte zu reklamiren sucht, für aufrührerisch ausschreyt.

Wer ist also der wahre Friedensstöhrer? Wer sind die eigentlichen Aufrührer? Welches ist die Parthey, die mit der Mediation ein Spiel treibt, und welche das Gewicht derselben zu empfinden verdiente, wofern je unsere vorgeblichen Mißhelligkeiten ein dergleichen ernsthaftes Mittel bedürfen?

Jedoch — ich wiederhole es — dieses Mittel ist zur Zeit gar nicht nöthig. Die Verrätherey mag sich noch so viel Mühe geben, die Glocke in
den

den Kabineten anzuziehen: sie mag der Sache einen noch so falschen Anstrich zu geben suchen: so bleibt die Wahrheit bestehen. Es bleibt gewiß, daß die vorgeblichen Zwistigkeiten zu Genf bisher nichts weiters auf sich haben, als ein bloßes Wortgezänk und rednerische Paraden; daß der mindeste Zug von Thathandlung, von Rottirung, von Drohung — das Betragen der Zweyhunderter abgezogen — nicht vorhanden ist.

Bis zum heutigen Tag zeigt die obzwar gekränkte, aber immer unterthänige, immer ehrerbietige und pflichtvolle Bürgerschaft nichts als Geduld, den Ausgang der Sache abzuwarten; Hofnung, daß sich die Augen von selbst eröfnen, daß die Wahrheit erkannt, und es an Tag kommen würde, durch welche Zauberkraft, wider den Wunsch des ganzen Publikums, wider den offenbaren Willen der ganzen Bürgerschaft, sowohl ihr Gesezzbuch als ihre dazu abgeordneten Bevollmächtigten, verschwunden sind.

Ein in der Rechtslehre der Staaten von allen Völkern behaubteter, von allen Kennern einmüthig eingestandener Grundsaz ist, daß ein Gesezz durch niemand anders, als durch diejenigen, so es erschufen, wieder aufgehoben werden könne. Nun gieng der Entschluß die Geseze zu Genf zu revidiren, von der ganzen Nation aus. Der hohe Rath (Conseilgeneral) allein war demnach befugt, ihn

ihn zu widerrufen. Der ganzen Gemeine stund es zu, zu beurtheilen, ob ihre Deputirten ihren Auftrag verwaltet und ihre Pflicht gethan hätten. Der Schritt, dieses geheiligte Denkmal der Republik einseitig, und ohne Zuziehung des Publikums umzustürzen, ist folglich ein wahrer Rebellionsakt. Es ist ein der offenbahren Bestrafung würdiger Despotismus.

Allein, versezt man, der neue Kodex zielte auf Einbrüche, auf Innovationen. Er gab Gelegenheit, dem Volk zu viel Recht einzuräumen, und die Wagschaale des gesegneten Gleichgewichts, wovon das bisherige System Genfs abhängt, zu verrücken. So spricht die Faction der Tirannei.

Wohlan, wann die Bevollmächtigten des Volks wirklich fähig gewesen wären, ihren Auftrag zu mißbrauchen, sinds die Zweyhunderter, ists der Ausschuß des allgemeinen Raths, ists eine Anzahl, die nicht einmal den fünfzehenten Theil des Publikums ausmacht, denen die ausschließende Erkenntniß hierüber zukommt? Die Zweyhunderter waren wohl berechtigt, einen solchen Fall dem hohen Rath anzuzeigen: aber sie waren nicht befugt darinn zu richten, zu entscheiden. Ihr Amt bevollmächtigte sie zwar, den Ausspruch der ganzen Bürgerschaft zu vollziehen; nicht aber ihn zu ersezen.

Weiters,

Weiters, nach welcher Regel, nach welchen Grundsäzen richtet sich ihr Verfahren? Womit rechtfertigen oder entschuldigen sie es? Hatte dann die Gesezverbesserungsdelegation einen andern Auftrag, als die Gesezze, die ihr überflüssig oder unstatthaft schienen, abzuändern? Bestund nicht der Zweck ihres Daseyns in dem Vorsaz neue, verbesserte Geseze zu entwerfen? Oder hatte man sie etwan deßwegen mit so viel Geräusch niedergesezt, deßwegen mit so viel Ansehn versehen, um sich blindlings dem Einflusse der Parthey zu unterwerfen?

Diese ohnverzeihliche Imbecillität würde gerade zu gegen die Absicht und den Inhalt ihrer Institution gelaufen seyn. In der That wollte man durch den Vertrag 1738 die Delegation anfänglich in einen dergleichen Kreiß einschränken. Sie sollte sich mit nichts anders abgeben, als mit einer allgemeinen Aufsuchung und Sammlung aller seit dem Alter der Republik entstandenen Gesezze. Ihr Gegenstand sollte blos seyn, die alten, zerstreuten, verlohrnen Verordnungen aus dem Archiv der Republik herfürzuziehen, und, mit den neuen, in ein Register zu bringen.

Aber es stund nicht lang an, daß man die Unnüzlichkeit, Zwecklosigkeit und Eitelkeit dieser Arbeit empfand. Das Publikum drang, anstatt einer Sammlung, auf eine wesentliche Revision seiner Gesezze. Der Auftrag der Delegation veränderte sich, mit Einverständniß der Zweyhunderter Selbst, in eine gänzliche Umgiessung des Koder. Wann sich demnach diese Stelle gegenwärtig der Confection eines neuen Gesezzbuchs widersezt; so widerspricht sie sich selbst.

Der vornehmste Punkt ihres Auftrags war, die Oberherrschaft des allgemeinen Raths zu bestättigen. War diß etwas anders als den Grundzweig der republikanischen Existenz Genfs befestigen? Ist die Oberherrschaft des Conseil general nicht durch den Tractat 1738 erkannt: ist sie nicht durch die folgenden 1764, 1768, 1776 sanzirt? Geht man in entfernte Zeiten zurück: ist sie jemals eine Minute innerhalb unsern Mauren in Zweifel gezogen worden? Nein. Der Grundsaz der Unabhängigkeit, des Vorzugs, mit Einem Wort, die Souverainetät des hohen Raths ist jenes heilige Feur, welches die Gesezzgebere Genfs auf immer beseelen und erleuchten mus. Mit Hilfe dieses wohlthätigen Strahls müssen sie den Punct unterscheiden, von welchem sie ausgehen sollen.

Unsern Bevollmächtigten zum Verbrechen machen wollen, daß sie sich durch diese Reflexion leiten lassen, heißt wirklich, geheime und strafbare Absichten an Tag geben. Ohne Zweifel giebts zu Genf, so wie anderwärts, unruhige Köpfe, schaden-

345

denſrohe und boßhafte Menſchen, welche ihre Freude dar.nn finden, die Gemüther aneinander zu hezen, die Conſtitution der Republik zu verdrehen, den Frieden derſelben zu ſtöhren. In jedem Staat giebts heilloſe und niederträchtige Glieder, welche ihr Vergnügen in der Empörung der Partheyen, in ofentlichen Aufwallungen, in Streit und Uneinigkeiten ſuchen; welche die bürgerlichen Unruhen, den Wechſel der Herrſchaft, das Spiel der Obermacht dem ehrwürdigen Anſehen der Souverainetät, des Mittelpunkts aller Regierungen, vorziehen. Zu allen Zeiten und in allen Flächen der Erde gab es heuchleriſche Lobredner auf den Vorzug der hölzernen Könige,*) und der Schattenthrone.

Das unermüdete Verlangen, die ofentliche Freiheit, unter dem Vorwand ſie zu vertheidigen, in Nichts zu verwandlen, hat auch bey uns dergleichen Redner erweckt. Gerechter GOtt! Alſo diejenige Parthey, in welche die garantirenden Staaten das meiſte Vertrauen ſezen darfen; die ihres Schuzes am meiſten bedarf, iſts gerade, ſo man ihnen am verdächtigſten zu machen ſucht. Was ſollten Rieſen von einem Häufgen emſiger Ameiſen zu fürchten haben: von einem Häufgen, das nichts ſucht, nichts bittet, als daß man es in ſeinem engen Bezirk unberuhigt laſſe, daß man es ſeine
fried-

---

*) Phaedri fabulae. — Ranae regem petentes.

friedsame Existenz geniessen, und ihm seine' bisherige Verfassung unverändert lasse.

* * *

Wann man hört, daß ein Staat durch Partheyen, durch Mißverständnisse und gewisse Verwicklungen zertheilt ist: so geräth die Einbildungskraft in Schrecken. Man zittert für das Schicksal
der Bürgere. Man fürchtet, sie könnten das Opfer
ihrer Uneinigkeiten: der Staat könnte der Raub
eines auswärtigen Feindes werden.

Die Position der Republik Genf rechtfertigt diese
Furcht. Ungefähr auf die nehmliche Art haben
alle Staaten, deren unglückliches Schicksal uns
die Geschichte beschreibt, angefangen ihren Untergang zu bereiten. Man stritt anfänglich über Klei-
nigkeiten. Hieraus zogen verborgene Partheyen
den Nuzen, ihre Privatanschläge aufs Tapet zu
bringen, unter dem Vorwand, es gienge um das
öfentliche Beste: die Gesezze hätten eine Verbesserung; der Staat hätte eine neue Einrichtung nöthig. Scharfsichtige und gierige Nachbarn mischten
sich darein. So fielen die griechischen Staaten
dem Philipp: so fiel Rom dem August in die
Hände.

Alle Weltweisen haben übereingestimmt, daß
die Vollkommenheit der Gesezze der stärkste Pfeiler
in der Grundlage eines republikanischen Staats
sey.

sey. Aber sie haben zu gleicher Zeit bekannt, daß diese Vollkommenheit kein Werk der Menschen sey.

Unter den Gesezzen der bürgerlichen Gesellschaft ist die Bestimmung der Regierungsform das erste und größte. Unstreitig ist jene Regierungsform, vermög welcher die Herrschaft der Gesezze über die Obrigkeit, und die Herrschaft der Obrigkeit über die Bürgere entschieden würde, die vollkommenste. Aber wo ist sie vorhanden? Seit die Welt stehet, hat man diese Regierungsart nirgends gesehen. Seit es Obrigkeiten und Völker giebt, hat man die Gesezze von Tiranen unterdrückt, oder die Rechte der Obrigkeit vom Pöbel entheiligt gesehen.

Das Schicksal hat uns nur zwischen drey bekannten Regierungsformen die Wahl gelassen, Monarchie, Aristokratie oder Demokratie; dann der Despotismus befindet sich, wann er will, bey allen dreyen. Unterdessen schreyet der Verfasser der Antwort eines Genfers wider die Aristokratie.

Diß ist also der Standpunkt des Zanks.

Es ist sehr ungewiß, bey welcher Verfassung eine Republik glücklicher sey, bey der aristokratischen oder demokratischen. Die grösten Männer Grie-

Griechenlands, Themistokles, Miltiades, Cimon, Phocion waren für die Aristokratie.

In der That hat diese Regierungsform sichtbare Vorzüge. Die Demokratie taugt nichts. Sie ists, die das Unglück von Griechenland, wo sie herrschte, eigentlich verursachte. Der Pöbel, der nicht siehet, nicht denkt, nicht überlegt, folgt dem blossen ungestümmen Antrieb seiner Leidenschaft. In einem Staat, der gänzlich nach demokratischen Grundsäzen regiert wird, herrscht eine ewige Unruhe, ein unaufhörlicher Stoß und Gegenstoß. Tugend und Verdienste sind in diesem Staat unnüzliche Dinge, und Reichthum ist ein wirkliches Verbrechen. Die Arbeit und das bürgerliche Leben erniedrigt die Seele und macht sie zu höhern Einsichten, welche zur Regierung erfoderlich sind, unfähig. Es ist dem grossen Haufen selbst daran gelegen, daß das Steuerruder nie in seine Hände komme.

Aber von der Aristokratie, wann sie auf gesunde und gründliche Regeln gebauet ist, giebt uns die Geschichte löblichere Beyspiele. Der Staat von Venedig, einige der berühmtesten deutschen Reichsstädte, Nürnberg, Frankfurth, Hamburg 2c. 2c. bestättigen es. Ihr Alter, ihre Dauer, die Festigkeit und Harmonie ihres Staatssystems, ihre

inner-

innerliche Ruhe, sind soviel Beweise, die den Vorzug der aristokratischen Einrichtung ins Licht stellen. In der Aristokratie sind die Einsichten derjenigen, die das Ruder führen, heller und zuverläßiger, weil sie insgemein zu den Posten so sie verwalten, gebohren werden. Erziehung und Glücksgüter vollenden Dasjenige, was sie zu würdigen Regenten des Vaterlands, zu edlen und vorzüglichen Bürgern machen solle. Ihr Interesse am Vaterland ist stärker, je mehr sie an demselben besizen: und die Bande, so sie an den Staat knüpfen, sind vom Reichthum und der Familienehre befestigt.

Aber wie soll der Bürger, der Handwerker, eines demokratischen Staats bey den Schicksalen des Vaterlands einige Empfindung haben: er, der nichts hat, der beym Sturze desselben weder etwas zu gewinnen noch zu verlieren hat? Wie soll ein Staat von Kramern, von Leinewebern oder Weingärtnern, sich bey Fremden die Hochachtung, den Schimmer erwerben, den aristokratische Republiken durch ihren Adel, und durch die Verbindungen ihrer Hohen zu erreichen wissen? Die demokratischen Staaten unsers Jahrhunderts sind überall verachtet; und die Republiken Venedig, Nürnberg, Frankfurth ꝛc. ꝛc. ꝛc. sind überall respektirt.

Die

Die Einwendungen des Verfassers der Antwort von Genf sind also sehr inconsequent. Die Sicherheit, das Ansehen, die Macht der Republik zu Genf beruhet auf dem Emporschweben der Aristokratie. Eine Wahrheit, die Genf selbst am Beyspiel seiner Gegnere wahrnehmen mus: die Republiken Bern und Zürch, so ihr gegenwärtig imponiren, sind Aristokraten.

Die genannten drey Staatsformen sinds nicht worüber man sich beschwehren mus. Eine dritte, ganz fremde Art von Regierung, welche sich in einigen dunklen Winkeln der Erde aufhält, und die um so mehr verdient der Welt entdeckt zu werden, je mehr sie sich des stolzen Nahmens Politik anmaßet, muß man fliehen. Es ist jene Art, gewisse eingeschränkte kleine Staaten zu regieren, welche weder monarchisch, noch aristokratisch, noch demokratisch; noch eine Vermischung aus allen dreyen; sondern welche die Alleinherrschaft eines Schelmen über Pinsel ist.

Es ist jener Fall, wo ein flacher Bürger sich aus der Mitte der Gemeinde erhebt, durch Ränke und Gewalt sich über seines gleichen schwingt, und einen
kleinen

kleinen Tiranen spielt. Dergleichen Staaten sind ihrer Natur nach demokratisch. Allein die niederträchtigen Regungen ihrer Obern, persönlicher Nuzen, Raubsucht am gemeinen Wesen, Menschenfurcht, und höchstens angebohrne Dummheit, machen den Rath der Gemeinde zu Sclaven eines Betrügers, der sich, durch ein geringes Antheil Menschenverstand und viel Laster, über sie zu schwingen und sie despotisch zu beherrschen weiß.

In diesem Fall ist die Oberstelle im Staat ein Pranger für die Nachfolgere. In Magistrat gelangen, heißt soviel, als sich ins Spital der Inkurablen begeben. Und ein Bürger seyn, ist der Tiraney, der Bosheit und der Unterdrückung zum Spielzeug dienen.

Die Geschichte liefert uns Beyspiele von dergleichen Verfassungen.

Glück genug, wenn es das Schicksal noch so ordnet, daß der Mann, dem eine dergleichen gefährliche Gewalt in die Hände fällt, ein Mensch von Talenten ist. Aber wann das Looß einen

Pickelhäring, einen Quackſalber trift: dann hat der Staat, für einen, zween Feinde gegen ſich, ſeine eigene Unmacht und die Thorheit ſeines Chefs.

Ihr, die Ihr in dieſen Umſtänden leidet! Noch habt ihr einen Troſt. Es iſt der: So oft die Götter, die Beſchüzere der Staaten, einen laſterhaften Menſchen zum Werkzeug brauchen, ein verſündigtes Volk zu züchtigen: ſo zerſchmeiſſen ſie ihr Werkzeug, ſo bald ſie ſich deſſen bedient haben.

Gedächtnißrede
auf den
Fürsten
Johann Aloys Sebastian Ignaz Philipp,
des heiligen römischen Reichs
Fürsten zu Oettingen-Spielberg.

Von
P. Bedá Mayr, Mitglied des churbaierschen Predigerinstituts.

Zween Gründe berechtigen folgendes Stück zum Platz in einem historischen Journal, welches die Sitten, die Begebenheiten und den Fortgang des menschlichen Geschlechts der heutigen Zeit zum Gegenstand hat. Erstlich weil es Nachrichten zur Biographie eines berühmten in unsern Tagen verstorbenen Prinzen; oder vielmehr einen Beytrag zur allgemeinen Regentengeschichte des achtzehnten Jahrhunderts, liefert. Zweytens weil es zu einer Urkunde von dem merkwürdigen Umschwung der geistlichen Beredsamkeit in der katholischen Kirche dient, und von den schnellen Schritten, welche die-

se Kirche auf der Laufbahne der Fenelon's und der
Moßheime macht. *)

Beyde Gründe sind interessant, und der Verfasser hat ihnen mit einer Vollkommenheit genug
gethan, die mich gänzlich aller weitern Vorrede
überhebt.

* * *

Da sich der Redner an die gewöhnliche Textur
der deutschen Kanzelreden binden muste: so eröfnet
er den Vortrag mit einem Apophtegm aus Salomo
VIII, 15, 16. und mit einer theologischen Dissertation, die nicht zu unserm Zweck gehört, woraus
wir aber doch, um der Schönheit ihres Geists willen, folgende Stelle anführen müssen.

„Herr, wie groß, wie schröcklich bist du!
„Du bildest dir aus Staub Menschen: Du
„giebst den Zepter in ihre Hände, und heissest
„sie über die Völker herrschen. Sie herrschen.
„Der Unterthan segnet sie für ihre Güte, die
„Welt staunt ihre Größe an, und die Reli-
„gion

---

*) Die Rede im Ganzen existirt in Johann Heinrich
Lohse Hofbuchdruckerey und Verlag zu Oettingen,
unter dem Titel — Trauerrede zum Gedächtniß des
durchlauchtigsten Fürsten ꝛc. ꝛc. von P. Beda Mayr,
Benedictiner zum heiligen Kreuz, des churbaierschen
Predigerinstituts ordentlichem Mitgliede, und Lehrer
der Theologie in Donauwörth 1780.

„gion bewundert ihre Tugend. Den Gerin-
„gen richtest du aus dem Staub auf: aus der
„Pfüze erhöhest du den Armen, um ihn bey
„den Fürsten sizen zu lassen. — Ein Wink
„und ihre ganze Herrlichkeit ist zertrümmert.
„Würde, Geist und Körper scheiden sich. In
„die Würde theilen sich Menschen, in den
„Körper die Würmer, und der Geist bebet
„vor dem allwissenden Richter. Ja, noch
„ehe du durch diese traurige Trennung die Für-
„sten überzeugest, daß dir allein Ehre und
„Herrlichkeit gebührt; zeigest du ihnen oft
„schon, daß ihre ganze Majestät entlehnt ist,
„und daß, ob sie gleich auf dem Thron sizen,
„sie dennoch unter deiner allerhöchsten Macht
„stehen, indem du ihnen die Macht nimmst,
„und ihnen nur ihre eigenen Schwachheiten
„übrig läßt.

Könnte ich Ihnen sonst nichts sagen, „fährt der
Redner fort“ als: Er ist gestorben! so würde
sich die Trauerrede des besten Fürsten von der
Trauerrede eines Tirannen in Nichts unterscheiden.
— — — Da ich das Glück nicht selbst hatte,
Aloysen anzugehören, und nicht selbst Patriot bin,
fühle ich auch, daß ich unmöglich die Empfindun-
gen Ihrer Herzen in das meinige übertragen kan.
Und eben darum werden Sie mich immer für un-
fähig halten, Ihnen einen Schmerz zu stillen, des-
sen ganze Bitterkeit ich selbst nicht fühle. Das
An-

Andenken unseres grossen Fürsten zu ehren, und Ihre Betrübniß vor der Welt zu rechtfertigen soll demnach mein ganzer Zweck seyn. ——— Vergönnen Sie mir also, daß ich Ihnen das Bild Ihres theursten Johann Aloys nochmal vor Augen lege. —— — Schmäuchlen werde ich nicht: dann das wäre Thron und Vaterland und noch vielmehr jene heilige Stätte beschimpfen, auf der ich mich befinde, wann ich an einem Fürsten Tugenden loben wollte, die er nicht besessen hat. — Ich würde Sie beleidigen, wann ich um Geduld bitten wollte, da ich von einem Gegenstand rede, dessen Andenken allezeit Ihr Glück ausmachen wird. —

Nun schildert der Redner das Bild des höchstseeligen Prinzen in einem dreyfachen Gesichtspunkt.

Als Mensch.

Der Mensch, so wie er aus der Hand Gottes kömmt, ist gut. Mit Gemüthsgaben ausgerüstet, die ihn den Werth der Menschheit empfinden lassen, mit einer Seele versehen, die gegen alle Tugend empfänglich ist, kann er der hohen Absicht, zu welcher ihn der Schöpfer in die Welt gesetzet hat, vollkommen entsprechen, wenn er nur selbst will, und er ist als das göttlichste Geschenk für die andern Menschen anzusehen, wenn er es thut. Fürst Aloys fühlte es schon bey dem ersten Anbruche der Vernunft, daß Er für das Wohl der

Men-

Menschen gemacht wäre. Die Natur hatte Ihm eine Anlage zu dem edelsten Gemüthscharakter gegeben, und die Erziehung ließ nichts ermangeln, ihn zur Ehre der Menschheit auszubilden. Wir wollen uns nicht damit abgeben, daß wir in Seinen Gesichtszügen, Blicken und Mienen, in Seiner ganzen äussern Bildung Merkmale aufsuchen, welche eine erhabene Seele, und ein menschenfreundliches Herz ankündigten. Dürftige Redner, denen es an Stoff gebricht, mögen immer solche Dinge haschen. Wir wissen es, daß die Heuchelep längst der Natur die Kunst abgelernet, unter dieser zweydeutigen Aussenseite auch die niederträchtigste Seele zu verbergen. Thaten sollen reden.

Aloys war von dem edeln Grundsaze, daß alle Menschen, wie sie schon von Natur Brüder sind, es auch von Herzen seyn müssen, vollkommen überzeuget. Er kannte den Unterschied, den Geburt, Glück, und Verdienste unter die Menschen eingeführt, nur in soferne, als es nöthig war, ihn zum Vortheile der Menschheit zu benuzen Gott hatte Ihn, Seiner Meinung nach, nur darum über andere erhoben, damit es Ihm weder an Gelegenheit, noch an den Mitteln fehlen soll, sie, so viel möglich, Ihm wieder gleich zu machen. Es sollte unter Ihm keinen Armen, keinen Unglücklichen geben, so lange es in Seinen Kräften stund, dessen Elend zu erleichtern. Ihr Armen — doch ich verwunde euer Herz, wenn ich euch an euren

ren Vater erinnere — ich will euch nicht als Zeugen in einer Sache aufrufen, wovon Oetting, und das ganze Land tausend Beyspiele bewundert hat. Ließ Alexis wohl jemals einen Armen ohne Hilfe von Sich? Theilete Er nicht alles, was Er hatte, bis auf den lezten Heller mit ihnen? Die Armuth durfte Ihn nur anweinen, und der menschenfreundlichste Prinz war schon ganz Wohlthat. So sehr war Er von Mitleiden hingerissen, daß Er Sich nicht einmal Zeit nahm, die Grösse der Wohlthaten nach dem Elende des Dürftigen abzumessen. Was Er zuerst aus dem Beutel, den Er für die Armen beständig mit Sich führte, herauslangen konnte, war ihr, es mochte auch noch so viel seyn. Er empfand ihr Elend, als ein Mensch, und beschenkte sie öfters, als ein König. Man sah Ihn durch Reihen von Armen so vergnügt, als andere Fürsten durch Reihen von glänzenden Bedienten, durchziehen, und jeden Schritt mit einer neuen Wohlthat auszeichnen, gleich der Sonne, welche auf allen Punkten ihrer ganzen Laufbahn milde Strahlen von sich ausgießt. Die Sache gieng endlich so weit, daß der mildthätige Fürst einer Neigung Schranken setzen muste, welche so uneingeschränkt, als das Elend der Menschen war. O ihr Grossen dieser Erde! daß ihr es doch nicht allzeit wisset, daß andere glücklich machen die Quelle des sanftesten Vergnügens für euch ist! Euer grosser Namen macht nur den Lobspruch eurer Vorfahren, aber Wohlthaten machen den Lobspruch eures

Herzens

Herzens aus. Jener machet nur, daß man euch ehret; aber diese, daß man euch liebet.

Nun soll auch aus dem Munde der Kinder das Lob des leutseeligsten Fürsten erschallen. Diese unschuldigen Geschöpfe, denen die angebohrne Redlichkeit noch keine Verstellung gestattet, und ihr munteres Wesen so vielen Reiz giebt, waren recht Aloysens Lieblinge. Wie entzückend war es, Ihn öfters auf der Strasse mit einem Kinde sich unterhalten sehen! Er konnte Sich auf die huldreicheste Art zu ihnen herablassen, sie liebkosen, und man sah es aus Seiner zufriedenen Miene, daß Er unter ihnen jenes herzerquickende Vergnügen wirklich empfinde, welches andere Grossen unter dem Gelärme ihrer nichtswürdigen Schmeichler umsonst aufsuchen. Dadurch legte Er aber auch den Saamen jener kindlichen Liebe schon in die noch zarten Herzen Seiner Unterthanen, welche sich hernach bey einem reifern Alter so oft zu Seinem Vortheile entwickelt hat, und da sie als Seine Unterthanen gebohren waren, wuchsen sie nur als seine Kinder auf.

So wenig Sein redliches Herz selbst einer Verstellung fähig war, so wenig war es auch gewohnt, dieses Laster bey andern zu vermuthen. Mit einer geraden Redlichkeit trauete Er Sich Seinen Bedienten an. Und wenn sie einmal Sein Herz weg hätten, hielt es schwer, Ihn zu überzeugen, daß sie

sie Seines Vertrauens unwürdig wären. Das ist der Fall aller guter Herzen. Er konnte Sich zu ihnen herablassen, ohne doch Seinem Ansehen etwas zu vergeben, und in Seinem Betragen gegen sie ließ Er immer noch so viele Majestät übrig, als nöthig war, ihnen Ehrfurcht einzuflössen, und so viele Leutseligkeit, als es brauchte, ihre Treue zu gewinnen. Die Wohlthaten, mit denen Er sie manchmal überschüttete, hätten Ihn auch gewiß ihrer Liebe versichern müssen, wenn es nicht Unmenschen gäbe, welche alle Zugänge zu ihrem Herzen aus Bosheit zu verlegen wüßten. Aloys mußte auch hierinn das Schicksal aller Fürsten erfahren, welchen, indem sie vieles mit fremden Augen sehen müssen, gar oft der Standpunkt verrückt wird, damit sie falsch sehen. Wehe aber denen, welche die Frechheit haben konnten, den redlichsten Fürsten zu hintergehen! Konnte Er Sich einmal von ihrer Untreue überzeugen, so empfanden sie auch Seine Ungnade in vollem Maaße, und sie hatten Ursache, es allezeit zu bedauren, wenn sie auch nur einmal Seine Güte misbrauchet hatten.

Als Fürst.

Wenn ausschweifender Ehrgeiz, unbändige Eroberungssucht, und unmässige Liebe zur Pracht Dinge wären, an welchen man die Grösse des Fürstengeistes messen könnte, würde Fürst Aloys umsonst darauf Anspruch machen. Er kannte keine
reinere

reinere und rührendere Ehre, als die Ehre über
die Herzen zu herrschen. Diese zu erobern war
für Ihn bedeutender, als eine Welt bezwingen,
und alles, womit er groß that, waren die Denk-
male, die Ihm seine Untergebenen nicht aus Erzt
und Marmor auf öfentlichen Plätzen, sondern aus
Liebe und Dankbarkeit in ihren Herzen errichteten.

Zwar lebte Er nicht ohne fürstlichen Aufwand,
und wenn man nicht auf die bittern Sorgen zurück
sehen will, welche würdigen Regenten alle Augenblicke ihres Lebens sauer machen, wenn man nicht
weiß, daß Fürsten weit grössere Vergnügungen,
als Privatpersonen nöthig sind, welche ihrem er-
schöpften Geiste die gehörige Thätigkeit, und ihren
schlafgewordenen Nerven die Spannung wieder geben, so wird man sehr oft etwas tadeln, das sich,
wo nicht loben, doch gewiß entschuldigen läßt.
Fürst Aloys fand Sein Vergnügen in der Jäge-
rey. Und es war sich auch darüber gar nicht zu
verwundern; da Er es in dieser Kunst so weit gebracht hatte, daß Er selbst von den grössesten Kennern als ein classischer Autor in diesem Fache an-
gesehen wurde. Er dirigirte selbige ganz allein,
und machte darinn so gute Einrichtungen, welche
auch grosse Herrschaften bewunderten. Und diejenigen, welche in diesem Stück unerfahren gewesen, mußten doch bekennen, daß die Anordnungen
von einem Meister herrühren.

Doch

Doch laſſen Sie uns zu den Tugenden fortgehen, welche eigentlich den Fürſten bilden. So wenig Fürſt Aloys geneigt war, fremde Vorzüge zur Vermehrung Seiner Gröſſe anzutaſten, ſo eiferſüchtig war Er auf diejenigen, welche Seinem Hochfürſtlichen Hauſe angeſtammet waren. Konnte Er da, wo er Recht zu haben glaubte, durch gelinde Vorſtellungen, und friedfertige Geſinnungen nichts ausrichten, ſo ließ Er es öfters auf die Entſcheidung der höchſten Reichsgerichte ankommen, wodurch Er Sich oft in verworrene, und langwierige Proceſſe verwickelt ſehen mußte. Doch war Er auch allezeit geneigt, mitten in den Streitigkeiten die Hände zum Frieden zu biethen, und that es auch öfters, wie Donnerwolken, welche zuvor nur mit Donner und Blitzen um ſich warfen, ſich meiſtentheils in fruchtbare, und freundliche Regen auflöſen.

Aber der Unterthan? — Ja dieſer iſt es eben, welcher für die Güte ſeines Fürſten das vollgültigſte Zeugniß ablegen ſoll. Er hat es abgeleget. Obgleich die Unterthanen Aloyſens aus drey verſchiedenen Religionen beſtehen, welche alle den nemlichen Gott des Friedens zum Urheber haben, ſo geſchiehet es doch nicht ſelten, daß übelverſtandener Religionseifer eine Parthey gegen die andere verhetzet, daß der Stärkere den Schwächern drüket, und gegen die Abſicht des Heilandes haſſet. Wie weiſe muß ſich da ein Fürſt betragen, daß er

die

die Gährung der Gemüther dämpfet, und nicht das Uebergewicht auf jene Parthey lenket, zu der er selbst gehöret? Aloys muß jeden seinem Gewissen, und dem göttlichen Richter überlassen haben, der allein die Herzen prüfet, indem er äusserlich allen die ihnen zukommenden Rechte unverletzt erhielt. Woher ich es beweise? Die Trauer über Seinen Tod war allgemein, war laut bey katholischen und evangelischen Christen, war laut bey den Juden, und da sonst bey dem Tode eines partheyischen Regenten der gedrückte Theil immer frohlocket, sagten sichs hier alle Partheyen unter Thränen, daß sie ihren gemeinschaftlichen Vater verlohren hätten.

Aloys war auch ihrer ganzen Liebe würdig! — Ein Fürst, wie er das Bild Gottes auf der Erde wegen der Theilnehmung an seiner Macht ist, muß ihm noch mehr gleichen, indem er an seinen Tugenden Theil hat; und gleichwie er wegen seiner hohen Würde über andere Menschen erhaben ist, so muß er sich auch wegen seinen vortrefflichen Talenten über seine Würde erheben. Er muß bey einer richtigen Mittelstrasse zwischen der Strenge, und Güte, die Strenge der Gesetze zu mäßigen wissen, ohne den Gehorsam zu schwächen.

Ein

Ein solcher Fürst war Aloys. Der Glanz, der Ihn umgab, die Ehrerbietung, die man Ihm erzeigte, und die beständige Sorge, die man für Seine Erhaltung trug, erinnerten Ihn alle Augenblicke daran, daß ein ganzes Volk nur allein von Ihm sein Glück, und seine Ruhe erwartete. Dahin giengen aber auch seine Sorgen. Niemand durfte es wagen, einen Unterthanen zu beeinträchtigen, oder er brachte auch den ganzen Zorn des Fürsten gegen sich auf. Er wieß augenblicklich einen Theil zur Strafe an, und verschafte dem andern Genugthuung. Man mußte jedem die Gerechtigkeit so genau als geschwind angedeihen lassen. Wer Hilfe und Schutz suchte, fand sie auch, und um ihn die Wohlthat ganz empfinden zu lassen, ließ der mildeste Fürst Niemanden zweymal bitten, bis Er ihn erhörte.

Meine Unterthanen — das war immer der Ausdruck, welcher Sein Vaterherz zu erkennen gab, ein Herz, das an ihrem Glücke Theil nahm; aber auch ihre Bedrängnisse fühlte, und ihnen aus allen Kräften abzuhelfen trachtete. In jenen jammervollen Zeiten, welche die Theurung auch Enkeln noch unvergeßlich machen wird, wie väterlich sorgte te Er nicht für euch, wie sehr nahm Er eure Noth zu Herzen! Der beste Fürst kaufte für theures Geld Getreid, und ließ es um den halben Preis wieder unter euch austheilen. Er half, wo Er konnte, und wenn der allgemeine Mangel auch ihm die Hände band, so blutete doch Sein väterliches Herz, und eine mitleidige Thräne floß aus dem fürstlichen Auge, die den Unterthan seine Noth nur halb empfinden ließ.

Es ist bekannt, daß vor einigen Jahren gewisse Leute in Oettingen sich nicht entschließen konnten, das Brod nach dem Satze, den man ihnen gegeben hatte, auszubacken. Sie thaten sich zusammen, und buken gar keines. Das Geschrey der Hungrigen drang bis zu den Ohren des Fürsten. Er entbrannte, weil man Seine Unterthanen beleidiget hatte. Erwarten sie aber nicht, daß Er in seinem Zorne die Schuldigen sogleich in Ketten und Bande schlagen ließ. Aloys, wenn Er auch strafen mußte, strafte nur väterlich. Erst ließ Er sie zusammen berufen, und verwies ihnen ihre Hartherzigkeit. Sie hätten sich, sagte Er, über den Satz, wenn er ihnen zu geringe war, beschweren können; aber sich selbst sogleich eigenmächtig

mächtig das Recht sprechen, das stünde Unterthanen nicht zu. Man sperre sie ein, man gebe ihnen etliche Tage zu essen und zu trinken, nur kein Brod. Sie müssen die Noth selbst empfinden, in welche sie meine Unterthanen gestürzt haben.

Die Fehler Seiner Untergebenen kannte Er ganz wohl. Aber Umstände, die ein Regent nicht immer sagen, und ein Unterthan nicht immer errathen kann, nöthigten Ihn oft, das nicht zu sehen, was er wirklich sah. Mit einem Worte, ich befinde mich in der Nothwendigkeit, eine Sache zu berühren, welche vielleicht die meisten von mir erwarten, und die wenigsten billigen werden, wenn ich sie berühre. Warum sollte es ich aber auch nicht sagen? Hat doch jeder Mensch seine schwache Seite, und wenn Fürsten fehlen müssen, machet es ihnen doch immer mehr Ehre, wenn sie zu gut, als wenn sie zu strenge sind. Aloys hatte ein gutes — ein gar zu gutes Herz. Eine, vielleicht nicht immer sorgfältig genug nach den Verdiensten abgewogene Neigung gegen Seine Dienerschaft, zu häufig erzeigte Gnaden, und das Bestreben, Sich andern gefällig zu machen, waren die ersten Quellen jener Verdrießlichkeiten, welche dem besten Fürsten das Ende Seiner Regierung unangenehm machten.

Als Christ.

Ein Diener der Religion ergreift die Gelegenheit mit Freuden, wenn er nicht nur mit Worten, sondern noch mehr durch Aufstellung vortreflicher Beyspiele etwas zu ihrem Vortheile thun kann. Religion, Offenbarung, beste Geschenke des Himmels, wie wenig weiß man euch itzt zu schätzen! Die Vernunft, die sich alle Augenblicke von ihrer Schwachheit überzeugen sollte, will itzt bey ihrem Stolze nichts mehr glauben, als was sie begreifen kann. Der Unglaube weiß bey seinen Sitten von keiner Regel, bey seinen Leidenschaften von keinem Zaume, und bey seiner Ungewißheit von keinem Führer mehr. Da dieses Uebel auch unter gemeinen Menschen nicht mehr selten ist, darf man nicht erstaunen, wenn es an den Höfen der Großen noch mehr Eingang findet. Die Neigungen unsers ausschweifenden Herzens stehen mit der Religion, die sie bändigen heißt, in einem immerwährenden Widerspruche. Und wo finden sich wohl mehrere Reitze die Leidenschaften zu erregen, und mehrere Gelegenheiten sie zu befriedigen, als an den Höfen? Daher kommt es oft, daß Fürst und Höflinge nur das Aeusserliche der Religion mitmachen, um das Volk zu beruhigen, übrigens aber gegen die ganze

Religion so gleichgültig sind, als sie es kaum gegen ein Ammenmährchen seyn könnten.

Christliche Zuhörer! Christus findet noch Glauben auf der Erde, er hat noch an den Höfen, noch an Monarchen seine Anbether, und ich habe das Vergnügen, ihnen an dem durchlauchtigsten Fürsten, dessen Tod wir beweinen, einen solchen vorzustellen.

Gott, der die Cedern des Libanons sowohl, als die zärtesten Bäumchen zerbricht, der die Regenten eben sowohl, als die Unterthanen den Widerwärtigkeiten aussetzet, hat unsern Fürsten öfters sehr empfindlich heimgesucht. Er entzog ihm eine zärtlich geliebte Gemahlinn in der Blüthe ihres Alters, — eine Prinzeßinn Tochter. Welch entsetzliche Schläge für Sein-liebendes Herz! Er ließ es geschehen, daß er von Seiten Seiner durchlauchtigsten Familie, und von aussenher in viele Verdrießlichkeiten verwickelt wurde. Er nahm Ihm ausser dem Vorrange eines Fürsten fast alles, was Er hatte. Und es blieb Ihm doch immer Seine Tugend übrig, welche ihn diesen Verlust ertragen, und die Größe seines Geistes, welche Ihn selbigen sogar verachten lehrte. Wollte Ihn Sein

Schick

Schicksal den übrigen Menschen gleich macte ı, so erhob Ihn Seine Tugend auch wieder über sie, und Er zeigte, daß Er mehr Uebel ertragen, als jenes ihm zufügen könnte. Er wußte nemlich als ein Christ, daß alle Leiden gegen die Herrlichkeit, die in uns wird offenbar werden, für nichts zu achten sind.

Man konnte auch von einem so gottseligen Fürsten nichts anders erwarten. Sein Herz war durch den beständigen Umgang mit Gott viel zu sehr vereiniget, als daß Ihn Widerwärtigkeiten von der Liebe Jesu Christi hätten trennen können. O daß ich Aloysen nicht allen lauen Christen zeigen kann, wann Er im Umgange mit Gott begriffen ist! Wie würden sie erröthen, wenn sie einen Fürsten das thun sehen, was ihnen, wo nicht gar erniedrigend, doch viel zu beschwerlich scheint. — — —

Endlich endigt der Redner, der eingeführten Formel gemäs, mit einem pathetischen Seufzer.

„Können Sie wohl izt noch Ihres liebsten
„Fürsten vergessen? Wie, wenn er noch in
„dem Reinigungsfeuer zu leiden hätte! Wer
„ist

„ist vor den Augen des Allerhöchsten unbe-
„fleckt? Du, gerechtester Richter! strafest
„da Fehler, wo wir Tugenden bewundern.
„Aloys war ein Mensch — wie viel
„Schwachheiten! Er war Fürst — welch
„eine schwehre Rechenschaft! Er war ein
„Christ — was für häufige Pflichten!

„O so dränget euch doch zu den Altären
„hin. Weiset euren Kindern das Grab des
„besten Fürsten. Lasset sie ihre unschuldigen
„Hände zu dem Vater der Erbarmung auf-
„heben, die Ruhe seiner Seele zu erflehen.
„Wer wird den Zorn Gottes besänftigen,
„wann es diese Lieblinge des Heilands nicht
„können. — — —

Ver-

Verzeichniß des Innhalts.

Seite

Das wunderbare Jahr. Meteorologische Nachrichten vom Jahr 1779. 3

Von den Ekonomisten und dem physiokratischen System. Historisch. 15

Paul Jones. Eine Anecdote zur Geschichte des heutigen Kriegs. 31

Ueber

Verzeichniß des Innhalts.

Seite

Ueber den Plagiat der Schauspieler.

Kritik der dem Kaper Royer erweisenden Huldigung. Ein Beytrag zur Geschichte des heutigen Krieges.   37

Ueber den Herostratismus unserer Litteratur.

Eine Deklamation. — Versuch einer Vertheidigung der französischen Litteratur gegen die heutigen Anfälle in Deutschland auf dieselbe und auf den Herrn von Voltaire.   39

Irrland.

Raisonement über die gegenwärtigen Bewegungen in Irrland. Historisch-Statistisch.   55

Die ausbezahlten Alterthumsforscher.

Eine Anecdote. Ironie über die Akademie der Wissenschaften zu Paris. (Aus den Annales politiques et litteraires du dix-huitieme Siecle).   67

Auf

Verzeichniß des Innhalts.

Seite

Auf die von der Academia di Otiosi zu Siena aufgeworfene Frage: Sind die weltlichen Souverains berechtigt, in ihren Ländern ohne Erlaubniß des apostolischen Stuhls, Feyertäge eigenmächtig aufzuheben? Eine Wettschrift vom Abbt Maccaroni.

Eine Plaisanterie über die Unnützlichkeit der Preißfragen und der wissenschaftlichen Beschäftigungen der Akademien der heutigen Zeit. 69

Zum Batteur. Ein Beytrag.

Litterarisch. 90

Der Achselbänderkrieg. Eine Episode aus der Geschichte des heutigen Kriegs. Notizen vom Französischen Seekorps. 91

Die vergoldete Lanze. Eine Episode aus der Geschichte des heutigen Kriegs. Gegenstück zum vorigen. — Erläuterung der wahren Triebfedern im Proceß des

Verzeichnis des Innhalts.

Seite

Admiral Keppels. (Aus der Brochüre.
A short History of the Opposition &c. &c.
London, 1779.) 99

Amerika.

Eine patriotische Ausschweifung. — Zum
Beytrag der heutigen Kriegsgeschichte. 107

Die glückselige Insel.

Neueste Geographie von Corsika. 113

Ueber den Tod des Capitain Cook.

Moralische Deklamation über die Reisen
um die Welt. 125

NB. Hier ist nur von den Anführern die
Rede, und von ihren Privatbeschrei-
bungen: nicht von den Verrichtungen und Werken der Gelehrten,
die sich zuweilen in ihrem Gefolg
befunden. — Ich will keine Differenzen verursachen.

Die

Verzeichniß des Innhalts.

Seite

Die Opera zu Paris.

Ein Divertissement. (Nach dem Plan der Brigandage de la musique italienne.) 135

Ueber die Gnadenwirkungen. Eine Recension.

Bey Gelegenheit des theologischen Streits über diese Materie, der in unsern Tagen entstanden ist. 147

Aus den Denkwürdigkeiten des heutigen Kriegs zwote Stelle.

(Siehe Chronologen dritter Band. Seite 138.) 161

Gute Aspekten. Eine Novelle zur Criminalrechtslehre.

Beyfällige Kritik über den Gebrauch der Consilien. 165

Auf den Tod des durchlauchtigsten Aloysius.

— Fürsten zu Oettingen, gest. den 16 Febr. 1779. — Auszug eines Trauergedichts. 168

Verzeichniß des Innhalts.

                                                            Seite

Ueber die Erfindung der unverbrennbaren Gebäude. — Von Herrn Linguet.

   Eine Uebersetzung.   175

Amerika.

   Cirkularschreiben des Congresses vom 13 Sept. 1779.   181

Nachricht von der englischen Marine. Gegenstück zum dritten Band der Chronologen, Seite 233.

   Ein Beitrag zur heutigen Kriegsgeschichte. Historisch.   195

Freron. Oder Nekrolog dieses famosen Kritikasters.   201

Acten zur neuen Staatsgeschichte von Genf.

   Zum Seitenstück der Abhandlung eines Processes über das Staatsrecht zu Goslar, von Herrn Professor Schlözer in seinem Briefwechsel gegeben.   223

                                                           Ame-

Verzeichniß des Innhalts.

Seite

Amerika.

Beschreibung des Cirkularschreibens ꝛc. ꝛc. 239

Ueber die Wiederherstellung des Edikts von Nantes. 253

> NB. Ich erfahre im Augenblick, daß diese Wiederherstellung noch gar nicht resolvirt sey: und daß sie blos in einer frühzeitigen Zeitungsgeburth bestehet. Dieser Chronolog bleibt also an seinen Ort gestellt.

Suchet: so werdet ihr finden. Ein litterarischer Beytrag.

Nachricht von einem im Publikum erscheinenden berühmten Journal. 275

Zur weitern Beförderung. Ein Billet an den Verfasser der Chronologen.

Ueber das Gesundheittrinken eine Reflexion aus der Feder eines gewissen Kavaliers 281

Verzeichniß des Innhalts.

Seite

Vom Costüme.

Zwote Reflexion eines gewissen Kavaliers. Ueber den Mißbrauch der Kunst. 285

Ists recht oder nicht? Ein Problem aus der Polizeykunst.

Bey Gelegenheit des im Canton Uri angelegten Tanzverboths. 289

Sultan Molláh-Ezid, oder das Glück von Ragusa. Eine Erzählung aus der Geschichte des heutigen Jahrhunderts. Wahre Begebenheit. (Nach einem Privatschreiben an den Verfasser der Chronologen aus Venedig vom 12. März 1780.) 297

Deutschlands Antheil am Krieg wegen Amerika.

Ein politischer Versuch. 303

Die

Verzeichniß des Innhalts.

Seite

Die Einführung der Provinzialverwaltungen in Frankreich. Eine Epoche in der Geschichte der Europäischen Finanz.

Dissertation über die Geschichte der Finanz; über ihre Verfassung in Frankreich. — Mandement Ludwigs XVI. den 12 Jul. 1778   313

Empfindung beym heroischen Ballet. Aus der Schreibtafel Achmet Isaac Bey's.

Eine zu Paris geläufige Anecdote. — Kleine Satire auf die Illusion des Ballets. (Wie es scheint von einem französischen Dichter Herrn Panard.)   333

Acten zur neuesten Staatsgeschichte von Genf.

Beschluß der Materie, Seite 233. oben.

Verzeichniß des Innhalts.

Seite

Gedächtnißrede auf den Fürsten Johann Aloys Sebastian IgnazPhilipp, des heiligen römischen Reichs Fürsten zu Oettingen Spielberg.

Ein Auszug aus: Trauerrede zum Gedächtniß des durchlauchtigsten Fürsten ꝛc. ꝛc. von P. Beda Mayr, Benedictiner zum heiligen Kreuz ꝛc. ꝛc. bey Johann Heinrich Lohse in Oettingen. — Zur Biographie und Regentengeschichte unsers Jahrhunderts: 353

Verzeichniß des Innhalts.

Seite

Gedächtnißrede auf den Fürsten Johann Aloys Sebastian Ignaz Philipp, des heiligen römischen Reichs Fürsten zu Oettingen Spielberg.

Ein Auszug aus: Trauerrede zum Gedächtniß des durchlauchtigsten Fürsten ꝛc. ꝛc. von P. Beda Mayr, Benedictiner zum heiligen Kreuz ꝛc. ꝛc. bey Johann Heinrich Lohse in Oettingen. — Zur Biographie und Regentengeschichte unsers Jahrhunderts: 343

Verzeichniß des Innhalts.

Seite

Gedächtnißrede auf den Fürsten Johann Aloys Sebastian Ignaz Philipp, des heiligen römischen Reichs Fürsten zu Oettingen Spielberg.

Ein Auszug aus: Trauerrede zum Gedächtniß des durchlauchtigsten Fürsten ꝛc. ꝛc. von P. Beda Mayr, Benedictiner zum heiligen Kreuz ꝛc. ꝛc. bey Johann Heinrich Lohse in Oettingen. — Zur Biographie und Regentengeschichte unsers Jahrhunderts: 353

Verzeichniß des Innhalts.

Seite

Gedächtnißrede auf den Fürsten Johann Aloys Sebastian Ignaz Philipp, des heiligen römischen Reichs Fürsten zu Oettingen Spielberg.

Ein Auszug aus: Trauerrede zum Gedächtniß des durchlauchtigsten Fürsten ꝛc. ꝛc. von P. Beda Mayr, Benedictiner zum heiligen Kreuz ꝛc. ꝛc. bey Johann Heinrich Lohse in Oettingen. — Zur Biographie und Regentengeschichte unsers Jahrhunderts. 353

Verzeichniß des Innhalts.

Seite

Gedächtnißrede auf den Fürsten Johann Aloys Sebastian Ignaz Philipp, des heiligen römischen Reichs Fürsten zu Oettingen Spielberg.

Ein Auszug aus: Trauerrede zum Gedächtniß des durchlauchtigsten Fürsten ꝛc. ꝛc. von P. Beda Mayr, Benedictiner zum heiligen Kreuz ꝛc. ꝛc. bey Johann Heinrich Lohse in Oettingen. — Zur Biographie und Regentengeschichte unsers Jahrhunderts: 353

www.ingramcontent.com/pod-product-compliance
Lightning Source LLC
Chambersburg PA
CBHW032030220426
43664CB00006B/430